性食考

性食考

赤坂憲雄
Norio Akasaka

岩波書店

はじめに

食べちゃいたいほど、可愛い。そんな、あられもない愛の言葉を囁いたことは、残念ながら、ない(と思う)。しかし、たとえば恋のクライマックスに、実際に口にすることはなくとも、そんな気持ちが掠めたくらいのことなら、あった(かもしれない)。食べることと、愛することや交わることとのあいだには、どうやら不可思議な繋がりや関係が埋もれているらしい。それはひそかに、しかし、あきらかに、だれもが気づいていることではなかったか。とはいえ、言葉にするのはかぎりなくむずかしい。その気になって探してみても、意外なほどに真っすぐな応答はわずかしか見つからない。それはわたし自身、ひそかに追いかけてきたテーマであるが、まさか本格的に取り組むことになるとは予期していなかった。この本には、わたしのいくらか蛇行にみちた思索の跡がそのままに提示されている。

たとえば、開高健は『食の王様』のなかで、性欲・権力欲・食欲という三つの欲望をヒト、ことにオトコの「根なるもの」と呼んでいる。しかも、この三つの欲望は厄介なことに、どれもが独立したものとして純粋に表現されることはなく、「たがいにからみあい、かさなりあい、ときには反撥しあ」いながら、あるいは、「おたがいに菌糸のようにからみあい、あたえあい、奪いあい」ながら、無数の変奏を生みださずにはいない。そして、「とことん追いつめたところでは、おそらく、薄明のなかの不定形としかいいようのない影の部分に根をおろしたものであろう」という。

そう、きっとこのテーマはどれだけ執念深く追究したところで、「薄明のなかの不定形としかいいようのない影の部分」にぶつかり、けっしてあきらかな輪郭をもって浮き彫りにされることはないだろう。開高はこのあとで、安岡章太郎の「遁走」という、全編ことごとく食談と糞尿談に埋め尽くされた戦争小説を取りあげている。主人公の兵隊は、自分のなかで「自由なのは内臓だけだ」と意識するようになっているが、こんな一節があった。

内還の希望がうすれて行くにつれて加介は、あの色の黒い小柄な看護婦の顔を何かにつけて憶い出すようになっていた。眼をつぶると、小さなダンゴ鼻や、黒い眼や、白い看護服の胸をふくらませている乳房の隆起や、が浮ぶ……。しかし、このごろではもう、そんなものさえ想い浮ばなくなった。白い服の下にみえる胸の隆起の幻影は、ただちにふかふかしたマンジュウのそれに変った。皮の白さといい、濡れたように光るアズキの餡の色合いといい、その幻影は胸苦しいまでに真に迫って強く訴えてくるのだ。

内還とは除隊して、内地へと帰還することだ。それが遠ざかる。発熱して倒れ、ハルビンの病院に入院している兵隊のなかでは、食欲と性欲とがせめぎ合いながら、ついに食欲が勝利を収めるにいたる。女の白い乳房は、餡入りのマンジュウに主役の座をあけわたすのだ。これを受けて、開高は以下のように書いている。

> 食談も性談も皮一枚の差なのである。性を忘れて食談にふける人も、食を忘れて性談にふける人も、その識閾下にあるものはおなじであるように思われる。一つの根の二つの幹であるかと思われるのである。それらが何かの痛切な渇えであるかぎり——しばしば痛切でなくて倦怠でもあり、即興でもあるが——食談と猥談は一つのカードの裏と表にすぎず、私たちをいわれなく解放してくれる劫初のものである。

食べること／交わることをめぐる語りは、「一つの根の二つの幹」であり、表裏をなし、われわれを「いわれなく解放してくれる劫初のもの」だと、開高は断言してみせる。食欲と性欲とは、ひとつの根に生じた二つの幹であり、たがいに菌糸のように絡みあい、与えあい、奪いあいをたえまなしに演じている。この世のはじまりの風景として。あくまで文学的な直観ではあれ、共感を覚えることを隠す必要はあるまい。東日本大震災という巨大な災厄のあとに、わたしは文学の力を再認識するようになった。こうした作家たちの直観がもたらしたものを、多様な方位をもった知が交歓する開かれた場のなかで検証することができれば、と思う。

それにしても、あの、食べちゃいたいほど可愛い、という囁きの声にじっくり耳を傾けてみたい。それはあるいは、人間という存在の深みに根を下ろしている、いわば〈内なる野生〉の呼び声であるのかもしれない。あられもない愛の言葉に恥じらい、たじろぐ必要はない。食べること／愛することや交わることはきっと、ひそかに、かたく繋がれているのである。

そういえば、あの気むずかしそうな顔をした芥川龍之介が、のちに妻となる女性にあてて、こんな愛らしい手紙を書いていたことを知って、嬉しくなった。大正六(一九一七)年一一月一七日付の手紙である。

二人きりでいつまでもいつまでも話してゐたい気がします　さうして kiss してもいいでせういやならばよします　この頃ボクは文ちゃんがお菓子なら頭から食べてしまひたい位可愛いい気がします　嘘ぢやありません　文ちゃんがボクを愛してくれるよりか二倍も三倍もボクの方が愛してゐるやうな気がします　何よりも早く一しよになつて仲よく暮しませう　さうしてそれを楽しみに力強く生きませう

それから一〇年の歳月を経て、芥川は文夫人と子どもらを遺して、自死を遂げる。遺書には、「僕が二十九歳の時に秀夫人と罪を犯したこと」が告白され、「僕を愛しても、僕を苦しめなかつた女神たち」に衷心の感謝が捧げられていた。この女神のひとりは文夫人であろうが、女神は二人以上いたのか、わざわざ「女神たち」と複数形が選ばれていた。いずれであれ、本人にとっては痛恨の極みかもしれないが、焼かれずに残された恋文のなかの、「この頃ボクは文ちゃんがお菓子なら頭から食べてしまひたい位可愛いい気がします」という芥川の言葉を、たいせつな、稀有なる贈り物のように感じている。むろん、文ちゃんはどれほど可愛くても、お菓子ではない。キスしたい、交わりたいという性的な欲望を、お菓子を食べたいという欲望にズラし、置き換えていただけのことだ。なぜ、この置き換えがなにかしらのリアリティをもちうるのか、それがわたしの問いかけてみたいことだ。

性食考

目次

- 本書は、岩波書店ホームページに連載した「歴史と民俗のあいだ」(二〇一四年一〇月〜二〇一六年二月。全一二回)をもとに、構成を変え、大幅に加筆して編んだものである。
- 本文中に引用した文献の書誌の詳細については、巻末の「主な参考文献」に記載した。
- 引用に際して、原文が旧漢字のものは新漢字にあらためた。
- 引用文に付した傍点は、筆者による強調を示す。ただし、原文にもともと付されていた傍点の場合は、本文中に注記した。

序章　内なる野生

野生の呼び声が聞こえる

さて、ここでは、わたし自身の歩行と思索に支えられながら、野生の呼び声に耳を澄まし、食べる／交わる／殺すといったテーマの周辺で、人と自然との関係、動物をめぐる異相の風景、そこに紡がれてきた神話や物語、祭りや儀礼、あるいは供犠（くぎ）＝サクリファイスの問題にあらたな光を射しかけることをめざしたい。そこには避けがたく、〈内なる野生〉との遭遇というテーマが浮上してくることだろう。いま、去勢されかけていた野生が息を吹き返し、思いがけぬかたちで社会の表層に露出しつつあるのかもしれない。言葉を換えれば、人／自然、文化／野生を分かつ境界線をいかに引きなおすか、という問いが、これまでとはまるで異なったコンテクストのなかで問われはじめている、ということだ。とりわけ東日本大震災のあとには、海でも山でも、この境界線のあたりに未知なる風景が生まれつつある。

それにしても、いま、なぜ〈内なる野生〉について問いかけるのか。人と動物との境界あたりに、〈内なる野生〉をめぐる闇やカオスが蠢(うごめ)いている。たとえば、この日本列島においては、自然空間の構造はムラ／里山／奥山という分割のもとに論じられるのが、つねだ。奥山という最深部には、野生を抱えこんだ原生的な自然がいまだ、わずかなものであれ、息づいている。その野生を抱いた奥山と、人間たちが暮らすムラとを分かつ緩衝地帯であった里山が荒廃するにつれて、野生の領域が膨張をはじめている。山のムラに暮らす人々が、「山が攻めてくる」といった言葉を洩(も)らすようになったのは、一九八〇年代以降ではなかったか。その頃から、都市のなかに現われ、闖入者(ちんにゅうしゃ)として追いまわされる、シカ・サル・イノシシ・クマなどの野生動物の姿が、ときおりテレビのニュース映像のなかに見られるようになった。

はじめて、田んぼや畑が丸ごと電気柵によって取り囲まれているのを見たのは、十数年ほど前のことだった。たしか中国地方の小さな町で、その異様な光景に遭遇したのである。野生動物による食害から田畑を守るために、電気の通じた防護柵を張り巡らしている、と教えられた。そのとき、わたしはこの国の農業の将来像を見たように感じた。どうにも言葉にはしがたい、鈍い、しかし重い衝撃に打たれたのだった。小さな畑を囲っているのではない。電気柵は一面に広がっている田や畑を、いや、ムラそのものを大きく囲いこんでいた。人間が野生の力にたいして必死に抗(あらが)う姿のように見えた。失われた里山がやわらかな緩衝地帯であったのにたいして、電気柵はいかにもむきだしの拒絶の暴力ではないか。

それから一〇年足らず、ふと気がつくと、信州にも、東北の、岩手の村や町にも、この電気柵は当たり前の顔をして広がっていた。うかつにも見過ごしていたのだった。すでにそれは、遠い将来に訪れるかもしれぬ光景ではなく、ありふれた現在の事実のひと齣になっていたのである。思えば、この列島においては、とりわけ農耕が縄文中期あたりに始まって以降、稲作以前から、それはむしろ当たり前にすぎる光景であったか。

たとえば、柳田国男の『後狩詞記』の「序」には、こんな一節があった。

家に遠い焼畑では引板や鳴子は用を為さぬ。分けても猪は焼畑の敵である。一夜此者に入込まれては二反三反の芋畑などはすぐに種迄も尽きてしまふ。之を防ぐ為には髪の毛を焦して串に結付け畑のめぐりに挿すのである。之をヤエジメと言つて居る。即ち焼占であつて。昔の標野、中世荘園の榜示と其起源を同じくするものであらう。焼畑の土地は今も凡て共有である。又茅を折り重ねて垣のやうに畑の周囲に立てること。之をシヲリと言つて居る。栞も古語である。山に居れば斯くまでも今に遠いものであらうか。思ふに古今は直立する一の棒では無くて。山地に向けて之を横に寝かしたやうなのが我国のさまである。

この書は『遠野物語』や『石神問答』とともに、柳田の初期の著作のひとつとして知られるものだ。宮崎県椎葉村における狩猟や焼畑を中心とした民俗誌の試みといっていい。ここには、焼畑にたいする害をなす猪を防ぐための習俗として、畑のまわりに焦がした髪の毛を結いつけた串を挿すヤエジメ、折り重ねた茅を垣のように立てるシヲリが紹介されている。それがともに、中世にまでさかのぼる古語であり、いわばたいへん古風な習俗であることに注意を促しながら、若き農政学者の柳田は、「古今は直立する一の棒では無くて。山地に向けて之を横に寝かしたやうなのが我国のさまである」と語ったのである。この列島の山にはもうひとつの古風な日本が埋もれている、といった認識であったか。

平成の世に現われた電気柵はあきらかに、こうしたヤエジメ(焼占)やシヲリ(栞)の仲間であり、後裔であり、その現代版にすぎない。この列島における農業は、つねに獣害との戦いを強いられてきた。列島の人口が、明治のはじめの三〇〇〇万人から百数十年間を経て一億二八〇〇万人を超えて、いま右肩下がりの時代に入っている。半世紀後には、八〇〇〇万人台になるだろう。ほんのつかの間、野生の獣たちはわれわれの視界から遠ざかっていた、それだけのことだ。いま、あらためて荒れ果てた里山をくぐり抜け、文化／野生の境界を越えて、獣たちが田んぼや畑を、村や町を踏み荒らす時代が訪れようとしているのである。野生の獣たちとの遭遇は、やがて日常のひと齣と化してゆくにちがいない。おそらくは、都市部においても。そうして農と獣、食をめぐる風景は大きな変容を遂げてゆくはずだ。

汚れた野生の王国のかたわらで

東北にはきっと、すこしだけ個性的な生命(いのち)の思想が存在する。震災から三週間ほどして、被災地を歩きはじめた。巡礼のように、ひたすら手を合わせながら、歩きつづけた。一年半ほど、わたしの被災地巡礼の日々は続いた。生と死にまつわる風景の底から、いのちの思想がわずかに顔を覗かせる瞬間に、くりかえし出会った気がする。

いつでも、かたわらに宮沢賢治がいた。「グスコーブドリの伝記」を読みながら、東北のケガチ(飢餓)の風土のなかから生まれた、この物語に通底する自己犠牲のテーマの危うさに心を揺らさずにいられなかった。とりわけ、ほんの偶然によって回避されたとはいえ、東京電力福島第一原発の爆発事故がもたらそうとしていた破滅的な状況を前にして、ほんのつかの間、この犠牲の問題が浮上しかけた瞬間があったのではなかったか。われわれはじつに都合よく、記憶そのものを改竄(かいざん)して、むしろ、多くのことをなかったことにして済ませようとしている。東京を含めた東日本全域が壊滅したかもしれない危機が避けられたのは、たんなる自然の気まぐれ、風向きの結果にすぎなかった。それはすでに忘却の淵に沈められたのである。

あるいは、「なめとこ山の熊」という作品のもとにも、幾度となく立ち返ることになった。その深みに見え隠れしていた喰われる人間というテーマが、津波の海にはむき出しに転がっていたのだった。いまだに二五〇〇人を超える行方不明者が存在する。むろん、遺体の確認ができていない犠牲者である。東日本大震災にとって、それは見逃しがたい厳粛な現実のひとつだった。あきらかに、最終的に行方不明者が数名であった阪神・淡路大震災との、きわだった差異である。震災にはそれぞれに個性的な顔があり、ひと筋縄ではいかぬ、それぞれのテーマを抱えこんでいる。

東日本大震災が始まった年の夏から秋にかけて、「魚や蛸(たこ)を食べる気になれない」という人がすくなからずいた。被災地に近い、たとえば岩手県遠野市では、捕れた地魚をさばくと、内臓(はらわた)のなかから人の爪や歯が出てきた、蛸の頭のなかに髪の毛がからまっていたといった、真偽を確かめようのない噂がしばしば聞かれたのだった。ところが、「だから、俺は喰うんだよ」と言い切ってみせた三陸の漁師がいた、と仲間から聞いた。強い言葉だな、と思った。板子一枚下は地獄といわれるような、生と死のきわどい境を生きる海の男だからこそ言わずにいられなかった、覚悟の言葉だったのではないか。

人は海や山といった自然の懐深くにおいては、大きな自然の内なる食物連鎖の一環に組みこまれている。町場に暮らす人々だけが、そんなことは知らぬげに、金銭をもって獣や魚の肉を買いもとめ、安全な場所で喰らうのだ。当然とはいえ、それは狩られた野生の獣ではなく、屠られた家畜の肉である。魚は漁で捕られたり、養殖で得られたものだ。

思えば、「注文の多い料理店」などは、都会からやって来た二人のハンターが、いつしか喰われる立場に誘いこまれてゆく物語であった。「鹿の黄いろな横つ腹なんぞに、二三発お見舞まうしたら、ずゐぶん痛快だらうねえ」と呑気に喋っていた男たちは、山猫に喰われる寸前に助けられるが、紙屑のようなくしゃくしゃの顔になって東京に帰ってゆく。かれらにとって、狩猟とは殺すために殺す遊びにすぎなかった。東北の狩人たちは、食べるために、生きるために野生の獣たちを殺すのであり、そこが決定的な分岐点となる。

人は狩られるべき獣に殺され、喰われることがありうる。ほとんど、それはみずからの身体を自然に贈与する行為のように感じられる。たとえば、「なめとこ山の熊」の主人公、猟師の小十郎は熊捕りの名人であったが、まさに家族を養うために心ならずも狩りを続けてきた。最期は、逆に熊によって殺され、丁重にあの世へと送られる。喰われる場面が描かれることはないが、小十郎はたしかに、その身を大きな自然にたいして贈与したのではなかったか。海の人や山の人は、わが身をときには自然に贈与することと引き換えに、獲物を得ているのである。「忍び撃ちは卑怯だ」と語る狩人がいた。みずからの命を危険にさらすことなく、数百メートルの距離からライフル銃で熊を撃つことを指して、その狩人はぽつりとそう言ったのである。かれらのなかには、固有のいのちの思想が見いだされる。たぶんそれは、賭けにも似た、捨て身の贈与を仲立ちとして、ようやくにして獲得された思想のかけらである。

いま、わたしの前には、田附勝の写真集『おわり。』がある。とても寡黙なそっけない写真集である。すこし長くなるが、田附による「あとがき」らしき文章をそのままに引用してみる。

二〇一一年、彼は一一月に一度だけ鹿猟をした。それ以来、鹿を狩りに山に入ることはやめた。

僕は猟期が来るたびに尋ねた。

「鹿猟しないの、今年も。」

彼は言った。

「もう嫌になった。鹿を殺すの。今までいっぱい殺してきた。もういい。それに食べられないなら、殺さない。殺したくない。」

鉄砲店からもらったという、何度も折り畳んだ跡のある一枚の書類を見せてくれた。そこには鹿肉から放射性物質が検出されたことが書かれていた。

それから僕は彼の家に行く度に、鹿の角や骨、鹿猟にまつわるものを撮るようになった。それらは、家の中の至る所に散らばっていた。片隅に、ぞんざいに置かれているものまで撮った。

しばらくして、彼が保護して飼っていた三本脚の鹿が死んだ。

彼は、家族と同じだから、と言って墓を作った。

二〇一四年四月一日の夜、彼は自分の鉄砲をダンボール箱に梱包していた。鉄砲店に返すためだ。

僕は言った。

「もうやらないんだね、鹿猟。」

彼は言った。

「おわり。」

この写真集はドキュメンタリーとして優れている。あくまで寡黙であるが、ふと気がつくと、じつにたいせつな問いが豊かに詰まっている。ひとりの三陸の猟師が、震災後、鹿猟をやめて、ついに鉄砲も返却したのである。起点にあったのは、震災の年の秋に獲った鹿の肉から放射性物質が検出された、ということだ。福島から遠く離れた海辺のムラだ。猟師はいう、「もう嫌になった。鹿を殺すの。今までいっぱい殺してきた。もういい。それに食べられないなら、殺さない。殺したくない」と。中世の仏教説話であれば、殺生戒を犯してきた猟師がその身のケガレに目覚めて、猟をやめた、と改心を遂げる話になったかもしれない。しかし、ここではあきらかに、「食べられないなら、殺さない。殺したくない」というところにこそ、重心があるはずだ。

奇妙なエピソードが挟みこまれている。この猟師は、三本脚の鹿を保護して飼っていたのである。その鹿が死んだ。男は「家族と同じだから」といい、丁重に、毛布に包んで、墓穴を掘り、埋葬するのである。その墓を幾度も、幾度も季節を越えて、写真家は撮りつづける。

いま・そこで、東北の伝統的な狩猟の世界が震災のもたらした影のもとで、ひっそりと幕を閉じようとしている。食べるために、生きるために、狩人たちは野生の獣たちを殺してきた。それが終わる。それははたして喜ばしいことなのか。東京電力福島第一原発の爆発事故がもたらした山野河海の汚染という現実を前にして、狩猟をやめることを決断する狩人たちが現われている。それはたいてい、大仰にではなく、低い感情のこもらぬ声で語られる。予想されたことではあった。それはおそらく、東日本の自然生態系にたいして深刻な影響をもたらすことになるだろう。

原発周辺から、しだいに野生の王国が広がってゆく。しかも、それは汚れた野生の王国である。降りそそいだ放射性物質によって汚れた森、汚れた山菜やキノコ、木の実などを食べた汚れた動物たちが、さらに汚染を凝縮させてゆく。狩人たちは、殺しても食べることができない野生動物を前にして、深くひき裂かれ、ある断念のなかで、ついに猟銃を封印することを選ぶのだ。食べられない獣は、獲物ではない。殺すために殺すことはしたくない。イノシシ、アオシシ、クマシシ……、古い日本語では、シシ(宍)はまさに狩猟によって得られる野生動物の肉を指していたのである。

東北南部から関東北部にかけて、おそらくは東日本全域に、そうした食べることができない、あるいは、食べることを避けたほうがいい野生動物が暮らす自然生態系が生まれてくる。やがて、大繁殖を遂げた獣たちが村や町に入りこみ、深刻な農産物への被害をもたらすかもしれない。汚れた野生の獣との遭遇はしだいに、たんなる日常の風景と化してゆく。そこに狩猟という、野生動物の頭数をコントロールしていた淘汰のシステムが不在であったとしたら、いったいなにが起こるのか。

すでに、東日本大震災のあと、東北とはかぎらず、おそらく東日本の全域で自然生態系のバランスが崩れはじめている。野生の獣たちが、すでにだれの眼にもあきらかなほどに繁殖を遂げつつある。シカが増えて困っている、イノシシが北東北にまで棲息エリアを広げている、と聞いた。岩手あたりでも、汚染されて食べられない野生動物は、狩猟の対象とはならないから、安心して繁殖することができる。増えた動物たちはエサをもとめて、棲息エリアを広げてゆく。かれらには警戒区域といった、人間たちが勝手に設定する境界のラインはなんの意味もない。狩猟圧の低下がもたらすものに眼を凝らしてゆく必要がある。

東北の狩猟者たちはすでに、高齢化と人口減少という問題に直面していた。震災によって、狩猟が狩猟として成り立たない状況が生まれたために、それはさらに加速度的に深刻なものになろうとしている。もし一〇年、二〇年と狩猟の空白期間が生まれたとすれば、東北の狩猟にまつわる情景は大きな変質ないし断絶を余儀なくされるにちがいない。そもそも狩猟は生活の技術であり、文化である。いま、見えにくいかたちで始まっているのは、いわば文化の断絶という新しい問題なのである。それはまた、人間たちを取り巻く自然生態系にたいして根底からの変容をもたらすはずだ。

近世の岩手では、イノシシによる飢餓（ケガチ）が深刻だった。安藤昌益と宮沢賢治に共通する原風景というべき、東北の心象風景のひとつはケガチであったと、いいだももが『猪・鉄砲・安藤昌益』のなかで指摘している。昌益が遭遇した寛延二(一七四九)年の大凶作は「猪飢渇(けがじ)」と呼ばれ、三〇〇〇人の餓死者を出したという。八戸藩の政策によって、広範に焼畑によって大豆栽培がおこなわれていたが、それが猪の大繁殖をもたらし、その食害から起こった人為的な飢饉であったといわれる。そんなものの再来はありえない、とだれが断言できるか。原発事故という人為的に惹き起こされた災害は、福島の浜通り、中通りに汚れた野生の王国を産み落とした。山野の除染は放棄されながら、村や町への帰還が国策として強いられる以上、汚れた野生の獣たちとの遭遇、いや共存という現実は日常化せざるをえない。獣たちとの戦いが、より複雑に、より深刻な問題と化してゆく可能性から眼を背けることはできない。

いのちの根源は、ひとつか複数か

三・一一から数か月も経たずして、被災地では民俗芸能があちこちで復活を遂げていた。宮城県南三陸町の水戸辺(みとべ)という志津川湾に面したムラを訪ねたのは、五月末のことだった。ムラは津波によって破壊し尽くされていた。案内してくれた方の家は土台しかなかった。

その人の語りに衝撃を受けた。いまだ震災から三か月も経たぬ時期であった。瓦礫の山のなかを探しまわって、鹿(シシ)踊りの衣装や道具を見つけた。避難所で踊ると、ムラの婆たちがほっとしたように涙を流した、という。なぜ、鹿踊りなのか。海辺のムラだ。不思議だった。しかし、ムラの男衆がみな、戦後間もない時期には裏の山に入って炭を焼いて暮らしていた、という話を聞いた。後背をなす里山で炭を焼き、山菜やキノコを採り、鹿猟をおこないながら、漁撈や養殖にしたがってきたムラであった。

このムラには、鹿踊りの発祥地としての伝承がある。少し高台には鹿踊り供養塔が立っており、津波は届かなかった。享保九(一七二四)年の銘のある供養塔だが、そこには「奉一切有為法躍供養也」と刻まれている(『志津川町誌　二　生活の歓』)。生きとし生けるものすべての命を供養するために、この踊りを奉納する、といったところか。鹿猟を背景として生まれた民俗芸能であったかもしれないが、いまは死者供養の踊りとして継承されている。だからこそ、震災の二か月後には復活を果たすことができたのではなかったか。

わたしはそのとき、中尊寺建立供養願文を想起したのだった。

　この鐘の音は、あらゆる世界に響きわたり、誰にでも平等に、苦悩を去って、安楽を与えてくれる。攻めてきた都の軍隊も、蝦夷とさげすまれ攻められたこの地の人たちも、戦いにたおれた人は昔から今まで、どれくらいあっただろうか。いや、人間だけではない。動物や、鳥や、魚や、貝も、このみちのくにあっては、生活のため、都への貢ぎもののために、数え切れない命が、今も犠牲になっている。その魂はみな次の世界に旅立って行ったが、朽ちた骨は今なおこの地の塵となって、うらみをのこしている。鐘の声が大地を響かせ動かす毎に、心ならずも命を落とした霊魂を浄土に導いてくれますように。

（大矢邦宣による口語訳。「いわて平泉世界遺産情報局」ホームページ）

この中尊寺建立供養願文のなかには、はっきりと、ヤマト王権の軍勢とそれを迎え撃つエミシ、それゆえ敵と味方の区別なく、また人間のみならず鳥獣虫魚の類にいたるまで、まさに生きとし生けるものすべてのいのちの供養という思想が真っすぐに語られていた。この願文と、水戸辺の鹿踊り供養塔とのあいだを、どのように繋ぐことができるのか。たとえば、東北の敗者の精神史の流れのなかで。

ここで、わたしはまた、宮沢賢治を呼び招かずにはいられない。『春と修羅』と題された詩集に収められてあった「原体剣舞連(はらたいけんばいれん)」という詩篇である。賢治は大正六(一九一七)年、地質調査のために岩手県江刺郡を訪ねたが、そのとき原体村で見た剣舞という民俗芸能の印象を元にした詩であった。

わたしの知るかぎりで、その読み解きにおいてたいへん個性的な論考として、中路正恒の「「ひとつのいのち」考」(『ニーチェから宮沢賢治へ』所収)を挙げることができる。詩篇のなかに、「むかし達谷(たった)の悪路王」とあって、賢治が剣舞による亡霊供養の底に悪路王伝説を見いだしていたことは否定しがたい。そして、少年たちの勇壮な剣の舞いから、「銀河と森とのまつり」を浮かびあがらせたあとで、詩篇は「打つも果てるもひとつのいのち」と結ばれている。

中路によれば、そこに語られているのは、「生命というものは根源においては一つであるが、それが現実の生においては必然的に異なった別々の形を取り、異なった立場を取り、あい対立せざるをえないのだ、という思想、根源の一性にこの世の葛藤や対立からの救済を見出そうとする思想」とは異なった、もうひとつの思想である、という。「打つも果てるもひとつのいのち」は前景であり、「或るひとつの〈宇宙のリズム〉の中で、本質的に多数であるいのちたちが、同じ時の流れを経験する」こと、それが喜びであり救済であると賢治は語っているのだ、と中路は指摘している。むろん、いっそうの繊細な議論が必要だろう。たとえば「鹿踊りのはじまり」について、賢治が施した自注には、「まだ剖れない巨きな愛の感情です」とあったことを思いだす。「剖れない」という、刃物を思い浮かべさせずにはいない字句が選ばれているのは、偶然ではない。人ははたして、「自分と鹿との区別」(同上)を忘れて、いっしょに無心に遊ぶことはできるのか。

中尊寺建立供養願文から鹿踊り供養塔へ、さらに「原体剣舞連」へと連なる、東北のいのちの思想といったものを思い描くことは可能か。それはたぶん、仏教からのはるかな逸脱をはらんで、海山のあいだに生きられてきた自然観により深く根ざしながら、生成を遂げてきたものであった。それにしても、いのちは根源においてひとつなのか、複数なのか。とてもたいせつな、未来への問いである。

日本列島の自然空間が、ムラ/里山/奥山という三層において構造化されていることを、あらためて想起するのもいい。この列島に暮らす人々は、里山を緩衝地帯として、奥山から聴こえてくる野生の呼び声に耳を澄ましながら、この野生を豊かに抱えこんだ自然とともに生きる知恵や技を磨いてきた。いま、里山が崩れ、山のムラに暮らす人々が「山が攻めてくる」とか「山が押し寄せてくる」と不安の呟(つぶや)きを洩らしはじめている。やがて、都市のなかにも野生の獣たちが侵入してくる、ワシやタカ、シカ、サル、イノシシ、クマ……。すでに、それは現実の一部である。

ここで、高畑勲のアニメ映画『平成狸合戦ぽんぽこ』を想い起こしてみるのもいい。一九七〇年代、開発が進んで丘陵が次々に崩されていった頃の多摩ニュータウンを舞台とした、一九九四年の映画である。里山的な環境を守ろうとする狸たちが、「化学（ばけがく）」という変身術を使って、人間に抵抗するというストーリーであった。興味深いことに、狸たちが集まる寄り合いの場が破れ寺に設定されていたり、全国から助っ人にやって来る古狸たちも神社にかかわりが深い。開発によって、人と自然との関係が大きく揺らぎ、神や仏の座が脅（おびや）かされるということが示唆されていたのである。作品の終わりに、狸たちはついに抵抗虚しく人間との戦いに敗れている。そして、それぞれに人間に化けて、姿をくらまし、生き延びることを選んだのだ。いま、二〇一〇年代も半ばを過ぎて、人間に姿を変えていた狸たちは、やがて本身へ戻る準備をはじめているのかもしれない。『平成狸合戦ぽんぽこ』の続編が制作されるべきときは、意外に早く訪れるのではないか。

近代を超えて、野生はいかに生き延びるか。〈内なる野生〉が多様なるかたちで再発見される時代、といってもいい。あらたな人と野生との交わりの風景が創造されなければならない。それはきっと、われわれがみずからの〈内なる野生〉に目覚め、根底から問いかけることと同義であるにちがいない。問いそのものが再編されねばならない時代が、いま訪れようとしている。

第二章　異類婚姻譚

縫いぐるみの神話学

くりかえすが、いま、わたしたちは思いがけぬかたちで、野生とのあらたな邂逅(かいこう)を果たそうとしているのかもしれない。列島の自然は確実に、回帰のときを迎えつつある。去勢され、失われたはずの野生が息を吹き返し、よじれながら社会の表層に露出しようとしている。大都市のふところ深くに迷いこみ、逃げまどう野生の獣たち、サルやイノシシやカモシカたちの姿は、きっと黙示録(もくしろく)的なはじまりの光景のひと齣である。記憶に留めておくことにしよう。

だから、〈内なる野生〉という問題系にそそられている。〈内なる野生〉という視座のもとに、わたしたちの動物観や自然観についての再検証をおこなうことが、ひそかに、また切実にもとめられている。ここでは、異類婚姻譚と呼ばれる物語を手がかりとする。それは、人間と動物・カミ・精霊・妖怪などとの婚姻を物語りする昔話の群れである。人と動物との境界あたりに、〈内なる野生〉

をめぐる闇やカオスが蠢いている。その境をまたいで、人と獣とが交わる。グロテスクにして異形なる、哀しい人獣交歓の風景が、かすかな幻影のように揺れている。食べること／交わること／殺すことにまつわる、見えない禁忌の群れ。異類婚姻譚を起点として、日本人の自然観や動物観の深みへと降り立つことができるかもしれない。

いや、ここではいくらかの迂回をしておいたほうがいい。たとえば、幼い子どもたちのかたわらに、きっと寄り添うように転がっている縫いぐるみの動物たちについて語っておこうか。ジャンニ・ロダーリが『ファンタジーの文法』のなかで、少しだけ触れている。それはたいてい、子どもに親代わりの温もりや保護をあたえる、まさに情緒的な役割を果たしているのだといった説明が施されている。そうした通説的な了解にたいして、ロダーリは次のように批判している。

だが、子どもと動物玩具との関係をもっとはっきりさせようと思えば、さらにはるか遠くの昔にさかのぼる必要がある。動物がはじめて人間に飼いならされた時代、家族や種族の隠れ家のまわりに、小犬がうろつきはじめ、子どものちょうどよい連れになりはじめた時代までである。いや、さらに遠く、トーテミズムの深淵に目を向ける必要があろう。そこでは子どものみならず狩猟族全体が、ある種の動物を自分たちの守護神であり恵みの神であるとし、同時に自分たち種族の祖先とし、種族の名とした。

思えば、子どもと動物たちはいつだって、ただならぬ親密な関係を結んでいる。たんに情緒的な安定をあたえてくれる、というだけの理由であれば、それが毛むくじゃらの犬や熊である積極的な必要は認められない。しかも、犬は人間に忠実なペットであるが、熊は恐ろしい野生の獣ではないか。とはいえ、わたしたちが動物園やサーカスの外で野生の熊に出会うことは、とても珍しいできごとではあるが。ともあれ、ロダーリはここで、人間たちが野生動物を飼い馴らし、たとえば犬を狩猟の友とするようになった時代から、さらに狩猟民族がある動物を種族の守護神にして祖先として信仰していたトーテミズムの時代へと遡行するのである。

これに続けて、人間と動物との関係のはじまりには「魔術的性格のもの」があった、という。縫いぐるみの熊は「トーテムのにおい」を漂わせ、「それが生きている領域はどこかしら神話の雰囲気を持っている」のだ。それはファンタジーの所産ではなく、むしろ現実の似姿としての神話である、ともいう。いずれであれ、子どもと動物玩具との関係には、アルカイックな魔術の時代の影が射しており、それゆえに神話の匂いを漂わせているのではないか。

これにたいして、クロード・レヴィ＝ストロースはトーテミズムには懐疑的であったが、この問いについては以下のように応答していた。

現在でもまだ、すべての生命を持ったもののあいだにあった原初の連帯を、われわれはぼんやりとだが意識しているように思われる。子どもが生まれるとすぐにか、まもなく、われわれは何はともあれ大急ぎで、子どもの心に人間と動物たちの連続性を教えこもうとするのではないだろうか。ゴムや縫いぐるみでこしらえた、見せかけの動物たちで幼児をとりかこみ、幼児に最初に与える絵本で、子どもが実物と出あう前に、熊や象や馬や驢馬(ろば)や、犬猫や雄鶏雌鶏や廿日鼠や兎などを見せてやるのである。まるで、過去のものになったことをやがて知るはずの動物たちとの一体感への郷愁を、ごく幼いときから子どもに抱かせなければならないとでもいうように。

(「狂牛病の教訓」川田順造訳、『中央公論』二〇〇一年四月)

この前段に、神話の時代というのは、「人間と動物たちとがはっきりとは区別されておらず、たがいに意思を通じあえるような時代」であった、という言葉が置かれていたことを思いだしたい。そうした神話の時代には、すべての生命(いのち)あるものたちのあいだには「原初の連帯」があり、人間と動物たちとは「連続性」や「一体感」によって繋がれていた。すでに、そんな「連続性」や「一体感」は郷愁としてしか語りえぬ時代に生かされながら、わたしたちがいまだに、幼い子どもたちに縫いぐるみの動物や、人と動物とが仲よく交歓する絵本をあたえるのは、なぜか。たんなる偶然であったはずはない。とはいえ、レヴィ＝ストロースによるこれ以上の言及は見られない。

この示唆に富んだ記述は、狂牛病について論じたエッセイのはじまりに置かれてあった。補足的に言ってみれば、神話的な、人間と動物たちとの連帯や一体感の喪失の後景には、人間とほかの動物たちとの訣別という原初のできごとが見え隠れしている。そこには肉食という問題の発生がからんでいる。人間はあるとき、みずからの身を養うためにほかの生きものたち、ほかの動物たちを殺す＝食べることを始めたのだ。人間はこのとき以降、それがもたらす罪障感を哲学的なテーマとして背負わされることになる。あらためて次章で触れる。

さて、気にかかるのは、縫いぐるみの動物であり、人と動物とが交歓する絵本である。たとえば、『かいじゅうたちのいるところ』(モーリス・センダック作)のなかで、マックスはなぜ、狼の縫いぐるみを着ると、いたずらを始めて、大暴れするのか。怒ったお母さんに「この　かいじゅう!」といわれると、負けずに、「おまえを　たべちゃうぞ!」と、なぜ言い返すのか。現実の子どもたちを眺めていても、縫いぐるみやマスクが変身の道具として絶大な力を発揮する場面に出会うことは、むしろありふれた体験ではないか。マックスはそのとき、狼の縫いぐるみに包まれて、すっかり狼そのものになっている。変身していたのではないか。

そういえば、世界の昔話や伝説のなかには、人間や動物が毛皮を着たり脱いだりすることで変身するという説話モチーフが、しばしば見いだされる。とはいえ、それがどこまで普遍的であるかは、留保がもとめられる。たとえば、スティス・トンプソンの『民間説話』には、北米インディアンの「犬聟(むこ)入り」ともいうべき「見捨てられた子供たち」という民話が取りあげられている。娘のところに通ってくる男がいる。その男は昼は犬のかたちで、夜は人間の姿になる。やがて娘は犬の子を生むが、部族の者たちはそれを恥じて、彼女を残し去ってゆく。ここで注目されるのは、それらの子どもたちが大きくなったとき、女が「犬の皮を始末して男の子たちを人間の形に変える」と語られていることだ。子どもらが身にまとっていた犬の皮を脱いだ、ということであったか。

トンプソンはこれについて、「動物の皮を始末して犬の子供たちにかけられていた魔法を解くというモチーフ」がアメリカ全土で知られている、と述べていた。たぶん、こうした解釈は誤りである。犬の子どもたちはおそらく、たんに犬の皮を脱ぎ棄てることで人間に変わるのである。むしろ、「魔法を解く」といった表現が例外的に、ヨーロッパのキリスト教文化圏の昔話にのみ見いだされることを指摘しておく。ここでの変身は動物の毛皮を着脱するという即物的な行為によって、いともたやすく実現するのである。魔法のごとき仰々しさはなかった。人間と動物とは、かれらを分かち隔てる敷居を踏み越えて、いともたやすく往還をくりかえしている。動物に変わるときはその毛皮を身にまとい、人間にもどるときはその毛皮を脱ぎ捨てるといった変身の作法が存在したのである。

日本の昔話において、この変身の作法は確認できるだろうか。試みにいま、佐々木喜善の『聴耳草紙』のなかから、動物の毛皮や人間の皮にかかわる記述を含む昔話を拾ってみたい。なにやら奇想天外な情景が、そう、食べること／交わること／殺すことにまつわる異相のできごとがあふれ出すはずだ。

動物の剝がれた皮のまわりには、不思議なできごとが起こるようだ。たとえば、「馬喰八十八」(三九番)には、長者によって打ち殺された痩せ馬の皮を剝いで、それを「嗅ぎ皮」とだまして使う場面があった。貧しい馬喰の主人公が、馬の皮を揉んだり匂いを嗅いだりしながら、八卦置きの真似をして金もうけをたくらむ話である。また、「旗屋の鵺」(四七番)には、狩人の名人の鵺があるとき、大きな白い鹿を射止めるが、いくら皮を剝いでも元のようにくっついて、生き返り、逃げていった、と語られている。「オシラ神」(一一五番)では、父親が馬を大きな桑の木に吊るして、責め殺してから、生皮を剝いでいると、その馬と交わった娘がやって来て、泣く。馬の生皮は娘のそばに行き、そのからだにぐるぐる巻きついて、天に飛んでいった、という。この馬と娘の婚姻譚については、あらためて触れることになる。馬の皮にくるまれた娘は思いがけぬ想像力の回路をくぐり抜けて、ユーラシアの広やかな物語の庭に曳き出されることだろう。

さらに、「鮭の大助」(九八番)には、子牛をさらった鷲を捕えるために、弓矢をもち、牛の皮をかぶり、牧場にうずくまって鷲が来るのを待ち構えていた男が、鷲にさらわれる場面がある。人間は牛の皮を身にまといはするが、どうやら牛に変化しているわけではない。いわば、鷲をおびき寄せるための擬態であった。むしろ、変身のテーマは動物の毛皮ではなく、人間の皮のほうに絡みついているようだ。

ふつうは「かちかち山」の名前で知られているが、『聴耳草紙』には「兎の仇討」(八六番)として収められている昔話のなかに、狸が婆を臼で搗き殺し、婆の皮を剝いで、それをかぶって婆に化ける場面がある。婆の皮をまとって婆に姿を変えた狸は、婆を切り刻んで汁にして、狸汁だとだまして爺に喰わせる。爺が喰い終わるのを見澄まして、狸は婆の皮を脱いで狸にもどり、裏口から逃げていった、と語られている。なんとも救いがない残酷な昔話である。あるいは、「瓜子姫」と呼ばれる昔話の場合には、とりわけ東北に分布する「瓜子姫」のなかに残酷さがきわだつようだ。『聴耳草紙』の「瓜子姫子(その一)」(一〇四番)では、瓜子姫子を取って喰ってから、山母はその骨を糠室の隅に隠して、瓜子姫子の皮を剝いでかぶり、瓜子姫子に化けて機を織っていたと語られている。異伝では、アマノジャクが瓜子姫子の皮をかぶり、その衣服を着て、瓜子姫子に化けている。

狸や山母やアマノジャクといった異類が、婆や姫を殺して喰らい、その皮を身にまとって変身を遂げている。ひたすら人間たちを愚弄し、嘲笑するためにであったか。同じ老婆の皮であっても、「姥皮」（柳田国男『日本の昔話』所収）になると、人間を助けてくれる呪物として登場してくる。鮭が、つまり異類が娘に贈与してくれたものだ。この姥皮を着ると、美しい娘はたちまち腰の曲がった婆さんになり、これを脱ぐと美しい娘にもどる。まさに変身の道具であるが、娘は姥皮によって、婆に身をやつして男たちの欲望をやり過ごし、身を守るとともに、それを脱いだときには美しい娘へと劇的な変換を遂げる。それを巧まずして演出することによって、娘はひとりの男の心を虜にしてしまうのである。

さて、いまひとつ、『聴耳草紙』から「親譲りの皮袋」（二〇番）を取りあげてみる。そこでは、母親が遺した「薄毛ブカの生えた生臭い醜い不思議な物」をめぐって、奇妙な物語が展開する。母親はそれについて、「ただこればかりはお前の生れた所でもあり、またおらが一生の間人にも見せないで大事にして来た物であるから取って置いてケロ」と、なにやら不思議な言葉を遺していた。息子はそれを陰干しにして、「熊の皮（のような）の巾着」をつくり、火打ち道具を入れて腰にぶら下げていた。ある日、牧山で牛どもが交尾をしたまま離れなくなって困っていたとき、この巾着が思いがけず役に立った。皮製の巾着の口を指で広げて開けると、牛どもがポツンと離れたのである。それから間もなく、今度は長者の一人娘と婿とのあいだで、婚礼の晩に同じ騒ぎが起こる。息子が皮巾着の口を力まかせに押し開けると、離れなかった二人のからだがボツラと離れたのだ、という。

素直に読んでみれば、ここには謎めいたことはなにひとつない。「お前の生れた所」にして、「おらが一生の間人にも見せないで大事にして来た物」というのだから、それは母親の生殖器であって、それ以外ではありえない。この話には父親の影がない。長者の家で下男奉公をして暮らす、貧乏な息子と婆の物語なのである。あるいは息子は、婆が若い頃に、夜這いをかけてきた男とのあいだに生まれた子どもであり、それ以来、婆は身持ちかたく男を拒んできたのかもしれない。ともあれ、息子はその大事な母の生殖器で熊皮のような巾着をつくった。それが性の交わりで離れなくなった牛や人間を引き離すために、そのためだけに、絶大なマジカル・パワーを発揮したのである。この母親譲りの皮袋が、母に孝行を尽くした息子のうえに、長者の家に婿として迎えられるという幸運をもたらしたことになる。

ところで、わたしが一九九〇年代半ばに聞き書きした、こんな狩猟の情景がある。山形県西川町の大井沢。そのムラでは、はじめて春の熊狩りに参加した少年は、獲物の熊が捕れたときには、解体されたばかりの熊の毛皮をかぶせられた、という。通過儀礼の一種ではあったかと思うが、どれほど伝統に根ざしているのか、ほかの地域でもおこなわれているのか、などは確認していない。それにしても、肉から剝がれた血まみれの熊の毛皮を身にまとうことは、いったいなにを意味していたのか。すくなくとも象徴的には、それは少年が熊になる、熊に変身することを意味していたはずであり、あるいは、人間によって殺される熊の身になることを擬似的に体験させることであったかもしれない。生き物の命を奪う＝いただくという、厳粛なできごとの秘められた意味を、たんに記憶に残すことを超えて、少年の身体に刻みつける象徴的な行為であったかもしれない。民俗社会はしばしば、子どもの身体に忘却の許されないできごとの記憶を刻みつける、といった演出をさりげなくおこなってきた。たとえば、子どもを村境に埋められた境界の石の証言者とするときなどに。

生き物はみな皮膚や毛皮をまとう。それを着たり脱いだりすることで、人間と動物のあいだだって往還することができる。そんな神話的な変身のイメージのかけらが、動物や異類との交渉を物語りする昔話のなかにひっそりと埋もれている。幼児のかたわらに転がっている縫いぐるみの動物たちは、子どもらが眠りにつく真夜中になると、こっそり起きだして野生の呼び声をあげているのかもしれない。そんな獣たちの咆哮(ほうこう)を聴いてしまった子どもも、きっといるにちがいない。宮沢賢治にはたしか、夜の訪れとともに、動物園が野生の草原や森に変わってしまう作品があった。そう、「月夜のけだもの」であったか。

異類婚姻譚の裂け目に

くりかえすが、人間と動物たちとの区別そのものが曖昧模糊として、たがいに意志を通じあえるような神話の時代には当たり前に見られたはずの、「すべての生命を持ったもののあいだにあった原初の連帯」や、「人間と動物たちの連続性」「動物たちとの一体感」といったものは、もはや郷愁の対象でしかない。これから取りあげようとしている異類婚姻譚には、こうした人間と動物たちとの神話的な関係にまつわる記憶が、さりげなく影を落としているのかもしれない。あらかじめ書きつけておけば、異類婚姻譚とは、子どもを含めた人間たちの心に、すでに失われた人間と動物たちとの一体感や連続性を畏怖とともに刷りこみ、すべての命あるものたちとの「原初の連帯」を回復するための、ささやかな文化の仕掛けだったのではないか。

はじめに、マックス・リューティの『昔話の本質』から、その第六章「動物物語　自然民族の物語」に触れておく。ヨーロッパの昔話はほかの地域の昔話とは、あきらかに異質である。そうでありながら、昔話研究のグローバル・スタンダードはヨーロッパでつくられたから、昔話の定義や分類そのものが固有の偏りをもたざるをえない。たとえば、黒人やアメリカ・インディアンのような自然民族の物語について、「本来の昔話」はないに等しい状態であると、リューティは指摘する。ヨーロッパの昔話においては象徴と感じられていることが、自然民族では「まったくの現実」として受容されていることが多いから、そこで語られる物語を「本来の昔話」として扱うことができない、という。かれら自身の分類意識が、それを「本来の昔話」と見なすことを許さない、といったところか。

自然民族とされる人々における、物語と動物との関係については、以下のような一節がある。

　自然民族では動物物語が重きをなしている。それは神話のようでもあり、寓話のようでもあり、昔話のようでもある。自然民族は自由に生きる動物と密接に結びついて暮らしている。この人たちは動物を狩るが、また動物を恐れてもいる。それどころか動物を敬っているし、動物の力を信じている。アメリカ・インディアンの物語の主人公は動物と星である。ヨーロッパの昔話のように人間ではない。動物は世界の創造者であり、世界の支配者であり、文化をもたらす者でもある。人間は水を海蛇から、火を蛙からだまし取らなくてはならない。眠りすら人間は自分で創り出すことができなかった。眠たそうなとかげを見て学んだのである。どこまでが人々に信じられている神話で、どこからが羽目をはずした冗談なのか、境界線をひくことはむずかしい。しかし、人間はときどき動物に変えられる、それどころか自分から動物に変わる、ということを自然民族はかたく信じているし、インドの語り手の中にもそう信じる者がいたことは確かである。〔略〕物語そのものに魔法の力があるとされている。アメリカ・インディアンは羽根の頭飾りをかぶることによって、その羽根を生やしている鳥の力をわがものにしようとするが、それと同じようにまた、動物の行為を物語ることによって、その動物の力をなにがしか身につけたいと願う。

むろん、自然民族といった括り方そのものが、西欧中心主義的なまなざしの歪みを感じさせずにはいない。それを承知したうえで読む必要がある。かれら自然民族にとっては、動物は狩りの対象であるが、恐れられ、畏敬されてもいる。動物の力への信仰もあり、物語世界においては、動物は世界の創造者、支配者、文化をもたらす者である。人間はときに動物に変えられ、みずから動物に変わることができる、といったところに関心をそそられる。わたしたちはすでに自然民族ではないが、ここに示唆されていたものと無縁ではないことに気づかされる。人間と自然や野生動物との距離の近さは共通する。いずれであれ、昔話の読み解きにおいては、それを語り継ぐ人々の自然観や動物観が重要な手がかりとなる。

たとえば、日本の昔話や民話のなかに語り継がれてきた異類婚姻譚と、『グリム童話』のなかの類似の話を比較してみるのもいい。西洋では、はたして異類婚姻譚といった概念が成り立つのか。

問いははじまりから揺れている。まず、西洋／日本における、もっともよく知られた異類婚姻譚を並べてみよう。

（A）「蛙の王さま」

あるとき、美しい姫が、泉にまりを落として困っていると、蛙が現われて助けてくれる。やがて姫のもとに蛙がやって来て、約束を守るように要求する。その約束とは、姫の皿や盃で飲み食いすることと、姫のベッドでいっしょに寝ることである。王さまは姫にたいして、「約束を守れ、恩返しをせよ」と命令する。しかし、姫はとうとう、蛙を壁に叩きつけて殺してしまう。すると、蛙は魔法が解けて王子に変身し、二人は幸せな結婚へといいたる。

（金田鬼一訳『完訳グリム童話集』からの要約）

（B）「鶴女房」

炭焼きの男が傷ついた鶴を助ける。美しい女が訪ねてきて、嫁にしてくれという。女は戸棚に籠もって、機織りをする。その反物を殿さまの館に持ってゆくと、高く売れる。しかし、男は「けっして戸を開けないように」という約束を破ってしまう。そこでは、鶴が裸になって、羽根を抜いて反物を織っていた。みずからの正体を見られたために、鶴は「わたしは、あんたに助けられた鶴だ」といって、飛び去っていった。

（関敬吾編『こぶとり爺さん・かちかち山』からの要約）

「蛙の王さま」を異類婚姻譚と見なしうるかは微妙ともいえるが、蛙や鶴といった異類との婚姻、変身というテーマは共通している。しかし、やはり仔細に眺めれば、いくつもの差異が浮かびあがる。ズレと逆転が埋めこまれていることがわかる。

方位がまったく異なった援助と恩返しのテーマが、起点に置かれている。蛙(動物)が姫(人間)を助ける／男(人間)が鶴(動物)を助ける、という裏返しの関係にある。「蛙の王さま」では、蛙は姫にたいして約束の履行をもとめるが、それはひとつの皿で食べること(共食)、ひとつのベッドで寝ること(共寝＝セックス)であった。姫はいわば、共食の約束はなんとか受け入れることができたが、異類とのセックスを受容することはできず、衝動的に、その殺害に及んだのである。結果的には、そうして魔法が解けて、蛙は人間にもどり、王子となって国へ帰り、姫と結婚することが許される。婚姻は異類とのあいだには成立していないことを、とりあえず確認しておきたい。また、ここには王さまという名の正義＝法を体現する存在がいて、娘の姫にたいして正義＝法の遵守を要求していることに関心をそそられる。人と動物や自然との関係が、ある種の契約として構成されているのかもしれない。

それにたいして、「鶴女房」では、助けられた鶴はみずから、恩返しのために男のもとを人間の女に姿を変えて訪れ、結婚へといたる。民話ゆえに、じかに描かれてはいないが、鶴は人間の男にセックスを提供したのである。むろん、みずからの羽根を織りこんだ反物を織り、それが男への財の提供となった。そして、男が「見るな」の禁忌を侵すことによって、女は鶴にもどり、いずこへか去ってゆく。婚姻関係は壊れたのである。ここには、正義や契約といった観念(イデオロギー)は見いだされない。

動物の描かれ方となると、あくまで対照的といっていい。「蛙の王さま」の蛙は、ひたすら醜く卑しい存在にして、別世界の生き物＝異類である。それゆえに、そこには敵対的な関係はありえても親和的な関係は成り立ちようがない。あらかじめセックス＝婚姻の可能性は排除されている。それは人間同士のあいだにのみ許されることだ。それにもかかわらず、蛙はこの身分不相応のグロテスクな要求を、あくまで契約の履行として突きつけるのである。こんな冷たい蛙なんぞ、さわるのもいやなのに、いっしょに美しいベッドで寝ようだなんて……、もはや姫には蛙を壁に叩きつけるしかない。

これにたいして、「鶴女房」の鶴は、まことに気高く美しい存在である。人間は傷ついた鶴を助け、鶴は身を痛めてでもその恩に報いる。人間と動物との親和的な関係が鮮やかといっていい。たとえ人間に姿を変えてではあれ、婚姻＝セックスが成立している。むろん、具体的に描かれているわけではない。両者の距離は近く、すくなくとも隔絶はなく、情愛の交換が可能だと信じられている。しかし、異類ゆえに、やはり別離は避けがたい。

去ってゆく鶴を見送る男の顔には、嫌悪があったか、悲哀が浮かんでいたか、と問いかけてみるのもいい。『こぶとり爺さん・かちかち山』に収められた「鶴女房」は、鹿児島県薩摩郡で採集されたものであるが、そこにはじつは奇妙な後段が異郷訪問譚のかたちで付加されていた。独り身にもどった男は、別れた鶴に会いたくてしかたがない。日本中を捜しあぐねて、ある浜辺に坐っていると、爺さんが小舟に乗ってやって来る。「鶴の羽衣という島から来た」という爺さんに頼んで、美しい白浜に連れて行ってもらう。立派な池があり、そのまん中には砂丘があって、たくさんの鶴に囲まれて裸の鶴がいた。鶴の王さまであった。しばらくご馳走になるが、また爺さんの舟に乗せられて帰ってきた、と語り納められている。情愛にみちた関係が復活するわけではない。男は妻が異類であったことを再確認し、あらためて訣別（わかれ）という運命を受け容れたのである。

ここにはおそらく、西洋／日本のあいだの動物観や自然観の根底的な差異が覗けているはずだ。はたして、西欧の人々は、異類との約束を破ったことを後悔し、身悶えしながら別離の悲しみに暮れる男の姿を、わたしたちと同じような共感をもって想像するだろうか。異類とのセックスに嫌悪や恐怖を抱くのではないか。逆に、わたしたちには嫌悪や恐怖があるか、と問いかけてみれば、ふたつの異類婚姻譚をめぐる意識の断層はあきらかだろう。そこには、西欧人／日本人のあいだの動物観や自然観における根底的な差異が認められるはずだ。

ここで、一冊の小さな書物に触れておくのもいい。わたしが尊敬を寄せてきた、ひとりの中世史家から教示されたことである。わたしの知るかぎり、獣姦の、文字に残された記録はたったひとつ、コリャードの『懺悔録』のなかにあるだけですね、そう、その歴史家はあるとき、すこしだけ愉しそうに言われたのだった。それは、岩波文庫版のなかに、ほんの一行、「獣（けだもの）と三度深い科（とが）に落ちまらした」とある。歴史の表層にはけっして浮かびあがることがない、人間と動物たちとの性の交換＝交歓の情景が、キリスト教とのつかの間の遭遇のなかにたった一行の記録として残された、ということか。懺悔という、心の内と外とを繋ぐ宗教的な回路なしには、この記録は不可能だったことを思う。

あるいは、変身について。マックス・リューティは『昔話の本質』のなかに、「人間はときどき動物に変えられる、それどころか自分から動物に変わる」と自然民族は信じている、と書いていた。昔話における重要なモチーフとしての変身をめぐって、西洋／日本のあいだには本質的な差異が見いだされてきた。「鶴女房」をはじめとして、「狐女房」「蛇女房」「鮭女房」など、日本の異類婚姻譚に普遍的に見られるのは、〈異類→人間→異類〉という変身である。変身する主体はつねに異類なのである。これにたいして、ヨーロッパの昔話では、変身する主体はつねに人間であり、「蛙の王さま」における変身は〈人間→異類→人間〉という方位をもつ。動物観として眺めれば、日本では鶴・狐・蛇などの動物が人智を超える不思議な力をもって、ときには人間に変身するのにたいして、ヨーロッパでは動物には霊的な力が認められていないから、人間に変身することは考えられない。そこではただ、人間がときに魔法によって動物に変身させられるだけのことだ(高橋宣勝「昔話の比較」)。

とりわけ「鶴女房」の場合には、その背景に宗教文化的な要素が見え隠れしている。鶴は神聖な鳥として信仰されており、鶴が稲穂を運んできたという穂落とし伝説などは、文化をもたらす者としての鶴の姿をくっきりと浮き彫りにしている。あるいは、鹿児島で採集された「鶴女房」では、女が機織りのために三日間ないし七日間籠もったのは戸棚のなかであるが、これが機屋とされる事例が多い。機屋は特別な場所である。機織りに仕える処女がこの機屋において、物忌みし、神衣を織るといった巫女をめぐる信仰が透けて見える(『日本昔話事典』「鶴女房」の項)。

たとえば『古事記』上巻には、アマテラスが忌服屋(いみはたや)で神御衣(かむみそ)を織っているとき、スサノヲがその忌服屋の天井に穴をあけ、逆剝ぎにした馬を落とし入れた、という一節がある。天つ罪のひとつに数えられる、聖なるものを穢(けが)す行為であり、もっとも厳しく忌み怖れられたタブーの侵犯であった。そこには、巫女が精進潔斎して神に献じる衣を織る姿が、原風景のように描かれていたのである。「鶴女房」の、みずからの羽根を抜いて布に織りこんでいる裸の鶴からは、そうした神(かむ)さびた雰囲気は失われているが、それでも十分に清らかな侵しがたい気配は感じられる。男がそれを覗き見ることは、たんなる「見るな」のタブーの違背である以上に、いくらかの聖性の侵犯であったかもしれない。

残酷なるもの、結婚とわかれ

思えば、わたしたちの物語世界において、異類との婚姻はあまりにありふれた「目前の出来事」にすぎなかった。たとえば、『遠野物語拾遺』の第二〇〇話には、橋の近くの岩穴に暮らす乞食の娘に惚れて、通いつめ、半病人のようになった若者が登場する。娘はやがて、わたしたちは明神様の境内に住んでいた狐だが、父を殺され、母と子だけでこんな暮らしをしている、と告白する。男はもうそのときには、「たとえ女が人間でなかろうとも、思い切ることはできないほどになっていた」。しかし、狐の娘はみずから別れを告げて、姿を消すのである。あとには、嘆き悲しむ若者がひとり取り残された、と語られている。

「狐女房」のヴァリエーションではあるが、男のほうが女＝狐のもとに通うかたちであった。むしろ、それが昔話としてではなく、「目前の出来事」として、あくまで具体的な地名をともない、実在の人物を語り部としながら物語りされていることに注意を促しておく。これが西欧であれば、魔性の狐に惑わされて、獣姦という忌まわしい罪を犯した男の懺悔物語として語られるほかないだろう。遠野の「狐女房」には、罪の犯しや懺悔といったテーマだけはかけらも見いだされない。

日本の神話・伝説・昔話のなかには、たくさんの異類婚姻譚が登場する。その原型として知られるのが『古事記』中巻の崇神記に見える三輪山伝承であり、そこには三輪山の神の化身としての蛇と人間の娘との結婚が語られていた。いや、正確にいえば、ここでは神は蛇体として顕現しているわけではない。

> 容姿端正なイクタマヨリビメのもとに姿形の比類ない男が夜ごとに訪れ、ヒメは妊娠する。怪しんだ父母が尋ねると、娘は姓名も知らぬ男が通うことを告げる。父母は男の素性を知ろうと、赤土を床の前に散らし、紡いだ麻糸を針に通して男の衣の裾に刺せと娘に教える。夜明けに見ると、糸は戸の鉤穴（かぎあな）を通り出て三輪神社に至っており、男の正体は三輪の神と知れる。この神婚によって生まれた子どもの裔（すえ）がオホタタネコである。
>
> （大林太良・吉田敦彦監修『日本神話事典』「三輪山説話」の項）

『古事記』本文によって確認しておくと、男が「鉤穴より出でし状（さま）」を知って、麻糸をたどってゆくと、三輪の神社に到り、イクタマヨリビメを孕ませた男がオホモノヌシ大神であることが知られるのである。くりかえすが、その神が蛇体であったとは語られていない。ただ、『日本書紀』の崇神紀の箸墓伝承には、オホモノヌシが美しい小蛇の姿で顕現している。オホモノヌシの妻となったヤマトトトビモモソヒメが、櫛笥（くしげ）に入っている小蛇を見て、夫の正体を知り、驚き、叫び声をあげる。オホモノヌシは恥じて人の姿に化して、「吾還りて汝（いまし）に羞（はぢみ）せむ」といい、ミモロ山（三輪山）に登った、と語られている。雄略紀の少子部連（チヒサコベノムラジ）スガルの伝承においても、オホモノヌシは蛇体となって顕われている。この蛇はミモロ山の神の依り代である、ともいう。三輪山の神であるオホモノヌシは、記紀の時代から、蛇体の神として知られていたのである。

『古事記』の三輪山伝承は、蛇体の神とそれをいつき崇める巫女との、いわば神婚説話であった。わたしたちの伝承や信仰の世界にあっては、神々はときに、その異類としての本身を隠し、人に身をやつして、この世を訪れることがあったのである。この三輪山伝承は昔話の「蛇聟入り」となって、いくつかのヴァリエーションを生んでいった。「苧環型（おだまきがた）」では、男の正体は蛇であり、蛇は針の毒で死んで、蛇の子も堕ろされる。「水乞型」では、田んぼに水をかけてくれた蛇のところに、末娘が嫁に行くが、瓢簞（ひょうたん）沈めで蛇を殺してしまう。昔話のなかでは、神の面影ははるかに遠ざかり、異類の蛇として殺害される運命は揺るがぬものと化している。

日本の昔話のなかの異類婚姻譚には、ふたつのタイプがある。ひとつは、人間は異類を助け、異類もまた人間を助け、情愛によって繫がれた関係が、つかの間ではあれ成り立つ。「鶴女房」「狐女房」「犬聟入り」などが代表的なものだ。いまひとつは、異類にたいする敬愛はなく、恩を受けた異類の無垢を逆手にとって、人間がだまし討ちにして、異類を傷つけ殺す。「蛇聟入り」「猿聟入り」「舌切り雀」などが浮かぶ。前者のほうが古風を留めていると想像されており、地域的にはより広範囲に分布することが知られている。後者は、西欧のメルヘンに近似するようにも思われるが、それとはやはり異なり、そこでも異類はグロテスクな側面を強調されることはすくない。

いずれであれ、異類はたいてい、人間にたいして親和的な、無垢にして、善良なる存在として描かれる。すくなくとも、『グリム童話』の「蛙の王さま」のように、その動物の醜い外見ゆえに嫌悪を募らせて殺害にいたる、といった経緯をたどることはない。衝動的に壁に叩きつけるのではなく、奸計によって動物を死にいたらしめるのである。いったいどちらが残酷であるかは、わからない。それにしても、動物がときには、聖なる異界からの来訪者として迎えられることを、どのように理解すればいいのか。たとえば、沖縄の宮古島などには、ムラの始祖伝説の名残りが見られ、人と異類とのあいだに生まれた子どもは御嶽(ウタキ)の神として祀られる、という。トーテミズムの匂いがすることを否定するのはむずかしい。

ところで、『遠野物語拾遺』の「狐女房」のヴァリエーションには触れた。『遠野物語』は神話・伝説・昔話から世間話まで、混沌として渦を巻く物語の群れといっていいが、そこには異類婚姻譚のヴァリエーションが豊かに見いだされる。野生の呼び声がこだましている。

それはあくまで「目前の出来事」であった。山男という名の異類にさらわれた女の物語があった。第六話では、ムラの娘があるモノに取られて、その妻となり、子どもをたくさん産んだが、山男らしき夫がすべて喰らい尽くしてしまった、という。第七話もまた、山に入って、おそろしき山男にさらわれ、子どもも幾人か産んだ娘がいた。喰うのか殺すのか、みな、いずこへか持ち去られてしまう、と語られる。柳田国男はそこに、先住異族の影を認めて、異族の男らによる略奪婚といった解釈を語ったことがあった。産後などに、気が触れて山に駈け入る女たちもいた。山はアジールであり、死者たちの還ってゆく他界でもあった。成人儀礼としてのお山駈けの習俗が、遠野にもあったが、おそらくそれは、修験道のコスモロジーのなかで、山を胎内に見たてた生と死の通過儀礼の一環であったにちがいない。

すこしだけ触れておくが、『グリム童話』においては、森は魔女や狼の棲む異界であった。ひたすら負の聖性を帯びた異界であり、タブーの領域でもあった。「ヘンゼルとグレーテル」では、子どもたちは親によって森の奥深くに棄てられ、そこには魔女が暮らすお菓子の家がある。こうした魔女の森は、近代にはまったく姿を消してしまった。『グリム童話』にはいわば、この異界としての森の中世的な面影が書き留められていたのではなかったか。こうした森ははたして、異類婚姻譚の舞台となることはあったのだろうか。

河童の子を産んだ女もいた。『遠野物語』の第五五話では、二代続けて、河童の子を孕んだ旧家のスキャンダルがむきだしにさらされている。「川には河童多く住めり」という言葉で説き起こされている。

松崎村の川端の家(ウチ)にて、二代まで続けて河童の子を孕みたる者あり。生れし子は斬り刻みて一升樽に入れ、土中に埋(ウヅ)めたり。其形極めて醜怪なるものなりき。女の聟の里は新張村の何某とて、これも川端の家なり。其主人人に其始終を語れり。かの家の者一同ある日畠に行きて夕方に帰らんとするに、女川の汀（ミギワ）に踞（ウヅクマ）りてにこ〳〵と笑ひてあり。次の日は昼の休に亦此事あり。斯くすること日を重ねたりしに、次第に其女の所へ村の何某と云ふ者夜々通ふと云ふ噂立ちたり。始には聟が浜の方へ駄賃附（ダチンヅケ）に行きたる留守をのみ窺ひたりしが、後には聟と寝たる夜さへ来るやうになれり。河童なるべしと云ふ評判段々高くなりたれば、一族の者集りて之を守れども何の甲斐も無く、聟の母も行きて娘の側（カタハラ）に寝たりしに、深夜にその娘の笑ふ声を聞きて、さては来てありと知りながら身動きもかなはず、人々如何にともすべきやうなかりき。其産は極めて難産なりしが、或者の言ふには、馬槽（ウマフネ）に水をたゝへ其中にて産まば安く産まるべしとのことにて、之を試みたれば果して其通りなりき。その子は手に水掻あり。此娘の母も亦曽て河童の子を産みしことありと云ふ。二代や三代の因縁には非ずと言ふ者もあり。此家も如法の豪家にて〇〇〇〇〇と云ふ士族なり。村会議員をしたることもあり。

河童はむろん、もっともよく知られた川に棲む妖怪であり、異類である。その共同化された幻想であるべき河童が、ここでは聟のいる女のところに夜這いをかけて、ついには子を孕ませてしまう。間男の影がいつしか河童にすり替えられてゆくところに、話の肝がある。こうした旧家のスキャンダルにからんで、幻想が現実へと成りあがる事例には、関心をそそられずにはいない。よくできたムラの噂か世間話である。事実らしさを補強するために、そうして旧家のスキャンダルを揉み消すために、かろうじて利害を共有する人々が次々に登場し、出産のフォークロアまで動員しながら、河童の子を孕んだ女にまつわる異類婚姻の物語をでっち上げるのである。ともあれ、明治四〇年代の東北の一隅では、河童が人の女に悪さをするということが、いまだに、「目前の出来事」として受容されえたことにこそ驚きを新たにするべきなのかもしれない。

ここでは河童が異類婚姻譚の主役を演じているが、けっして偶然ではなかった。すくなくも河童は、民俗的な想像力のなかでは、いたって生々しいエロスの対象でありえたことを想起しておく必要がある。

おれは河童を見たことがある。
若いころのことだ。
夕方だったよ。
裏の畑に、河童が立っていたんだ。
河童はキュウリをくわえて、パンツ一丁だったな。
うん、あれは、隣りのアンチャだった。

そんな「河童を見た話」に耳を傾けたのは、いまから三〇年足らずの昔、厳寒の冬、山形県大蔵(おおくら)村でのことだった。いまだ民俗学の世界に足を踏み入れる以前であった。河童など、『遠野物語』の世界のなかの幻想譚でしかないと思いこんでいたわたしは、河童の昔話ではなく、まさしく事実譚として、また「現在の事実」や「目前の出来事」として、「おれは河童を見たことがある」と語る人に出会って、衝撃を受けたのであった(拙著『婆のいざない』)。

それにしても、不思議な話だった。その六〇代の婆は、「河童を見た」と語りながら、最後の瞬間には、それは「隣りのアンチャだった」と語り納めたのだった。みごとなウッチャリである。しかし、それは断じて、話のオチといったものではない。その婆は、一〇人たらずの婆ばかりの語りの場を一瞬にして凍りつかせながら、あくまで生真面目に、この「河童を見た話」をわたしに贈与してくれたのだった。いまにして思えば、河童が漂わせるエロス的な表情や雰囲気といったものを仲立ちとして、河童と隣りのアンチャは結ばれていたのかもしれない、と想像を巡らしてみることはできる。しかし、もはや、ムラのなかではひそかに「キツネ憑き」と呼ばれていたらしい、その婆はこの世になく、確かめる術はない。

あるいは、「オシラサマ」などは、もっともよく知られた遠野の異類婚姻譚のひとつであろうか。小正月の晩に、女たちだけのオシラサマ祭りのときに語られていた昔話だった。第六九話によれば、昔あるところに、貧しい百姓があった。その家には、美しい娘がいて、一匹の馬を飼っていた。娘はこの馬を愛して、夜になれば厩に行き、ついに馬と夫婦になった。それを知った父が、馬を桑の木に吊り下げて殺した。娘は切り落とされた馬の首に乗ったまま、天に昇っていった。これがオシラサマという神のはじまりである、という。このあとに養蚕の起源譚が続くのであるが、ここには語られていない。

中世の末頃に、修験者が創作し、その妻であった巫女が語り広めた「オシラ神祭文」が、ムラの昔話へと展開していったものかと、わたし自身は想像してきた。そのはるかな源流としては、古代

二、三世紀の中国の民間伝承を集めた『捜神記』のなかの「馬の恋」という伝承あたりが想定されている。娘が馬と交わした結婚の約束を反故にして、父親が馬を射殺し、皮を剝ぐと、馬の皮は娘を包みこんで飛び去ってゆく。やがて、それが蚕となり、すぐれた繭を作るようになった、という。まさしく養蚕の起源譚であった。こうした馬と蚕と女の結びつきのテーマは、アジアの祭祀や伝承のなかに広く見いだされるらしい。

ほかにも、『捜神記』のなかには、いくつも異類婚姻譚が拾われている。たとえば、「蛇の孝心」には蛇を産んだ女が登場する。また、「羽衣の人」などは奇想に富んだ伝承である。ある男が羽衣を着た男に犯された。月が満ちると、羽衣の男がふたたび現われて、刀で男の下腹を切り開き、蛇の子をとりだして去った。男はそのために去勢されたと、朝廷にやって来て訴え、宮中で養われることになった、という。ホラ話か、気が触れての幻覚か、夢か。さらに、「鳥の女房」という話では、男が毛の衣を着た、鳥か人間かわからぬ娘を妻にして、三人の娘を産ませた。男が隠しておいた毛の衣を見つけだし、妻も娘たちもみな飛び去った、という。羽衣伝説の異伝であったか。

ところで、オシラサマ伝承の源流については、中西進の「王妃と馬の交接——おしら様をめぐって」(『人類の創造へ——梅原猛との交点から』所収)という論考が、刺激的な視座を開こうとしていた。スサノヲがアマテラスの忌服屋に逆剝ぎにした馬を投げこむ『古事記』の神話を起点にして、『捜神記』の中国から、さらにインドやケルトの馬をめぐる祭祀伝承へとほそい糸が手繰られてゆく。

インド神話との関連に注意が促されている。サガラ王の「アシュヴァメーダ(馬祭)」という、馬を犠牲獣とする国家的祭式が権威化されるなかで、一年間馬を歩かせ、連れ帰って殺し、第一王妃がその死骸とともに寝るというかたちが生まれた。まさに王妃と馬の擬似的セックスであり、それは祭官がかぶせた布の下で、古くは剝がれた馬の皮に包まれながら演じられた、という。そうして豊饒がもたらされたのである。こうした馬と蚕、馬と女、女と蚕の結びつきはきわめて強く、オシラサマのような民俗のレヴェルから国家の最上級の儀礼にいたるまで、そして広範に、神話・伝承や祭儀のなかに見いだされる。「馬と女の結婚という異類婚の根底には馬を犠牲として豊饒を祈るために女が必要であり、国家的な祭典への昇華にともなって、王妃と馬の交接も行なわれることがあった」と、中西は指摘していた。いくらかの奇想を抱いた興味深い論考であったか、と思う。

ふつうの動物との結婚

ここで、小澤俊夫の『昔話のコスモロジー』を取りあげることにする。副題に「ひとと動物との婚姻譚」とあるように、これは異類婚姻譚をめぐる比較研究の書である。たいへん関心をそそられるものだ。ひとつの前提として、小澤には柳田国男の昔話研究にたいしての留保ないし批判があった。

たとえば、「蛇婿入り」のなかの蛇には神性は感じられず、あくまで自然のなかに棲息する蛇として日常の感覚で受けとめられている。これについて、柳田が「信仰の対象であったものの衰頽（すいたい）の影」と見なすのにたいして、小澤はある批判的な留保を突きつけるのである。たしかに『古事記』の三輪山伝承のなかには、「蛇を神の代理人と考えて構築した伝説」があったことは認めるが、現在の語り手たちが語ってくれる「蛇婿入り」の蛇は、「衰頽の影」といった表現にふさわしいか。それははたして、「衰頽」しながら細々と口伝えのなかに生きているだけなのか。むしろ、日本人は「蛇から神性を奪い取ってのち、自然のなかのあの蛇として、ごく日常的な感覚で蛇を感じとり」ながら、そうした蛇が若者に姿を変えて夜這いをかけてくること、針で死ぬこと、蛇の子が桃酒によって堕ろされることなど、そこに、おそろしさと文芸的快感と興味を感じてきたのではなかったか。そう、小澤は述べているのだ。

真っ当な留保ではあったかと思う。ただし、柳田のいう「衰頽の影」は、昔話が語られている場の衰頽といったものを指していたわけではない。柳田の民俗学的な思考にあっては、この「衰頽の影」はある普遍的な解釈のコードであり、そこでは神話から昔話へ、神々から妖怪へ、祭りから遊びへ、といった方位において、あらゆる民俗事象は時空を超えて読みほどかれたのである。聖なるものの世俗化といってもいい。三輪山の神そのものであった蛇が部族の巫女に夜這いをかける神話の時代から、自然のなかの蛇との交渉を語る昔話の時代へと、見えない変容の軌跡をいかにして辿りなおすことができるか。たとえば、あの三輪山神話のようなものが原風景として存在しなければ、いったい、たんなる蛇が大胆にも人間の娘の寝屋に忍びこむことはありえるか、と問いかけてみるのもいい。

それにしても、小澤のまなざしと叙述は一貫している。日本の昔話のなかに語られてきた異類婚姻譚のなかに登場する、蛇や猿や狐といった動物たちはみな、「ふつうの動物」にすぎないことが何度でも強調されている。それらはみな、「超自然的な、魔的なもの」でも、「神聖なもの」でも、

「魔術師」や「神の使い」でもなく、自然のなかに棲息している「ふつうの動物」である、ということだ。

たとえば、「猿婿入り」(畑打ち型)のなかでは、男は猿を猿として見ていながら、しかも友好的である。猿もまた、この男にたいして友好的である。男は猿の申し入れを疑ったり、猿を畜生として毛嫌いするといったことはない。そして、猿と約束したことを守らなければ、「猿に申しわけない」と思っている。猿の女房に行ってくれないか、という父親の問いかけにたいして、長女は「猿の女房やなんぞ、だいきらい。そぎゃあことはようせん」といい、次女は「猿の女房になんぞ、誰が行くもんにゃあ。いやらしい」といって断わるのである。姉たちはどうやら、猿を「ふつうの動物」として眺めている。猿は超自然的でも魔的でも、神聖でもない。ただ、まったく日常的な感覚で、猿と結婚するなんて「いやらしい」と思っているだけなのだ。動物との結婚を「日常的、感覚的に拒否している」にすぎない。そう、小澤は書いている。

動物との約束について、その履行について、すこしだけ触れておく。『グリム童話』の「蛙の王さま」では、父にして王さまという正義＝法を体現する存在がいて、娘の姫にたいして正義＝法の遵守を要求している。人と動物との関係が、ある種の契約と見なされているかのようだ。「だれにしろ、じぶんがこまっていたときに力をかしてくれたものを、あとになって、ばかにして相手にしないという法はない」と、王さまは姫に契約の履行を申し渡している。これにたいして、「猿婿入り」では、父親はおよそ正義＝法やら契約といったものからは縁遠い存在である。父親はただ、娘のだれかが猿の嫁に行ってくれればいいが、もし行ってくれなければ「猿に申しわけない」と心配している。朝になり、寝床から起きられずに、「おまえが猿の女房に行ってくれれば起きるが、そうでなければ起きない」と、泣き落としにかかる。洋の東西における、父権という問題が問われるべきなのか。「猿に申しわけない」という言葉が、いかにも示唆的ではなかったか。

とはいえ、小澤の議論には綻びがある。「男は猿が人間のことばをしゃべって話しかけてきたことにはすこしも驚いていない」とあるが、いったい「ふつうの動物」としての猿が人間の言葉を話すだろうか。男が山畑を開いて大根や菜をつくっていると、猿が一匹現われて、「かわりに畑仕事をしてやるから娘をひとりくれ」というのである。すでにして、このとき、この猿は「ふつうの動物」としての猿ではない。いや、小澤はあらかじめ書いていた。昔話のなかでは、「人間と人間でないものとの間に断絶はなく、自然や動物や超自然的な存在が人間のことばをしゃべっても、そのこと自体は驚きの対象とされない」と。それは昔話の作法のようなものだ、ということか。

そうかもしれない。しかし、だからこそ、昔話の宇宙に顕われた猿はすでに、その瞬間に、「ふつうの動物」としての猿ではなかった。人語をしゃべり、人間の娘を嫁に欲しがる猿も、それを受け容れる男も、猿との結婚を「いやらしい」と拒む娘たちも、みな、昔話という非日常の時空に棲まう、ふつうではない存在なのではなかったか。昔話のなかに「ふつう」が入りこむ余地はない。そこは、人間と人間にあらざるものたちとが、いまだ引き裂かれていない時空であったことを忘れるわけにはいかない。わたし自身のささやかな留保として書きつけておく。

震災後に、会津の女性たちと不思議な話を集めて、『会津物語』という本を刊行した。収めた一〇〇編の小さな物語はすべて、実在する人が固有名詞をもって、いつ・どこで体験したかをあきらかにしながら語られた、まさに『遠野物語』になぞらえていえば事実譚ばかりである。そこには三〇話あまりの狐に化かされた話が含まれている。

狐に化かされる、とはなにか。採集された話を眺めていて、ふと気づいた瞬間があった。たとえば、オレは「キツネに馬鹿にしらっちぇらんにぇ」(ばかにされてはいられない)って気持ちでいるから、ばかにされたことはないという(第三八話)。語り手たちの多くが、すくなくともその何人かは確実に、狐に化かされた、とはいわずに、狐にばかにされた、といっているのだ。超自然的な、ひとを惑わす動物としての狐ならば、狐に化かされた、がふさわしい。しかし、狐にばかにされた、という物言いからは、狐と人間とが身の丈が変わらず、対等に向かいあっている雰囲気が感じられる。まさに「ふつうの動物」であったか。

それにもかかわらず、狐はやはり、さまざまなやり方で人間たちを惑わす、あくまで人間とは一線を画される存在であったらしい。

- すると、名主さまは「そのとき、キツネに顔見せたな。いいか、もし見られたと思ったら、口をひん曲げたりほっぺたふくらませたりして、メチャクチャに崩した顔を見せろ。けっして素顔は見せるもんでねぇ。かならず仕返しされっから気をつけろ」と教えられたという。(第五六話)
- 父からは、「いいか、後ろが気味悪(わり)ぃときは動物だ。前が気味悪ぃときは人間だ。おめぇはおなごだから、前が気味悪ぃと思ったときは気ぃつけろ。後ろが気味悪ぃときは、逃げられれっとこまで来たら「ワッ!」って、ずない声〔大きな声〕出せ。昼間だったら、けっして素顔を見せんな。顔覚えで、キツネはかならず仕返しすっかんな」と教えられた。（第六〇話）

狐に遭遇したときは、けっして素顔を見せてはいけない。仕返しされるからだ、という。父親から娘に語られた言葉は、とても興味深いものだ。気味悪いとは、姿は見えないが、なにかがどこかに潜んでいるような、ザワザワした感じを指しているようだ。うしろが気味悪いときは動物で、前が気味悪いときは人間だ、という。どれほど身の丈がいっしょの「ふつうの動物」であっても、それは異類であり、人間と同類ではありえない。対処の仕方はおのずと異なっている。前から襲ってくる人間の男を避ける方法と、うしろから迫ってくる動物＝異類から逃れる方法とは、まるで違う。狐に素顔を見られたら、仕返しされる。いかなる仕返しなのかはわからないが、それはやはり、人間の男による攻撃とは異質なものだ。

これが「ふつうの動物」の実態であった。なぜ、うしろなのか。うしろのフォークロアに眼を凝らしてみればいい。「うしろの正面、だあれ」と、子どもたちは呪文を唱える。うしろには魔がひかえている。うしろの正面には、けっして見ることのかなわぬ異界が広がっている。うしろを背負った妖怪たち。昔話や民話を語り継いできた人々にとって、狐や蛇などの動物は依然として、異類の面影をまったく失ったわけではない。たんなる「ふつうの動物」ではなかった。

さて、異類婚姻譚における西洋/日本の間の差異について、小澤は以下のように述べている。フランスのロレーヌ地方に伝えられる「ばら」という昔話と、日本の昔話「猿婿入り」が取りあげられている。

フランスの「ばら」では、ひきがえるはじつは動物ではなく人間だった。魔法をかけられてかえるの姿を強いられていた人間、いわば救済を求めている存在だった。したがって動物の求婚と思われた一連のストーリーは、じつは動物の自己救済策だったのである。人間の側では知らないで行動してきたが、動物の側からするとこのすじの発展は、自己を魔法から解放する手続きである。その手続き上必要なことをこの娘が全部果たしてくれたということだ。それが必要な手続きであることを知っていたのは動物だけである。そして動物であった人間は、娘によって手続きを完了し、本来の人間となって娘と結婚する。

日本の「猿婿入り」では、もうくり返すまでもないが、猿は最後まで動物としての猿であり、娘は結婚を承諾したものの、嫁入り道具のようにして持ってきたはんどうと鏡で猿を殺している。父に言われて猿との結婚を承諾して以来の末娘の言動は、猿を殺すための手続きであったと言わざるをえない。ここでは、手続きであるとは知らずに、言われるままの行動をして、相手の手続きの完結を助けたのは当の猿であった。その完結とは、完結を助けた猿の死を意味していたのである。

とても新鮮な解釈である。西洋の異類婚姻譚に登場する動物たちは、そもそも魔法によって動物にされている人間だ。かれらはだから、「救済を求めている存在」であり、この昔話そのものが

「動物の自己救済策」であった、という。魔法をほどく鍵を握っているのは、なにも知らない娘であり、その娘だけが「愛情による魔法の解除」を果たすことができる。「ばら」では、「まあ、みにくい動物ね。あんたとなんか結婚するわけがないじゃないの」と娘に拒まれて、ひきがえるは沼に隠れて、悲しげに泣いている。それを見た娘は、心の奥底でほっとして、「あたしがああ言ったことでそんなにふしあわせなんだったら、あんたの望みどおりにしてあげるわ。出ていらっしゃい。それであんたをしあわせにしてあげられるんだったら、そのままのあんたと結婚するわ」という。そのとき、大地がガタガタと震えたかと思うと、美しい若い男が娘の前に立っている。それが結末である。そこに見える、「そのままのあんたと結婚する」という言葉こそが、「愛情による魔法の解除」の鍵となる呪文であった。

これにたいして、日本の「猿婿入り」では、猿はどこまでも「ふつうの動物」であり、「猿として男に娘を要求し、猿として迎えに来て、猿として殺されていく」のである。善良な猿／冷酷な計略家の娘という対照がきわだっている。結婚を承諾した末娘が遂行するのは、ひたすら「猿を殺すための手続き」であったことになる。それにもかかわらず、この昔話の聞き手たちが「めでたし」と感じるのは、「ふつうの動物としての猿と結婚するということへの感覚的嫌悪感」なのではないか、と小澤は推測している。

そこには人間と猿の、譲ることのできない存在をかけた闘いがある。猿はじつは人間だったのです、などと言ってはおられない、もっと直接的な関係がある。「ばら」や「美女と野獣」のように、魔法という便利な方法を交えて文芸としてその意外性を楽しむということを知らない。ここにある意外性は、娘が猿の求婚からのがれるところに発揮されている。文芸としての意外性のひそむところが別なのである。

小澤は、日本の昔話のもつおとぎ話性は「現実に近いところに成立している」という。魔法や愛情といっためくらましに身を預けることは許されず、異類との、野生との存在を賭けた厳しい戦いを真っすぐに引き受けるしかない。ヨーロッパの研究者たちの眼には、「日本の昔話は動物に対して残酷だ」と映るらしいが、その理由はこのあたりに潜在していると、小澤は考えている。

生き物はみな人間に姿を変える

それにしても、こうした西洋／日本の異類婚姻譚のあいだに見いだされた差異や隔たりは、なにを意味しているのか。「蛙の王さま」や「ばら」のようなヨーロッパの異類婚姻譚は、ヨーロッパ以外の諸民族の異類婚姻譚と比べるとき、きわだって個性的であるようだ。いわば孤立しているのである。魔法による変身は、キリスト教文化による徹底的な洗礼を受けたヨーロッパの昔話のイメージであり、それほど強くキリスト教文化の影響を受けなかった諸民族の民話のなかには、人間と動物とがもっと身近に存在し、人間から動物へ、動物から人間への変身が自然におこなわれる世界が見いだされる、そう、小澤は指摘している。

さて、小澤が総論的に述べるところによれば、日本の異類婚姻譚をめぐる昔話は、インドネシア・パンジャブ・エスキモー・マケドニアなどの民話のほうに親近性があって、ヨーロッパの昔話とは異質であるらしい。人間と異類、とりわけ動物との婚姻関係において、日本を含めた非西洋社会には同質性が認められるのだ、という。ここで民話という言葉が使われているのは、どの民族においても異類婚姻譚が昔話のかたちで語られているわけではないからだ。それはときに昔話のなかに、ときに神話や伝説のなかに、ときに民話や世間話のなかに見いだされるのである。

エスキモーには「かにと結婚した女」という民話がある。いくらか刈りこんだあらすじを、『昔話のコスモロジー』によって示す。

美しい娘をもつ漁師がいた。娘は若者たちが求婚してきたが、すべて断わった。ある夜、娘の寝ている毛皮の帳(とばり)の蔭から奇妙な笑い声が聞こえた。両親は、娘が大きなかにと結婚していることを知った。しかし、かには恥ずかしがって、いつも帳の蔭に隠れていた。やがて冬になり、父親は「娘がりっぱな漁師の若者を選んでいたらよかったのに、こんな役立たずの婿をもって、なんとも恥ずかしい」という。ある吹雪の日に、祝い歌とともに、三頭の大きなアザラシが家に投げ込まれた。かにが人間の姿をして漁に出かけ、獲物を持ち帰ったのだ。古老の話では、「生き物はみな人間の姿と形になることができる」という。それ以来、かには妻とその両親のために獲物を捕り、一家はなに不自由なく暮らした。

やがて妻は身籠もり、双児の男の子を生んだ。ある晩、アザラシの毛皮の帳のなかから、楽しげな語らいと笑い声が聞こえてきた。姑は好奇心に駆られて、一度は婿の姿を見てみたいと、帳の穴から娘の寝床を覗きこんだ。婿は大きな眼が頭からダラリと垂れ下がった、しわだらけの小男だった。姑はそれを見てびっくり仰天し、死んでしまった。それからは、若い妻と寝ているかにを覗き見しようなどと考える者はひとりもいなかった。そして、かには妻子と幸せに暮らし、家族のためにたくさんの獲物を捕った。

このエスキモーの異類婚姻譚について、小澤はたいへん興味深い解釈を示している。そこでは、ほかのいかなる民族の場合よりも、人間と動物の関係が近い。これは異類婚ですらないのかもしれない。人間の娘とかにの結婚ではあるが、異類のあいだの結婚ではなく、同類としての人間とかにの結婚といったほうがいい。これはきっと、「人間をほとんど動物のひとつと考える思想」に支えられている。もはや、神としての動物でも、人間から拒まれる動物でもない。人間の同類としての動物である。エスキモーの古老がいうように、ここでは「生き物はみな人間の姿と形になることができる」のである。

このような、同類としてのひとと動物の結婚が、ひとと動物の結婚の話のなかで、もっとも原質的なものかもしれない。そういう眼で日本の異類婚の話をみると、それは昔話における動物を、自然のなかの動物として観じているという意味で、このエスキモーの話に近い面があるが、しかし、動物との結婚を日常的感覚で、しまいには拒否するという意味では、このエスキモーの話とはたいへん異なる。かといって日本の異類婚での動物は、ヨーロッパの場合ほど様式化されていないし、キリスト教文化の反面としての魔術による裏づけもない。その意味で、日本の異類婚の話は基調としてはむしろ、ヨーロッパによりはエスキモーやパプア・ニューギニアなど、自然民族の民話に近いことが認められるのである。

日本の異類婚姻譚は、西洋の昔話よりも、エスキモーやパプア・ニューギニアなどの自然民族の民話に近い、という指摘にはそそられるものがある。それにしても、「生き物はみな人間の姿と形になることができる」という言葉は真っすぐだ。そこにはきっと、人間を動物のひとつと見なす思想、あるいは、人間は「自然のなかの一部であり、動物の一種である」といった人間観が通底しているにちがいない。

エスキモーを含めた北米インディアンの異類婚姻譚が、スティス・トンプソンの『民間説話』の第Ⅲ部の第六章「動物女房と動物聟」のなかにいくつか拾われている。世界の未開民族の物語のなかには、人間が動物と結婚する事例は枚挙にいとまがない。そのなかで、とりわけこの地域についての異類婚姻譚に光が当てられているのは、おそらく偶然ではあるまい。

まずは、エスキモーの「狐女房」である。いつも家がきちんと片付けられているのに、男が気づく。その訪問者はときに狐になり、ときに人間になる。二人は結婚し幸福に暮らすが、ある日、男が狐としての身元をたずねたために、狐は怒って去る。エスキモーと日本が「狐女房」によって繋がれる。伝播関係などはわからない。この短い要約だけではそもそも比較のしようもないが、訪れる狐との結婚から、正体が露顕して離別へといたる流れは共通である。

あるいは、北米インディアンの「鯨聟」。男が奇妙な魚を捕え、妻が料理する。料理した手を洗っていた妻が、鯨によって海へ引きこまれる。鮫（さめ）の援助で、夫が海の底へ行ってみると、妻は奴隷または女房として働いている。鮫はだまして鯨の家の明かりを消し、その隙に女を救いだす。次に、「鹿の仲間になった若者」。若者が地下にある鹿の国に行く。鹿たちは人間の姿をしている。若者も鹿の姿になり、結婚する。若者と妻の鹿は肉親を訪れ、魔法によって鹿を顕わし、食べろという。食べた鹿の骨を水の中に投げこみさえすれば、鹿は再び生き返るのだという。鹿の国が地下にあること、魔法で鹿という本身を顕わすこと、骨を水に投げこむと生き返ることなど、関心をそそられるところだ。

さらに、「転がる首」では、妻が小屋を出て蛇と通じていることを知った夫が、蛇を殺し妻を罰する。異伝では、妻の首を切って殺すと、首が追いかけてくる。姦通とその処罰がテーマであるが、蛇との三角関係であるところがおもしろい。「熊女」では、熊が女の情夫である。夫に熊を殺されると、女は熊に身を変じて家族を襲う。家族は逃れ、呪物をうしろに投げて追跡を遅らせる。最後に、秘密を知られて、熊女は殺される。あるいは、「見捨てられた子供たち」では、娘のもとに通う男は、昼は犬の姿だが、夜になると人間に変身する。娘は犬の子を生む。犬の子が大きくなると、女は犬の皮を始末して男の子たちを人間に変身させる。インディアン版の「犬聟入り」であった。

最後に取りあげるのは、野牛との異類婚である。ひとつは「血の塊の少年」。いっしょに暮らしている若者たちのひとりが、足に棘（とげ）をさす。その傷口から女の子が生まれる。若者たちによって妹として育てられる。その子が大きくなったとき、近くに住む野牛が結婚を申しこみ、断わられると、彼女を連れ去る。若者たちはモグラや穴熊の援助で、娘を助けて、野牛の追跡を逃れる。いまひとつ、「誇りを傷つけられた野牛女房」では、男が雌の野牛と結婚する。野牛は人間の女に姿を変えて、子を生む。男には人間の妻もいたが、その妻が野牛の正体を口にする。野牛の妻とその子は野牛に戻り、仲間のところに帰る。一夫多妻であったのか。

たしかに、スティス・トンプソンがわざわざ『民間説話』の一節を異類婚姻譚に割いたことには、背景があったのだ。エスキモーや北米インディアンのなかでは、人間の男や女が当たり前に、狐・鹿・蛇・熊・鷲・鯨などの動物たちと結婚したり別れたり、情夫にしたりされたりしている。野牛が娘に堂々と結婚を申しこみ、断わられると略奪におよぶなど、かれらは「ふつうの動物」のままに人間との婚姻関係を結ぼうとしている。そして、「生き物はみな人間の姿と形になることができる」という言葉通りに、人間と動物は次から次へと変身をくりかえす。人間は動物と同類であり、自然のなかの一部なのだという人間観が、ここには通底している。異類婚姻譚とはやはり、すでに失われた人間と動物たちとの「原初の連帯」を回復するための、ささやかな文化の仕掛けだったのかもしれない。

第三章　食と性と暴力と

肉食の終焉、そして黙示録的な未来へ

すでに触れたクロード・レヴィ＝ストロースの「狂牛病の教訓」は、その副題に「人類が抱える肉食という病理」とあるように、狂牛病の考察から肉食という問題を浮き彫りにしたエッセイである。肉食のはじまりとともに、人間と動物との関係には亀裂が入り、生きものたちを繋いでいた「原初の連帯」そのものが郷愁のかなたへと遠ざかった。そのかわりにそこには、食べること／交わること／殺すこと、が複雑にからみ合う問題系が浮かびあがった。そうして、肉食というフォークロアは原罪（げんざい）のように、見えにくい罪障感をまといつかせることになったのだ。

だから、驚くにはあたらない。文字をもたない未開種族の一部は肉食そのものを、「食人習俗（カニバリズム）」のほんのわずかに弱められた一形態」と見なしている、とレヴィ＝ストロースはいう。

この人たちは狩人（または漁師）とその獲物の関係を、親族関係をモデルにして人間化して考えようとしている。すなわち、婚姻によって生まれる姻族間の関係が、さらにもっと直接に、配偶者同士の関係としてである（配偶関係になぞらえることは、世界のすべての言語が、隠語表現における、ヨーロッパ諸語も含めて、性交を摂食行為になぞらえていることからも、容易になっているといえる）。

このようにして狩猟と漁撈は、一種の内輪の食人習俗（カニバリズム）とみなしうるのである。

なぜ、ある未開種族の人々は、肉食を稀釈された内なるカニバリズムと見なすのか。レヴィ＝ストロースによれば、それはかれらが人と獲物との関係を、親族関係や配偶関係をモデルにして人間化して考えていることと関わりがある。そうして結論が託宣のように投げだされているだけで、この前にも後にもいっさいの説明は見られない。そこには付け足しのように、世界中のあらゆる言語が「性交を摂食行為になぞらえている」という気がかりな注記が施されているが、やはり説明はない。注釈的な補足が必要かもしれないが、ここに示唆された問題については、あらためて第四章で詳しく触れることになる。ここではただ、食べる／交わる／殺す、という複雑に連関するテーマがカニバリズムにからんで、レヴィ＝ストロースによって提示されていたことを確認しておけばいい。

さて、「人類が抱える肉食という病理」という副題に示唆されていたように、「狂牛病の教訓」はきわめて黙示録的な内容を含むエッセイであった。一九九〇年代ににわかに浮上した狂牛病は、西欧においては、発育不良の治療のために人間に死産児の脳の抽出物を投与することで惹き起こされる病気として知られてきた、クロイツフェルト＝ヤコブ病の新しい症例であった。ニューギニアではクルと呼ばれている病気に近い症例が、本来の意味でのカニバリズムに属する行為に関わりがある。これらすべてを視野に収めるためには、カニバリズムの概念を拡張する必要がある。そう、レヴィ＝ストロースは議論の前提をあきらかにする。このエッセイでは、こうしたカニバリズムと肉食との結びつきが、狂牛病を仲立ちとして解き明かされてゆく。

狂牛病の原因は、牛の骨を原料とした粉末を飼料として牛にあたえたことにある。それゆえ、狂牛病は「牛たちが共食い(カニバリズム)を人間に強いられたことに由来している」病気だと、レヴィ＝ストロースは指摘する。カニバリズムを人間からほかの動物にまで拡張してやれば、狂牛病のもたらす恐怖の帯びる、どこかしら、おぞましい気味悪さの根っこのあたりに、この強いられた共食いのイメージが絡みついていることが納得しやすいものとなる。

レヴィ＝ストロースの問いは、肉食それ自体の核心へと向かう。牛はそもそも草食動物ではなかったか。この草食動物たちに「過度の動物性」を付与する、そうしてかれらを肉食動物にするだけでなく、「共食い動物(カニバル)」に変えてしまうことによって、人間たちは意図してではないにせよ、みずからの家畜という名の「食料生産装置」を「死をつくりだす装置」に変えてしまったのではないか、そう、レヴィ＝ストロースはいう。肉食そのものが限界ラインに到達しつつあるのかもしれない。

昔の人間は自分たちの食用にするために生きものを飼っては殺し、その肉を切り身にしてショーウィンドウに体裁よく陳列していたのだという考えが、十六、七世紀の旅行者にアメリカやオセアニアやアフリカの野生人たちの人肉の食事が感じさせたのと同じ嫌悪を催させるはずの日が、いつか来ることであろう。

肉食がもたらすはずの死の危険は、むろん狂牛病ばかりではない。レヴィ＝ストロースによれば、これからの半世紀のうちに二倍になる人口を抱えた世界において、人間が飼育する動物のすべてが、人間にとっての「怖るべき競合者」となる。たとえば、アメリカでは穀物の生産量の三分の二が動物の飼料として使われているが、これらの動物が食肉のかたちで人間に返してくれるカロリーは、かれらが生きているあいだに摂取するカロリーより、はるかに少ない。鶏では五分の一か。人類は生き残りのために、間もなく穀物生産量のすべてを必要とするようになる。そして、家畜にあたえる分はなくなる。もし人類のすべてが肉食を放棄して菜食主義者になれば、現在耕作されている面積の土地でいまの二倍の人口を養える、といった専門家の見積もりが示されている。それでも、人類はこの効率がきわめて悪い肉食にこだわり続けるのか、という問いが残される。

レヴィ＝ストロースが示した近未来の肉食をめぐる予想図は、おそらく変更がむずかしい。肉への嗜好が消滅することは、けっしてないだろう。しかし、この嗜好を満足させる機会は、「稀で、高価で、危険にみちたもの」と化してゆくだろう。日本食のフグのように……と、レヴィ＝ストロースはいくらかの皮肉とともに言い添えている。肉はとっておきの宴会のメニューにのみ登場する。昔の旅行記にある、どこか未開社会の人肉の食事が漂わせていたのと同様に、人々は「うやうやしい崇敬と不安のいり混じった気持ち」で肉を食べることになる。

レヴィ＝ストロースによる黙示録的な近未来予想図のとりあえずの終幕は、以下のようなものだ。

牧畜は、採算に合わなくなって完全に姿を消してしまうだろうから、超高級店で購入するこの肉は、狩猟によってしか手に入らなくなるだろう。われわれがかつて飼育していた家畜たちは自由の身になり、野生に戻った田園で、野獣と同じ狩りの獲物ということになるだろう。

それゆえ、グローバルを僭称（せんしょう）する一文明の拡大が、地球を単一化してしまうとは必ずしもいえない。かつてはよりよく配分されていた住民は、現在すでにみられるように、地方と同じくらい広大になった巨大都市へと、他の空間を去って集中することだろう。住民から決定的に見棄てられたこれらの空間は、太古の状態にかえって、そこかしこに「産業社会を脱出した人たちの」何とも風変わりな生活が展開されることになるかもしれない。

人類の進化は、単一化に向かうのではなく、さまざまなものの対照を、新しいものさえ創出してきわだたせてゆき、多様性が支配する世界を再現するかもしれない。数千年来の習慣と訣別して得られるこのようなものが、ある日われわれが、狂牛たちにもたらしていることから学ぶかもしれない教訓なのである。

いくらか茫然としながらも、わたしはレヴィ＝ストロースが提示した遠くはない未来の情景にたいして、不思議な共感を覚えている。まるで、宮崎駿の絵物語『シュナの旅』に繊細に描かれていたような、あるいは、映画の『マッドマックス　怒りのデス・ロード』に荒々しくくり広げられていたような、カオスを宿した狂気と動物じみた暴力が炸裂する世界が、どこか巨大都市のかなたの辺境の地に生まれる可能性は高いのかもしれない。そこにはある種の避けがたさが感じられる。それはきっと、たかがSF的な妄想とは斥けがたいリアリズムに根ざしている。神話的な想像力はときに、未来をしなやかに大胆に先取りし、鮮やかな、未来への伝言のメディアとなるだろう。

ともあれ、教訓はたしかに受け取った。やがて、〈内なる野生〉が解き放たれるときがやって来る。ここではただ、食べる／交わる／殺す、という複雑に連関するテーマのかたわらに寄り添いながら、動物の肉を喰らうことの根源的な意味を問いかけてみたい。レヴィ＝ストロースが描いてみせた黙示録的な未来へのかすかな道行きが、いつしか見えてくるかもしれない。肉食という「数千年来の習慣」との訣別のときは、はたして訪れるのか。まずは、その来し方に眼を凝らさねばならない。

殺生と肉食をめぐる問い

『日本人の宗教と動物観』という著書のなかで、中村生雄がおこなっていたいくつかのたいせつな問題提起を想起することから始めよう。中村によれば、日本社会はいま、自然や動物との関係において転換期を迎えつつある、という。人と自然、人と動物のあいだのバランスの喪失は、たんに中山間地域の緩衝地帯としての里山をめぐる問題に見いだされるのではなく、「大都市のまんなかで、そして現代人の〝こころ〟のなかで起きている」(「まえがき」)としたうえで、日本人にとっての「〝殺生（せっしょう）〟と〝肉食（にくじき）〟という問題群」に光を当てている。そうして、人間／自然、また人間／動物のもっとも根源的な関係のなかに、人はこの自然界の一部でありながら、みずからの「いのち」をたもつために動物を殺すこと、食べることは避けられない、という難問(アポリア)を認めたのである。

たとえば、金子みすゞのよく知られた「大漁」という童謡を想い起こしてみればいい。

朝焼小焼だ
大漁だ
大羽鰮(おおばいわし)の
大漁だ。

浜は祭りの
ようだけど
海のなかでは
何万の
鰮のとむらい
するだろう。

イワシの大漁に、浜は祭りのように賑やかだが、海のなかではイワシたちが弔(とむら)いをするだろう、という。祭り／弔い、という対比が鮮やかだ。それはむろん、イワシを捕って喰らう人間たち／人間に命を奪われるイワシたち、という対比でもある。とはいえ、あくまで相手は小魚のイワシであり、けっしてありふれた罪責感ではない。いまひとつ、「鯨法会(ほうえ)」という童謡はどうだろうか。

鯨法会は春のくれ、
海に飛魚採れるころ。

浜のお寺で鳴る鐘が、
ゆれる水面(みのも)をわたるとき、

村の漁夫(りょうし)が羽織着て、
浜のお寺へいそぐとき、

沖で鯨の子がひとり、
その鳴る鐘をききながら、

死んだ父さま、母さまを、
こいし、こいしと泣いてます。

海のおもてを、鐘の音は、
海のどこまで、ひびくやら。

実際にも、金子みすゞが眼にしたことがあったはずの鯨法会の情景が、ここには詠みこまれている。中村が紹介しているように、みすゞの故郷、山口県長門市仙崎の対岸に横たわる青海島(おおみじま)の東端・通浦(かよいうら)の向岸寺(こうがんじ)では、いまも春の終わりに鯨法会がおこなわれている。みすゞの父は、この通浦の代々の網元の四男であった、という。向岸寺は鯨墓や鯨の位牌・過去帳によっても知られるが、鯨墓のうしろの地中には七五体の鯨の胎児が埋葬されている。元禄から明治にかけてのものだが、かつては鯨の胎児の埋葬は、読経も供物も人間の場合に劣らず丁寧におこなわれていたのである。過去帳には、法名をつけられた一〇〇〇頭を数える鯨たちの詳しい記録が残されている。一〇年ほど前の春であったか、この寺をお参りに訪れた日のことを思いだす。仕留められた母鯨の胎内から取り出された、鯨の胎児のイメージが生々しく、しかし具体的にはうまく思い描けないことに落ち着かなさを覚えた。

みすゞその人はきっと、鯨の胎児も、母を失った子鯨の姿もそれなりにリアルに思い描くことができたのではなかったか。それはけっして抽象的な、子ども向けの童謡の歌詞ではない。この作品のなかでも、浜のお寺で鯨への供養の祭りをする人間たちと、父や母を殺され喰らい尽くされた子鯨という対比が、絶妙である。みすゞはいわば、わたしたちの意識下に沈められている、あの、人がみずからの生命(いのち)をたもつために動物を殺すこと、食べることにまつわる罪責感をくっきりと浮き彫りにしてみせたのである。

中村は「鯨墓と鯨供養」という章のなかで、「鯨の殺害にともなう快楽と、殺戮者としての己れを直視しての罪責感情」について述べていた。人間はみずからのいのちをたもつために、厳格な菜食主義者でないかぎり、動物を殺して食べるという行為から無縁ではありえない。そこに、快楽／罪責のはざまにひき裂かれた感情が避けがたく生まれてくる。さらに、中村は続けていう。

一般的にいって、このようなアンビバレントな感情は決して鯨漁に特有のものではなく、ひろく自然界の生きものを捕捉・殺害する漁撈者・狩猟者につねに付随する普遍の人間心理なのであろう。野生の動物は、一方では自然界の領有を人間と争う競合的な他者であるという面をもちながら、また一方で彼らと人間は、おなじ生物のメンバーとして同一の生活環境を共有する仲間だという面ももつ。だとすれば、両者のあいだに敵対と親和という相矛盾する関係が孕まれるのは当然の結果なのである。

それゆえ、狩猟という営為を残酷なるもの、文化にあらざるものとして断罪するといった態度に与(くみ)するわけにはいかない。「狩猟をめぐる文化論」という章では、狩猟といういとなみが「人間が自然に加える剝(む)き出しで無制限の暴力」といったものではなく、「ある節度とモラルをもった文明的ないとなみ」であったことが指摘される。だから、狩猟はたんに生業や技術の問題としてだけでなく、世界観・生命観の問題として再考されねばならない。また、人と野生の生きものとはどのような間柄で存在しているのか、さらには、自然と人間とはどういうふうに繫がり、向かい合うべきか。そうした問いを前にして、狩猟という経験と知恵には学ぶべきことがすくなからずある、という。

このように、自然と人間の現実的かつ観念的関係の総体を考えた場合、とくに注目されるのは、野生にたいする人間の側の負い目のありかた、つまり、個々の動物や草木など植物にたいする〝殺し〟をともなう操作・改変の行為を、そのような自然界全体にたいする人間の負債の感情として受けとめる観念の形成のありようではないか。いい換えると、それは、野生の動物、野生の植物、あるいはもう少し観念的に〝大地〟として表象されるもの全般にたいする人間の介入行為と、それがもたらす「負」の感情を、人びとが日々の生存のなかでどのように了解し、どのように正当化していくかという問題である。そしてその課題を引き受けるものとして、文化や宗教の役割を考えることが必要だろうということだ。

「殺す文化／食べる文化」再考」の一節である。中村はここで、とてもたいせつなことがらを精妙に言い当てている。人間と自然との関係の総体において、人間は、動物や植物にたいして加える「〝殺し〟をともなう操作・改変の行為」を「負債の感情」として受けとめながら、しかも、それをどのようにして正当化していくのかというテーマを抱えこんでいる。それこそが核心をなしている。それはまさに、文化や宗教が担うべき役割として顕在化するにちがいない。

そのとき、中村はまた、日本文化史のなかに見いだされる、毒矢の使用が自制されてきたこと、死刑執行が回避されること、宦官(かんがん)制度や動物犠牲が排除されることなどに注意を促していた。明治以前には、家畜の去勢の技術が存在しなかったことを付け加えておくのもいい。去勢されていない駄馬を猛獣のようだと称したのは、明治一一(一八七八)年に北の奥地を踏破したイザベラ・バードであった。どうやら人間や動物の身体に加えられる人為的な働きかけや加工にたいして、日本人の多くが嫌悪の念をいだいてきたらしい。それはいま、わたしが向かい合おうとしている、食べること/交わること/殺すことをめぐる問いの群れに、やがて交叉してゆくことだろう。記憶に留めておきたいと思う。

子どもを食べたがる怪獣たち

童話を含めた児童文学にくくられる作品のなかには、食べる/食べられる、あるいは薄められたかたちでの、殺す/殺されることにかかわる場面が頻出する。よく知られていることだ。たとえば、やなせたかしの『あんぱんまん』など、みずからを食べさせることによって、飢える人を救おうとするあんぱんまんが主人公である。異様な設定ではなかったか。やなせによれば、「傷つくことなしに正義は行なえない」ことの比喩的な表現として、顔を食べられるという設定が生まれたらしい。顔がなくなると、エネルギーを失って失速するが、「この部分が描きたかった」のだという。あきらかに幼児向きには書かれていない『あんぱんまん』が、なぜ幼児に受けてしまったのか、「それは今でもぼくにはよく解らない」と、やなせは書いている(やなせたかし『アンパンマンの遺書』)。

はじめに、『ちびくろさんぼのおはなし』(ヘレン・バナーマン作)を取りあげてみよう。ちびくろさんぼが盛装してジャングルへ散歩に行くと、虎に出会う。虎は「おまえを　たべてやる」という。ちびくろさんぼは「おねがいです　とらさん。ぼくをたべないでください」といい、きれいでかわいい赤い上着を貢ぎ物のように差し出して、ようやく許してもらう。それから、次々に虎が現われて、そのたびに青いズボン、底が真っ赤で紫の靴、緑の傘を貢ぎ物とすることで、命だけは取られなくて済んだ。やがて、虎たちは争いを始める。一本のヤシの木の周囲を、「おたがいに　あいてのとらをたべてしまおうとして」もの凄い勢いで走りまわり、すっかり溶けてバターの池になってしまう。夕方、その虎のバターで、母親がホットケーキを焼いて、みんなで腹一杯食べる。家族の内なる共食である。

いかにも寓話的な物語であるが、ここでの主旋律が人／虎という動物のあいだの、喰うか／喰われるか、の戦いであったことは否定しようもない。ジャングルは虎の領域である。そこに人が足を踏み入れるのは、狩猟や採集によって食糧を調達するためであろうか。ちびくろさんぼはハレの衣装に身を包んで、そのジャングルに散歩に出かけて、次々と虎に襲われる。あやうく食べられそうになりながら、身につけた財を貢ぎ物に捧げて、なんとか逃げ延びることができた。虎のバターでこんがり焼けたホットケーキが、「まるで　ちいさなとらのようでした」と語られているところなど、いかにも示唆的ではなかったか。料理というテーマが姿を現わしている。ともあれ、最後には、ちびくろさんぼは虎に食べられる側から、虎を食べる側に回ることができたのである。

『ぐりとぐら』(中川李枝子作・大村百合子絵)はまさに、ぐりとぐらが「このよで　いちばん　すきなのは　おりょうりすること　たべること」と歌っているように、食べることが第一のテーマであった。森の奥へ、ドングリやクリを採集に行き、そこで大きな卵を見つける。ぐりとぐらはカステラを作ることを思いつく。森のなかにカマドをこしらえて、大きなお鍋で大きなカステラを作って、森中から集まってきた動物たちといっしょに食べるのである。ここでも共食がテーマになっていた。

しかし、注意を促しておきたいのは、この、みなでカステラを食べる場面には、森や野原や水辺に暮らすありとある生き物たちが集まっていることだ。ゾウ、イノシシ、フラミンゴ、クマ、オオカミ、小鳥、フクロウ、トカゲ、カメ、ライオン、カエル、ウサギ、ヘビ、モグラ、カタツムリ、ハリモグラ、ワニ、リス、カニ、シカといった鳥獣たちが、黄色いカステラのかけらを食べている。主人公のぐりとぐらは野ネズミであり、オオカミやライオンにとっては捕食の対象ではなかったか。それらの鳥や獣たちが、喰う／喰われるという敵対関係から逸らされるかのように、小麦粉・バター・牛乳・砂糖と卵で作ったカステラを食べるのである。あらためて、料理というテーマが全編を浸していることに、小さな驚きを覚えずにはいられない。こうして物語の基層には喰う／喰われるという敵対関係が沈められているが、それは料理という仕掛けに仲立ちされて、そのままに殺す／殺されるという出来事のひそかな隠蔽へと繋がっているようにも感じられる。

それにしても、なぜ、卵だったのか。いかなる動物の卵だったのか。かつて、百姓は鶏を飼ったが、それは卵を手に入れるためであり、殺して、その肉を食べるためではなかったことを思いださねばならない。卵とは、人が動物を殺すことなく、そのわずかに手前で動物性タンパク質を手に入れる方法であったのだ。ぐりとぐらが石で叩いて、やっとのことで割った卵は、いったいどんな動物の卵だったのか。卵は割るといい、卵を殺すとはいわない。未生（みしょう）の命を宿したもの。そこには罪責感が生まれにくい。巧妙に回避されている。喰う／喰われる、殺す／殺されるという敵対関係がむき出しになる半歩手前に、『ぐりとぐら』はかろうじて宙吊りにされていたのかもしれない。

あるいは、すでに触れてきた『かいじゅうたちのいるところ』もまた、主旋律は食べることである。主人公のマックスがオオカミの縫いぐるみを着たところから、物語が幕を開ける。いかにも示唆的であった。マックスはいたずらをして大暴れ、お母さんに「この　かいじゅう！」と怒られると、「おまえを　たべちゃうぞ！」と叫んで、とうとう夕飯抜きで寝室に放りこまれてしまうのである。いつしか、あたりはすっかり森や野原、そこに波が打ち寄せて、今度は船に乗って航海に出る。辿り着いたのが、怪獣たちのいるところ。マックスは怪獣たちの王様になって、踊りや木登りや行進で大騒ぎをするが、やがて遠い世界の向こうからおいしい匂いが漂い流れてくる。マックスは王様をやめることにした。

かいじゅうたちは　ないた。「おねがい、いかないで。
おれたちは　たべちゃいたいほど　おまえが　すきなんだ。
たべてやるから　いかないで。」
「そんなの　いやだ！」と、マックスは　いった。

かいじゅうたちは、すごい　こえで　うおーっと　ほえて、すごい　はを　がちがち　ならして、
すごい　めだまを ぎょろ　ぎょろ　させて、すごい　つめを　むきだした。
しかし、マックスは　さっさと　ふねに　のりこんで、さよならと　てを　ふった。

そして、マックスはいつの間にやら、お母さんに放りこまれた寝室にいる。そこには、ちゃんと夕飯が置いてある。全編を通じて、人と怪獣たちとのあいだで交わされる、食べる／食べられるというテーマが鮮やかである。怪獣たちの、「おねがい、いかないで。おれたちは　たべちゃいたいほど　おまえが　すきなんだ。たべてやるから　いかないで」という叫びの声が、なんとも切なく、ぞくぞくする。このとき、少年は人間の子どもであったか、オオカミであったか。両義的であいまいな存在であったかもしれない。子どもは縫いぐるみをかぶれば、たちまちその動物に変身する。動物の毛皮による変身というテーマが、昔話やメルヘンのなかでは普遍的なものであることには、すでに触れてきた。この物語には、幾重にも読み解かれるべき謎が埋めこまれている。
いまひとつ、片山健の『おなかのすくさんぽ』はどうだろうか。「ぼく」が真っ白いシャツを着て歩いていると、動物たちが水たまりで遊んでいる。イノシシやクマやヤマネコや、カエルやネズミやカラスやヘビといっしょに、「ぼく」は穴のなかでまあるくなり、洞窟のなかを探検したり、思いっきり吠えたり、坂道を転げ落ちたりする。それから、みんなで川のなかに入って、裸ん坊になって、のんびり休んでいると、なにかがのっそり始まるのだ。

ところが　くまが　こんなことを　いいだしたのです。
「なんだか　きみは　おいしそうだねえ。
ちょっとだけ　なめて　いーい？」
「ほんとうに　なめるだけだよ」
と　ぼくは　いいました。
くまは　ペロリと　いっかい　なめました。
それから　ペロ　ペロ　ペロッと　さんかい　なめると、
すばやく　もう　いっかい　なめました。
「やっぱり　きみは　おいしそうだねえ」
と　くまが　いいました。
「ちょっとだけ　かんで　いーい？」
「ほんとうに　ちょっとだけだよ」
くまは　そーっと　ぼくの　うでを　かみました。
すると　こんどは　みんなも　そーっと　ぼくを　かみました。

男の子と、かれを取り囲んだ動物たちのあいだに、奇怪な緊張が生まれている。最初は、舐める、何回も舐める。それから、ちょっとだけ噛む、甘噛みだ。その場面はなかなか凄い。男の子はみんなに、裸のからだのあちこちを黙って噛まれている。動物たちはみんなで、そーっと噛んでいる。無惨な殺戮が始まる予感のなかで、突然に、グーと、だれかのお腹が鳴るのである。すると、みんなのお腹が鳴る。そうしたら、グーと大きく、「ぼく」のお腹も鳴ったのだ。緊張がほどける。みんな、エヘヘヘヘーと、お腹がぺっこぺこだ。そうして、男の子と動物たちは、それぞれにぺっこぺこのお腹を抱えて、帰ってゆく。男の子だけが、脱いでいた半ズボンやシャツを着て、帰ってゆく。

ここには、男の子が動物たちに寄ってたかって食べられる白昼夢のような情景が、たしかに沈められている。舐める、噛む、そして、がぶりと喰らう場面への転換の寸前に、だれかのお腹がグーと鳴って、白昼夢は雲散霧消させられるのだ。人が動物に食べられるのではないが、よく似た感触の童話作品として、宮沢賢治の「蜘蛛となめくぢと狸」が思い浮かぶ。片山健の『おなかのすくさんぽ』という絵本は、この「蜘蛛となめくぢと狸」とともに、ある極北の情景を描いていたのではなかったか。

思いつきで、手近にあった絵本を並べてみただけだ。児童向けの作品にはたしかに、さまざまな食べる場面が見いだされる。しかも、その食べる場面は当然とはいえ、食べることの裏側に貼り付いた殺すこと、つまり殺害の暴力をむきだしに描くことはない。そして、食べる場面が過剰に描かれているのは、交わること、つまり性のテーマを回避し、ときには隠蔽するものであることが指摘されている。その当否は措くとしても、たしかに子どもの前では、食べること／交わること／殺すことが、固有の物語の文法によって微妙な変容を強いられているのである。「おれたちは　たべち

ゃいたいほど　おまえが　すきなんだ」という、怪獣たちの身悶えしながらの愛の咆哮は、いったいなにを物語っていたのか。

いや、例外ともいうべき絵本はあったか。たとえば、『ゼラルダと人喰い鬼』(トミー・ウンゲラー作)などには、食べること／交わること／殺すことをめぐって紡がれる、いくらか異相の物語が、思いがけず真っすぐに提示されている。すこし長くなるが、あらすじを再構成しながら追いかけてみる。

ひとりぼっちの人喰い鬼が、血まみれの大きなナイフを手にしている。檻の格子は、これから食べられるらしい子どもの小さな手がぎゅっと握りしめている。顔は見えない。人喰い鬼は、「とても残酷で、大ぐらい。朝ごはんに子どもを食べるのが、なによりも大好き」などと紹介されている。毎日、人喰い鬼が子どもをさらいにやって来るので、秘密の穴ぐらが掘られて、子どもたちはすっかり姿を消してしまう。人喰い鬼はそれゆえ、麦のお粥とキャベツ料理とジャガイモを食べるしかない。

町から遠く離れた谷間の森の開拓地には、お百姓さんとその娘のゼラルダが暮らしていた。ゼラルダは料理が大好きで、六歳になるまでには、煮る・焼く・揚げる・蒸すができたのだ。町に市が立つ日、荷車に売り物の野菜やマスや豚などを積んで出かけたゼラルダは、腹ぺこで死にそうな人喰い鬼と出会う。そこで、ゼラルダは火を起こし、料理にとりかかる。クリーム・スープ、マスの薫製、ニンニクとバター漬けのカタツムリ、鳥と豚の丸焼き。それらは、人喰い鬼にとっては、いままで食べたうちで、いちばんおいしい料理だった。ついさっきまで、「塩とコショウをちょびっとかけりゃ／子どもはとってもうまいのに！」と舌なめずりしていた人喰い鬼は、子どものことなどすっかり忘れて、ゼラルダに、「あんたがわしの城にきて、料理をつくってくれさえしたら、たっぷり黄金をあげるんだがなあ」という。

ゼラルダはお城に行き、ひたすら料理を作った。新しい料理法を編みだしては、お料理のノートを何冊も作った。代表的な夜食には、ガチョウ・仔牛・七面鳥などが食材として使われている。宴会には、近所の人喰い鬼たちが招待され、じつにうまい、一流だ、神わざだ、と感激して、みな、子どもたちを食べることなど、きれいさっぱり忘れてしまう。人喰い鬼の恐怖が去ると、子どもたちは隠れ場所から出てきて、ムラには平和がもどってくる。それから何年かして、美しい女性になったゼラルダと人喰い鬼のあいだには恋がめばえ、結婚する。子どもがたくさん生まれ、末永く幸せに暮らした。

なかなかそそられる展開ではなかったか。冒頭から、読み聞かせを受けている子どもらはきっと、恐怖に打ちのめされているはずだ。なにしろ、人喰い鬼は見るからに獰猛（どうもう）な雰囲気で、ナイフ片手に子どもを食べたがっているのだ。そんな人喰い鬼が、おいしい料理に出会って、子どもを食べることを忘れてしまう。読み手の子どもがほっとする顔が浮かぶ。その意表を突いた話の転がり方が、とてもいい。そして、最後にいたって、二人は結婚するのである。

ここには、あの、食べること／交わること／殺すことをめぐって錯綜するテーマが見いだされる。

しかも、料理というテーマが周到にからんでくる。これについてはあらためて取りあげることになる。この作品には、料理というテーマがじつに効果的に、物語の要所ごとに嵌めこまれている。人喰い鬼ははじめ、子どもを塩胡椒だけで食べているが、煮る・焼く・揚げる・蒸すなどの料理法を駆使した多彩な料理の味わいに触れるやいなや、子どもを食べることを忘却する。肉食の問題、つまり動物を殺す／食べるという暴力の問題は、回避されていない。並べられるメニューのなかには、豚・仔牛・ガチョウ・七面鳥・マスなどを食材とした料理があって、子どもの生肉のかわりに、火で調理した鳥獣や魚の肉が提供されていることがわかる。よく眼を凝らすと、使われているのは仔牛や仔豚のようだ。家畜も当然ながら、殺され解体されるわけだが、それはわずかな遠景として絵の片隅に描かれているだけだ。ともあれ、料理はまさしく、野生から文化への転換を促し演出する仕掛けになっている。

そのうえ、最後には、人喰い鬼は生で食べようとしていた女の子と、わざわざ成熟を待って結婚するのである。食べる／殺すというテーマが、食べる／交わるというテーマへと位相変換を起こし、逸らされながら、連続しているといってもいい。たとえば、唐突ではあるが、これを『古事記』のヤマタノヲロチ退治譚と重ね合わせにしてやれば、この『ゼラルダと人喰い鬼』という絵本は、クシナダヒメを生け贄として食べるヤマタノヲロチと、それを退治して姫と結婚するスサノヲとが変換可能な、連続する存在であることを暗示している気がする。すくなくとも断絶はない。いわば、人喰い鬼という存在そのものが、食べること／交わることが象徴のレヴェルにおいては、ひとつの表裏なすできごとであることを示唆していたのではなかったか、ということだ。

さらに、食べること／交わること／殺すことをめぐって紡がれてきた物語の群れに、眼を凝らしてみたい。ここでは『グリム童話集』から拾うことにする。あえて、だれもが知る有名な話ばかりである。

グリムの森の魔女と動物たち

たとえば、「蛙の王さま」については、すでに異類婚姻譚という視座から触れているが、もうすこし丁寧に論じてみたい。テクストは岩波文庫版の『完訳グリム童話集』である。その冒頭には、「むかしむかしのおお昔、まだ人のねがいごとがなんでもかなったころのこと、一人の王さまが住んでいました」と見える。お城の近くの大きな暗い森のなかに、菩提樹の古木があって、その根元に泉が湧き出していた。王さまの末娘の姫が、その泉のほとりで黄金のまりを投げて遊んでいる。

そんな物語のはじまりの情景は、『グリム童話集』のまさしく、この第一話が神話の時代に繋がっていることを予感させる。「まだ人のねがいごとがなんでもかなったころ」とは、魔女の恐ろしい魔法が信じられ、人と動物とがあたりまえに言葉を交わしていた時代である。原始の匂いをとどめた暗い森のなかの、神さびた菩提樹の巨木の根元にある泉が、物語の舞台となる。

いくらか唐突ではあるが、ここで『遠野物語拾遺』第一二四話を想起してみたい。わたしはいま、「日本のグリム」とも称された遠野の人・佐々木喜善の採集した昔話や物語と、『グリム童話集』との比較研究に、関心を持ちはじめている。『遠野物語拾遺』はむろん、喜善が採集した説話を柳田国男と鈴木棠三が編集した『遠野物語』の続編である。

村々には諸所に子供らが恐れて近寄らぬ場所がある。土淵村の竜ノ森もその一つである。ここには柵に結ばれた、たいそう古い栃の樹が数本あって、根元には鉄の鏃(やじり)が無数に土に突き立てられている。鏃は古く、多くは赤く錆びついている。この森は昼でも暗くて薄気味が悪い。中を一筋の小川が流れていて、昔村の者、この川でいわなに似た赤い魚を捕り、神様の祟りを受けたと言い伝えられている。この森に棲むものは蛇の類などもいっさい殺してはならぬといい、草花のようなものもけっして採ってはならなかった。

近代になって採集された伝承が、これほどに神さびた雰囲気を漂わせていることにこそ、驚くべきなのかもしれない。社会学者の鶴見和子にしたがって、われわれ日本人のなかには、いまだに原始人が棲んでいると呟いてみるのもいい(「われらのうちなる原始人」『鶴見和子曼荼羅Ⅳ』所収)。ともあれ、こうして「目前の出来事」として転がっていた場所の記憶は、グリムの森のなかの古木と泉の情景とはるかに響き合っているように感じられる。それにしても、先に取りあげた現代の創作童話の舞台がどれも、ほかならぬジャングルや森の奥であり、一瞬にして森や野原に姿を変えてしまった寝室であったことは、なにを意味しているのか。とりわけ、この寝室が眠りと夢の場所であると同時に、秘めやかなセックスの場所でもあることに注意を促しておくことにしよう。

泉から現われたカエルは、まりを落として困っている姫にたいしてある要求を突きつける。カエルは姫が提示した、着物や真珠・宝石、黄金の冠などには眼もくれず、ただ次のような約束を交わすようにもとめるのである。

けれども、おひめさまが、わたくしをかわいがってくださるおつもりならば、わたくしを、おひめさまのおあいてのあそび友だちにして、おひめさまとならんでかわいらしいお膳へすわらせて、食べものは、おひめさまのかわいらしい黄金のお皿でたべさせて、飲みものは、おひめさまのかわいらしいおさかずきで飲ませて、おひめさまのかわいらしいおとこのなかにねかせてくださいまし。このお約束さえしてくだされば、下へおりていって、黄金のまりをひろってきてあげましょう。

くりかえすが、ここでの姫とカエルとの約束は、ふたつから成る。ひとつはテーブルを共にして、ひとつの皿や器でいっしょに飲食をすることであり、いまひとつは、ひとつのベッドで寝ることであった。むろん共食と共寝ということだ。後者には、ボカシが施されているが、当然のようにセックスが含まれるはずだ。姫はカエルの要求を受け入れる、いや、受け入れた振りをする。カエルの分際で、「人間のおなかまいりなんか、できやしないわ」というのが、姫の本音であった。

だから、姫はカエルからまりを受け取るや、さっさと逃げてゆく。ところが、翌日になると、カエルはお城の大理石の階段を這いあがり、姫にたいして約束の履行をもとめるのである。事情を知らされた王さまは、なんと「おやくそくしたことは、どんなことでも、そのとおりにしなくてはいけません」と、かわいい娘に命令する。姫はいやいやながら、二人でいっしょにひとつの皿で食べるという第一の約束は果たした。しかし、カエルがさらに執拗に、「おひめさまのおへやへつれてって、おひめさまの絹のおふとんをしいてくださいな。ふたりで寝ることにしましょうよ」と、第二の約束を果たすようにもとめたとき、ついに怒りを爆発させて、カエルを力まかせに壁に叩きつける。この殺害の瞬間に、悪い魔女によってかけられていた魔法は解けて、カエルは隠されていた本身を顕わし、人間の王子となる。そうして姫と結婚するのである。

ここでの第二の約束は、たんに、ひとつのベッドで共に寝ることであって、そこにセックスを読み取ることは邪推にすぎないといった批判があるかもしれない。こうした批判にたいする応答は、とりたててむずかしいことではない。なぜならば、『グリム童話集』には第一話のあとに、その異伝が「蛙の王子」と題して収録されており、そこにははっきりと、約束の中身が明かされていたからである。

舞台は御殿の広庭にある井戸である。カエルは三人姉妹の姫たちの前に次々に現われて、「あなたがあたしのおよめになる気なら、いつでも、きれいなきれいなお水(ひや)をあげる」と、呪文のような言葉をかける。末の姫だけが、「かえるのおばかさんなんぞ、逆だちしたって、あたしのおむこさんになれっこありゃしないわ」と考えながら、カエルの要求にしたがうのである。確認しておかねばならない。すなわち、「蛙の王子」における要求はただひとつ、きれいな水の贈与にたいする返礼としての結婚だったのである。

その晩、カエルは約束したとおりに訪ねてくる。姫は「お約束しちゃったんだから」仕方がないと思い、戸をすこし開けてやる。

蛙は、おひめさまのあとから、ぴょこんと跳びこんで、それから、とうとう、おひめさまのねどこのすそのほうへ、ぴょこんぴょこんとはいこんできて、そこに、ぺちゃりとおとなしくしていました。そして、夜があけて朝が白むと、ねだいからとびおりて、戸ぐちからでて行きました。

次の晩も、カエルは訪ねてきて、やはり夜明けまで寝床の裾のほうにぺちゃりと座っていた。三日目の晩にも、カエルはやって来る。姫からは今夜かぎりと言い渡される。そのあとに、「かえるは、お姫さまの枕の下へ、ぴょんと跳びこみました。それから、おひめさまも、ぐうぐうねてしまいました」と続いている。明くる朝、姫が目覚めると、鼻の先に美しい若い王子が立っていて、「おひめさまが、およめになると約束してくれたために、まほうがとけて、救いだされたのだ」と語りかける。それから、二人は王さまの承認を得て、婚礼の式を挙げるのである。

寝床の裾から枕の下へ。異形の男による妻問いか、夜這いのような情景ではなかったか。姫は約束を誠実に守り、カエルによる、三晩かけて深まってゆく夜這いを受け入れたのである。おそらく、魔女がかけた魔法は、カエルという異形の身体のままに、王子からの愛と性のもとめに応じる娘が出現したときに解けることになっていたはずだ。まさに「愛情による魔法の解除」(小澤俊夫)である。その意味では、こちらの「蛙の王子」のほうが「蛙の王さま」よりも、アルカイックな神話に近いものであったにちがいない。蛙を壁に叩きつけると魔法が解けるのでは、嫌悪による魔法の解除というべきであり、相手が姫である必然はない。醜いカエルは人間たちからこぞって嫌われていたのだから。グリム兄弟は、だからこそ、異形のカエルとの婚姻＝セックスを色濃く暗示させる「蛙の王子」を、ためらいながらも異伝として残すことを選んだのではなかったか。神話の尻尾が覗けていたのである。

あるいは、「蛙の王子」のカエルには、井戸の水を浄化したり汚したりする能力が認められ、水の神としての面影が色濃く感じられる。このことも古風な伝承と判断するための、ささやかな根拠となる。唐突ではあるが、三輪山神話のなかで、蛇体の神が本身を隠して、人間の男に姿を変えて娘(ムラの巫女であったか)のところに夜這いをかけている図柄を、そのままに反転させたかのようにも感じられる。やはり異類婚姻譚において、『グリム童話集』と日本の神話や昔話とのあいだには、大きな隔たりが存在するのである。

あらためて、これらのメルヘンの舞台に眼を凝らしてみたい。「蛙の王さま」では、暗い森のなかの泉からお城の食堂、そして姫の寝室へと場面が転換してゆく。「蛙の王子」では、御殿の広庭にある井戸から姫の寝室へと真っすぐに移行している。そこに、あの、食べること／交わること／殺すことにまつわる物語が幾重にも影を落としている。とりわけ、どちらにおいても、読み手が終幕に向けて姫の寝室へと誘われてゆく物語の構図は共通している。食べること／殺すことのあいだには、交わることがひっそりと身を隠している。食と性と暴力とが織りなす、なんとも秘めやかにして、複雑怪奇な現実がゆるやかに顕われてくる。

さらに、森を舞台として、人とオオカミとが喰う／喰われる関係において対峙するメルヘンならば、いくらでもある。たとえば「狼と七ひきの子やぎ」では、おかあさんヤギが食べ物を採りに森に出かけた留守に、オオカミがだまし討ちに家に侵入して、子ヤギたちを片っ端から丸呑みに食べてしまう。ところが、草原の木の根元に、腹一杯になり大いびきで寝こんでいるオオカミを見つけて、おかあさんヤギは助かった末っ子といっしょに、はさみでオオカミの太鼓腹を切り開いて、六匹の子ヤギたちを助けだす。そして、その腹に石っころを詰めこんで、針と麻糸で縫い合わせる。オオカミは石っころの重みで泉に落ちて、むごたらしく溺れ死んでしまう。

「赤ずきん」においても、赤ずきんとおばあさんは、オオカミにだまされて丸呑みに食べられる。ここでは、人がまさしくオオカミに食べられる存在（モノ）として、くりかえし描きだされていた。オオカミは赤ずきんを前にして、「わかくって、やわらかい、こいつ、脂肪（あぶら）がのっていて、うまいぞ、こいつあ、ばばあよりずっとうめえや」と考える。小さな愛くるしい女の子は、まさしく食べ物そのものであった。そういえば、赤ずきんは森の奥に住んでいるおばあさんのところに、お菓子とブドウ酒を運んでゆくように、おかあさんに言いつけられていたのだった。女の子とおばあさんは、狩人によって救いだされる。ここでも、狩人ははさみでオオカミの腹を切り裂き、大きな石っころを詰めこんでいる。そうして、オオカミには死があたえられる。オオカミの毛皮を剝いで、狩人はおみやげに持って帰った、と語られている。

はさみでオオカミの腹を割く場面には、おそらく動物の屠畜・解体の技術が暗黙の了解として沈められている。それは牧畜社会では常民のありふれた生活技術にすぎないが、日本のような稲作農耕の優越する社会では、差別された人々の特殊な技術と見なされる。日本の昔話では、獣の腹を割く光景はありえない。オオカミの腹に石を詰める場面にも、なにか文化的な背景があるのかもしれない。

あるいは、「ヘンゼルとグレーテル」などには、まさに食べる／殺すというテーマが氾濫している。大きな森の入り口に住んでいる、貧しい木こりの家族の物語である。飢饉の年のことだ。飢えによって追いこまれた限界状況のなかで、父と継母はついに、森の奥へと幼い兄と妹を棄てるのである。一度は兄のヘンゼルの知恵で帰ることができたが、二度目は失敗して、兄妹は森の魔女が棲んでいるお菓子の家に辿り着く。

ところが、この婆さんというのは、みかけは、いかにも親切らしくしていましたが、ほんとうは、子どもたちのくるのを待ちぶせしている悪ものの魔女で、パンの家も、まったく子どもたちをおびきよせるためにこしらえてあるのでした。それで、だれか子どもが自分の手にはいると、ばあさんは、それを殺して、ぐつぐつ煮て、むしゃむしゃ食べるのです。こういう日は、ばあさんのかきいれのおまつり日なのでした。

石のように年老いた魔女は、ふっくりした赤い頬っぺたの兄妹がすやすや寝ているのを見て、「こいつは上等な食いものになるわい」と呟く。小さな家畜小屋に閉じこめられたヘンゼルには、上等のごちそうがあたえられ、たっぷり脂肪をつけて食べる準備が進められるが、妹のグレーテルにはザリガニの皮ばかり。とうとう、その日がやって来る。グレーテルは「こんなことなら、あたしたちを、森の中でおそろしいけだものが食べてくれればよかった」と思う。魔女は、まずグレーテルをパンがまで丸焼きにして、「あたまから食べてしまうつもりだった」が、結局、魔女のばあさんのほうがパンがまに入れられて、むごたらしく焼き殺されてしまうのである。

はるかな西欧の中世か古代、厳しい飢饉のなかで飢えに苛まれた記憶が、このメルヘンには深い影を落としているのかもしれない。魔女の棲む森とお菓子の家とは、そうした飢えの記憶から紡ぎだされた一篇の幻想ではなかったか。森を舞台として、人間と動物とはたがいに、喰うか／喰われるかの緊張関係のなかで対峙していたにちがいない。親たちは森のなかに子どもらを棄てるとき、わざわざ火を焚いている。火(という文化)が消えたときが、子どもたちが森の獣たちに喰われ、野生に呑みこまれる瞬間であった。そこにお菓子の家が登場する。魔女とは、野生を抱いた森がもっている「自然の順違二面」(宮沢賢治による『注文の多い料理店』の宣伝コピー)の、ある引き裂かれた象徴のような存在ではなかったか。森は人間にたいして、生きるための糧を恩恵としてもたらすと同時に、ときに荒ぶる力をもっていのちを奪う両義的な存在であった、ということだ。「赤ずきん」でも、おばあさんは森の奥に住んでいたことを想起しておくのもいい。この森でひとり暮らす老婆と魔女とは、意外に近い存在なのかもしれない。

哄笑と残酷のゼロ地点に

あらためて、中村生雄の「殺生と肉食――その古代と近代」(『日本人の宗教と動物観』所収)に、眼を凝らしてみることにしよう。そこには、宮沢賢治に触れた一節があった。賢治が残した童話の多くが、「人が他の生きものの〝いのち〟を奪い、その肉を食うことでしか己れの命をつなぐことができないという過酷で悲惨な現実」と向かいあうような作品であったことを、中村は指摘する。賢治はまた、喰う自分を凝視することに留まらず、喰われる動物の側に立ってそれを見つめながら、その喰われる側に、ほかならぬ喰う自分がなりうることをあきらかに意識していた、という。

しかも、彼のイマジネーションはそこにとどまってはいず、もう一段と飛躍する。すなわち、こんどは自分が食われる側の魚になっていて、自分を食っている誰かが隣の人と何か話しながら、自分の肉を箸でちぎって呑み込んでいるのを見たらどうだろう、とつづける。それは、いわば彼の生理と皮膚感覚を刺激する問題として存在しており、また、その生理と皮膚感覚は、食う側の身体と食われる側の身体の双方にまたがる感触として受けとめられているといっていいだろう。

たいへん示唆に富む指摘である。すくなくとも、われわれは喰う自分を贖罪意識とともに凝視することはあっても、喰われる動物の側になって喰われている自分を想像するといったことは、まずありえない。思えば、「注文の多い料理店」などは、喰われる側に立たされたときの恐怖を擬似体験させるような作品であったかもしれない。

それにしても、こうした「〝殺す〟ことと〝殺される〟こと、〝食べる〟ことと〝食べられる〟ことが互いに入りまじり、反転し融合する世界」について語るためには、たとえば輪廻転生のような仏教的ヴィジョンが必要とされる。それなしに、われわれは喰われている動物の姿をした自分にイマジネーションを寄せることはできない。

宮沢賢治の童話作品のいくつかを取りあげてみよう。

はじめに、『注文の多い料理店』の「序」である。わたしは以前から、その「序」のなかに見いだされる、食にかかわる喩の過剰なありように関心をそそられてきた。

わたしたちは、氷砂糖をほしいくらゐもたないでも、きれいにすきとほつた風をたべ、桃いろのうつくしい朝の日光をのむことができます。
またわたくしは、はたけや森の中で、ひどいぼろぼろのきものが、いちばんすばらしいびらうどや羅紗や、宝石いりのきものに、かはつてゐるのをたびたび見ました。
わたくしは、さういふきれいなたべものやきものをすきです。

ここには、賢治自身の体験ではないとしても、貧しさや飢えをめぐる分厚い記憶の堆積が影を落としているにちがいない。食と衣にまつわる喩が重ねられている。ここでは食に絞りこむ。眼の前に転がっている現実は、たやすく氷砂糖を口にすることが許されないような厳しいものだった。それでも「きれいにすきとほつた風」を食べたり、「桃いろのうつくしい朝の日光」を飲むことはできる。そういう「きれいなたべもの」が好きだ、と賢治は書いた。

そして、「序」の最後は、「わたくしは、これらのちいさなものがたりの幾きれかが、おしまひ、あなたのすきとほつたほんたうのたべものになることを、どんなにねがふかわかりません」と結ばれていたのである。言葉をもって紡ぎだした物語が、「すきとほつたほんたうのたべもの」に成ることを願う、という。言葉を食べる、物語を食べる。食卓に並べられた物語のかけら。物語の食べ方。こうした食にかかわる喩のありようは、宮沢賢治という作家にとって、あくまで個性的でありつつ普遍的なものではなかったか。

まず、「なめとこ山の熊」を取りあげる。主人公の淵沢小十郎は熊捕りの名人であった。小十郎は熊を射殺(いころ)したあとで、そばへ寄って、こんな言葉をかける。

熊。おれはてまへを憎くて殺したのでねえんだぞ。おれも商売ならてめへも射(う)たなけぁならねえ。ほかの罪のねえ仕事していんだが畑はなし木はお上のものにきまったし里へ出ても誰も相手にしねえ。仕方なしに猟師なんぞしるんだ。てめへも熊に生れたが因果ならおれもこんな商売が因果だ。やい。この次には熊なんぞに生れなよ。

小十郎には耕す畑がない、木を伐り炭を焼く山がない、だから猟師をするしかない。わたしがかつて聞き書きした、山形県西川町大井沢の年老いた鉄砲打(ぶ)ちは、父親がカマドを返した(破産した)ために、仕方なく専業の猟師になった。やはり、最上(もがみ)郡のあるムラでは、火事を出してすべてを失って、プロの茸採りになった人に出会ったことがある。貧しい山棲みの人々は、最後は山に入っていのちを繋ぐ、それが東北の山の村々の流儀だった。

小十郎はけっして熊が憎くて殺しているわけではない。生きるために、家族を養うために、熊を殺さねばならないのだ。「この次には熊なんぞに生れなよ」とは、むろん、輪廻転生を背景とした言葉である。その熊が今度は人間に生まれて、逆に、熊に生まれ変わった自分を射殺す側にまわるのかもしれない。ここでは、小十郎と熊とはまったく置き換え可能な、つかの間の仮りの姿なのである。物語の終わりには、熊に殺された小十郎が、まるで裏返しにされたイオマンテ（熊送り）のごとくに、あの世へと送られる。すべては因果のなせる業というほかない。

小十郎は呟かずにはいられない、「おれはお前の毛皮と、胆のほかにはなんにもいらない」と。熊のいのちが欲しいわけではない、と言いたげだ。熊の胆と毛皮は、まさに金銭的な対価を得るための商品であった。小十郎はそれだけを必要としている。だからこそ、ここには熊の肉を食べる場面だけは周到に描かれていない。熊の肉は流通する商品とはならない。自家消費なのである。なめとこ山の資本主義が、ここには描かれていた。

それから小十郎はふところからとぎすまされた小刀を出して熊の顎のところから胸から腹へかけて皮をすうっと裂いて行くのだった。それからあとの景色は僕は大きらいだ。けれどもとにかくおしまひ小十郎がまっ赤な熊の胆をせなかの木のひつに入れて血で毛がぼとぼと房になった毛皮を谷であらってくるくるまるめせなかにしょって自分もぐんなりした風で谷を下って行くことだけはたしかなのだ。

東北のマタギ衆が、仕留めた熊から胆と毛皮だけを取って、あとは山に放り棄てて帰ってくるなどということはありえない。マタギは山の神から贈与された山の幸である熊の身体のあらゆる部位を、食料として、薬として、道具や飾り物として利用し尽くすといわれている。ところが、ここでの語り手の「僕」は、ひたすら殺す／殺される場面を忌避して、視界から遠ざけようとしている。それゆえに、「〝殺す〟ことと〝殺される〟こと、〝食べる〟ことと〝食べられる〟ことが互いに入りまじり、反転し融合する世界」、そのもっとも凝縮されたマタギの世界は、半端なかたちでしか描かれていない。あくまで寸止めの状態に留めおかれている、といってもいい。なめとこ山の資本主義のもとでは、殺す／食べるが切断され、隠蔽される。それが、賢治の意識することなき意志であった。

あるいは、「よだかの星」について。この作品は、「よだかは、実にみにくい鳥です」というはじまりの一行をもって幕を開ける。顔や姿はたしかに醜いが、それ以上に、よだかはその自己認識において、みずからの存在そのものが罪障にみちて醜いと感じられていたのではなかったか。

あたりがうす昏(ぐら)くなると、よだかは巣から飛びだしてゆく。口を大きく開いて、矢のように空を横切ってゆくと、小さな羽虫が幾匹も幾匹も咽喉(のど)に飛びこんでくる。よだかは咽喉に引っかかりもがいている甲虫(かぶとむし)を呑みこむが、そのとき「何だかせなかがぞっとしたやうに」思うのである。もう一匹の甲虫を無理に呑みこんだときには、「急に胸がどきっとして」、大声をあげて泣きだしたのだった。

あゝ、かぶとむしや、たくさんの羽虫が、毎晩僕に殺される。そしてそのたゞ一つの僕がこんどは鷹に殺される。それがこんなにつらいのだ。あゝ、つらい、つらい。僕はもう虫をたべないで餓えて死なう。いやその前にもう鷹が僕を殺すだらう。いや、その前に、僕は遠くの遠くの空の向ふに行ってしまはう。

まさにここでは、食べることがそのままに殺すことであるという痛切な自覚のうえに、そうした罪責感ゆえに、食べることを拒絶し餓死することを願うのである。ところが、よだかにはそれすら許されない。食物連鎖の上位にいる鷹によって殺される＝喰われる情景が浮かび、はるか空のかなたへの逃避、いや死への亡命が企てられる。ここには、「〝殺す〟ことと〝殺される〟こと、〝食べる〟ことと〝食べられる〟こととが互いに入りまじり、反転し融合する世界」が、むきだしに転がっていた。そこに見える、「そのたゞ一つの僕がこんどは鷹に殺される。それがこんなにつらいのだ」という箇所には、心惹かれるものがある。たんに、そこに「反転し融合する世界」があることを、変更のきかぬ現実として客観視しているのではない。もうひとつの消去しがたい現実として、「たゞ一つの僕」がいて、やがて鷹に殺されようとしている、「それがこんなにつらいのだ。あゝ、つらい、つらい」という歎きが洩らされているのである。よだかのなかの我執は十分に自覚されている。

狩人や漁師ばかりではない、あらゆる生きとし生けるものたちが逃れがたく巻きこまれているのである。この食物連鎖、いのちの連鎖のなかでは、食べる／殺す、は切り離しがたいものだ。生きるという現実こそが、真っすぐに凝視されねばならない。東日本大震災のあとの東北には、それが残酷なかたちで転がっていたことについては、「序章」のなかで言及している。

さらに、「蜘蛛となめくぢと狸」について。かれらがいったい、何の選手であったのか、何の競争をしていたのかはわからないが、「それはそれは実に本気の競争をしてゐた」のだ、と語り起こされていた。そうして、物語の終わりは、「なるほどさうしてみると三人とも地獄行きのマラソン競争をしてゐたのです」と結ばれていた。いったい「地獄行きのマラソン競争」とは、なにを意味しているのか。

この作品にはまさに、食べること／殺すことにまつわる情景があふれている。喰うか、喰われるか、まさしく弱肉強食の世界である。それがパロディ化された伝記文学として提示されている。たとえば、蜘蛛の一代記。赤い手長の蜘蛛が網をかける。蚊やかげろうがひっかかる。蜘蛛がむんずと食らいつく。蚊は「ごめんなさい。ごめんなさい。ごめんなさい」と哀れな声で泣いたが、蜘蛛は「物も云はずに頭から羽からあしまで、みんな食って」しまう。かげろうは手を合わせ、「お慈悲でございます。遺言のあひだ、ほんのしばらくお待ちなされて下されませ」と命乞いするが、「小しゃくなことを」と、蜘蛛は「たゞ一息に、かげろふを食ひ殺して」しまう。しかし、この妻も子も手に入れた蜘蛛は、網にかかった「食物がずんずんたまって、腐敗し」て、それがうつって足の先から腐り、雨に流されてしまった、という。

銀色のなめくじの一代記。林のなかで一番親切だという評判のなめくじの元には、食べ物や水をもとめるものたちが困り果てて訪ねてくる。そんなときの、なめくじの決めゼリフは、いつだって「あなたと私とは云はば兄弟。ハッハハ」だ。なめくじはかたつむりを相撲でくりかえし投げつけて、殺してから、「ペロリと喰べて」しまう。次にやって来たのは、へびに足を噛まれたとかげである。なめくじは嘗めて治してあげましょう、と笑っていう。

そしてなめくぢはとかげの傷に口をあてました。「ありがたう。なめくぢさん。」ととかげは云ひました。

「も少しよく嘗めないとあとで大変ですよ。今度又来てももう直してあげませんよ。ハッハハ。」となめくぢはもがもが返事をしながらやはりとかげを嘗めつゞけました。

「なめくぢさん。何だか足が溶けたやうですよ。」ととかげはおどろいて云ひました。

「ハッハハ。なあに。それほどぢゃありません。ハッハハ。」となめくぢはやはりもがもが答へました。

「なめくぢさん。おなかが何だか熱くなりましたよ。」ととかげは心配して云ひました。

「ハッハハ。なあにそれほどぢゃありません。ハッハハ。」となめくぢはやはりもがもが答へました。

「なめくぢさん。からだが半分とけたやうですよ。もうよして下さい。」ととかげは泣き声を出しました。

「ハッハハ。なあにそれほどぢゃありません。ほんのも少しです。も一分五厘ですよ。ハッハハ。」となめくぢが云ひました。

それを聞いたとき、とかげはやっと安心しました。丁度心臓がとけたのです。

そこでなめくぢはペロリととかげをたべました。そして途方もなく大きくなりました。

嘗めるとは何か。たとえば『広辞苑』には、「舌の先でなでる。ねぶる」「味わう。翫味する」「十分に経験する」「焼き尽くす」「みくびる」などが並んでいる。ここでの「嘗める」の本意は、舌先で撫でるとか、味わう、といったあたりにあるが、もうすこし屈折した意味合いが感じられる。なめくじは巧妙に、傷を癒すという意味の「嘗める」の振りを装いながら、味わい食べるという意味の「嘗める」へと知らぬ間にズラすことに成功している。食べられるとかげは、不審をしだいに募らせ、足が溶ける・おなかが熱い・からだが半分溶けたなどと訴えながらも、なめくじの悪意にはついに気づかぬままに、絶命する。その瞬間、心臓が溶けて、とかげはなぜか、やっと安心したのである。

いわば、嘗める行為が、傷を癒すことから、殺すこと、食べることへと深化してゆくプロセスが、ここには描かれていたのである。しかも、とかげのひと連なりの姿は、嘗められながら、どこか性的なエクスタシーへと押しあげられてゆくような気配を、濃密に漂わせている。その恐怖にまみれた快楽の果てには、永遠の切断としての死が訪れているのである。なめくじととかげの絡みあいは、セックスと、そのエクスタシーにいたるプロセスを暗示していたのかもしれない。ここでの嘗める行為は、傷を癒すこと、性的な快楽へと導くこと、その果てに殺すこと、そして食べることへと真っすぐに繫がっていた、ということだ。

換言すれば、それらのカテゴリーを異にするはずの行為の群れが、見えない糸によって縒りあわされているのである。賢治は、たとえセックスを経験したことのない童貞であったとしても、そうしたことをよく承知していたにちがいない。賢治が収集していたといわれる浮世絵の春画を仲立ちとして、それを学んだのかもしれない、と想像してみることは可能だ。

ところで、なめくじはついに、雨蛙の奸計によって、塩をまぶされ、溶けて死んでゆく。

「蛙さん、さよ……。」と云ったときもう舌がとけました。雨蛙はひどく笑ひながら「さよならと云ひたかったのでせう。本当にさよならさよなら。暗い細路を通って向ふへ行ったら私の胃袋にどうかよろしく云って下さいな。」と云ひながら銀色のなめくぢをペロリとやりました。

宮沢賢治という人は、まったく油断がならない。東北の笑いはいつだって、ふっと気がつくと、牧歌的な仮面の下にグロテスクな哄笑を秘め隠している。井上ひさしの笑いを思えばいい。暗いほそ道を通ってあの世に辿り着いたら、「私の胃袋にどうかよろしく云って下さいな」とは、いったいなんという傲岸不遜なセリフであることか。なめくじもこうして、自分よりも強者である雨蛙に食べられて死んだ。

狸の一代記は省略する。これといって他意はない。ともあれ、この「蜘蛛となめくぢと狸」という、とびっきり魅力的な哄笑文学は、飢えの恐怖に苛まれながら、生きるためにほかの生きもののいのちを奪って喰わざるをえない虫や獣たちの「地獄行きのマラソン競争」を、童話を装ったドキュメンタリーとして描いていたのではなかったか。

さて、最後に、「注文の多い料理店」を取りあげることにしよう。

ここには、とてもグロテスクな食べる／殺す情景が描かれている。食べる・生きる・暮らすために殺すことと、殺すために殺すこととのあいだには、眩暈に襲われるほどの隔絶がひそんでいる。それは案内役の専門の鉄砲打ち(むろん、もうひとりの淵沢小十郎だ)と、都会から鉄砲をかついでやって来た若いハンターたちとのあいだの隔絶として、無造作に投げ出されている。

「ぜんたい、こゝらの山は怪しからんね。鳥も獣も一疋も居やがらん。なんでも構はないから、早くタンタアーンと、やつて見たいもんだなあ。」

「鹿の黄いろな横つ腹なんぞに、二三発お見舞まうしたら、ずゐぶん痛快だらうねえ。くる〱まはつて、それからどたつと倒れるだらうねえ。」

たしかに顰蹙ものだ。都会のハンターのなかに渦巻いていたのは、いのちある鳥や獣のからだに銃弾を撃ちこんで殺す、まさしく快楽への予感ではなかったか。かれらは動物を殺すために殺すが、そこに罪責感がまつわりつくことはない。かれらが、山の神の祠に手を合わせ、山の禁忌にしたがい、とれた獲物を前にして山の神に感謝の祈りを捧げるといったことは、けっしてない。罪責感がなければ、そんな厄介な手続きは必要とされない。いや、それでは、山の神への篤い信仰さえあれば、動物を殺すことは許されるのか。それははたして、免罪符となりうるのか。そこに沈められているのは、生きものを殺す快楽をめぐる深くよじれた問いである。ほんとうに、生きるために殺す鉄砲打ちと、殺すために殺すハンターとは隔絶した存在なのか、という問いが浮上してくる。

当然ながら、賢治はそんな程度のことは承知していた。「注文の多い料理店」という作品は、罪責感があるか否かを超えて、喰われる動物の側になって喰われる自分を想像してみること、まさしく喰われる側に立たされたときの恐怖を擬似体験させることを、ひそかな企みとしていたはずだ。中村生雄が指摘していたように、賢治のなかにはたしかに、「食う側の身体と食われる側の身体の双方にまたがる感触」への、極限に近い感受力があった。それはおそらく、われわれの日常世界に挿入されるとき、ざらざらした異物感を強烈に呼び覚まさずにはいない。

獲物もなく、腹を空かしたハンターたちが森のなかの西洋料理店に辿り着く。そこで、かれらが強いられる恐怖にみちた体験については、省略しよう。二人のハンターがそのことに気づいた場面だけを、以下に引用しておく。

「どうもをかしいぜ。」

「ぼくもをかしいとおもふ。」

「沢山の注文といふのは、向ふがこつちへ注文してるんだよ。」

「だからさ、西洋料理店といふのは、ぼくの考へるところでは、西洋料理を、来た人にたべさせるのではなくて、来た人を西洋料理にして、食べてやる家とかういふことなんだ。これは、その、つ、つ、つ、つまり、ぼ、ぼ、ぼくらが……。」がたがたがたがた、ふるへだしてもうものが言へませんでした。

「注文の多い料理店」に描かれていた、グロテスクな食べる／食べられる、殺す／殺される情景には、残酷なリアリズムが埋めこまれている。この乾いた哄笑を前にしては、逃げ場がない。ともあれ、宮沢賢治という人が、あの「〝殺す〟ことと〝殺される〟こと、〝食べる〟ことと〝食べられる〟ことが互いに入りまじり、反転し融合する世界」をくりかえし、その哄笑と諧謔（かいぎゃく）のリアリズムをもって描こうとした稀有なる作家であったことだけは、否定するのがむずかしい。

それは確実に、賢治が生涯のテーマとしていたものであった。賢治は菜食主義者であった、童貞でもあった、そして、肺の病いゆえに兵役からも排除されていた。いわば、食と性と暴力から猶予された存在であった、ということだ。賢治自身がそれを欲望していたのか否か、わたしは気にかかるが、いま判断は留保しておく。

それにしても、「蜘蛛となめくぢと狸」は子ども向けの童話としては、破綻すれすれの、ある例外的な作品ではなかったか。そこには濃密に、性の隠喩が沈められていた。食べられることが、死ぬことが、性的なエクスタシーをともなうのかもしれない。そうして食べられる側の感覚にまで想像をおよばせようとする賢治の態度は、けっして尋常なものではない。猶予された存在であるがゆえに、賢治はあの、食べること／交わること／殺すこと、が複雑に連関をなす問題系に敏感にならざるをえなかったにちがいない。食と性と暴力から猶予された存在というゼロ地点からは、世界の隠された現実がむきだしに見える。賢治はこの猶予とひきかえに、視る人という特権を許されていたのである。

子どもの本のおいしい食べ方

たとえば、わたしの手元には、『子どもの本と〈食〉』と題された論集がある。編者のひとり、川端有子はその序にあたる「〈食〉と子どもの本のおいしい／危険な関係」のなかで、とても示唆に富んだいくつかの指摘をおこなっている。川端によれば、児童文学では「食べ物」や「食べること」を描くことが多いが、そうした児童文学と〈食〉の問題を深く追究した研究はほとんどない、という。

たとえば、尽きせぬ食べ物にあふれる国は、伝説や神話の昔から、憧れの楽園の一要素であった。ファンタジーの世界は、それ独特の「食べ物」に彩られるし、また、その世界に入るための手段が、食べ物を口にすることである場合も多い。児童文学がしばしばとりあげるこの加入儀式（イニシエーション）は、食べ物と深くかかわりをもつ。

別世界の〈食〉を受け入れるのは、他者を受け入れることでもある。同じ釜の飯を食う仲間は、運命をも共にする。だがうっかり別世界の食べ物を口にするのは危険だ。神話のペルセポネやイザナミノミコトのように、〃あちら側〃に属したとみなされ、この世に帰ってこられないこともありうるからだ。〔略〕こうして食には常に危険も伴うが、それは食べることが、他者を自己に取り込む行為であるからに他ならない。

ここではない、どこか異世界へと境を越えてゆくためには、なんらかの通過儀礼が必要である。そこに食べ物をめぐるテーマがともなうことは多い。境を越える道行きは不安にとりまかれている。そこでの食もまた、思いがけず危険な行為である。なぜなら、食べることは「他者を自己に取り込む行為である」からだ。それはまた、自己が他者や、異質な集団や世界に取りこまれることでもある。

たとえば、宮崎駿監督のアニメ映画『千と千尋の神隠し』のなかでは、こうした異世界の食べ物を食べることが重要な場面転換を促してゆく。千尋の両親は妖しい屋台のような店で、大皿のうえに並べられた食べ物を食い散らかし、豚に姿を変えられてしまう。千(千尋)がハクに案内されて豚小屋に行くと、両親は人間であったことも忘れ、やがて喰われる運命も知らずに眠り惚けている。イザナキの黄泉国訪問譚のなかでは、イザナミはすでに黄泉の国の食べ物を口にしていたためにこちらの世界に戻ることはできない、と語った。黄泉戸食（ヨモツヘグヒ）と呼ばれる。黄泉の国のカマドの火で調理したものを食することだ。千尋の両親もまた、このヨモツヘグヒをしたために還れなくなったのである。

川端によれば、成育過程にある子どもにとって、食べる、つまり食べ物を身体に取りこむことは、

「大きくなる」という快感であり、「自分の身に起きる不可解な感覚」でもある、という。それはときに、拒食症と名づけられている心身の症状として表面化することがある。そうして、「自分」の内に侵入してくる食べ物というテーマは、身体論にも大きくかかわらざるをえないことを、川端は指摘している。

さらに、こんな一節があった。

> 子どもの本における〈食〉は、おとなの文学における〈性〉の代替であるといわれることが多い。食べる行為は、セクシュアリティを強く想起させ、これもまた身体の意識につながっている。食べることが性同様、生存の本能の一つであるとすれば、人も自然界の食う・食われるという関係の連鎖の中に位置づけられる。〔略〕〝食べてしまいたいほど可愛い〟という慣用表現は意味深長であるが、その一方で、食べ物がおとなから子どもへの無償の愛の贈り物であることも、確かである。

子どもの本のなかで、食が性の代替物になるという指摘は、たとえ目新しくはないとしても、やはりたいせつな視座をあたえてくれるものだ。だからこそ、「食べてしまいたいほど可愛い」という俗語的な表現は意味深長なのであり、食と性とが交錯する秘め隠された情景へと誘いかけてくるのではないか。愛というテーマが、奇妙なかたちで食と性のうえに影を射しかけている、といってもいい。

さて、いまひとつ、参照してみたい本がある。大平健の『食の精神病理』。新書ながら、刺激にみちた内容である。その序章末には、「世界中の絵本や昔話を調べたら、その八割が何らかの形で「食」の物語だった」という研究結果がある、と見える。大平はこの本のなかで、そうした食にまつわる絵本や昔話を手がかりとして、精神科医の立場から、食べることの多様な文化的側面をあきらかにしている。

その第二章の末尾の一節では、食と性との秘められた関係についてわずかに言及がなされている。大平によれば、食欲をそそられるとか、舌なめずりをするといった風に、食が性の比喩として使われることが多い、いや多かった、という。それらはすでに死語同然であるとされる。留保が必要だ。大平はこう述べている。

この関連で語るべきことは古代の豊穣儀礼における性器崇拝以下、現在の事象にいたるまで多々ありますが、本書は「食」が主題なので、「性」も「食」とまったく同様に、交流性・一体化の領域と攻撃性・被攻撃性の領域に分かれていることを指摘するにとどめます。愛がテーマとなって、おのおのの領域の中で、あるいは境界をまたいでさまざまな人生が繰りひろげられるのも、「食」と変わりがありません。逆に言えば、構造がよく似ているから「食」は「性」の比喩になりえたのでしょう。

もちろん、「食」と「性」は違います。何より違うのは、「性」では本来お互いが直接関係を持つものであるのに対して、「食」の場合は、カニバリズムを例外として、かならず食物を媒介にするという点です。

なぜ、食は性の代替物や比喩の拠りどころになりえたのか。大平は、構造がよく似ているからだ、という。ひとつは、どちらも交流性・一体化／攻撃性・被攻撃性の領域に分かれていることであり、いまひとつは、ともに愛というテーマに仲立ちされていることである。むろん、相違はある。性が直接的な身体の関係であるのにたいして、食はかならず食べ物の媒介を必要とするのである。その例外がカニバリズム(人肉嗜食)である、という指摘を記憶に留めておきたい。

すでに触れた『かいじゅうたちのいるところ』という絵本を想起してみるのもいい。その最後に近く、去ってゆく主人公に向かって、かいじゅうたちが泣きながら、「おれたちは　たべちゃいたいほど　おまえが　すきなんだ。たべてやるから　いかないで」と叫ぶ場面があった。食べる／殺すが分かちがたく結ばれるところに、食べることが孕む攻撃性／被攻撃性の領域が露出してくる。しかし、ここでは、かいじゅうたちは殺して食べたいと懇願しているのではない。「たべちゃいたいほど　おまえが　すきなんだ」と、まさに愛にもとづく交流と一体化を、見果てぬ夢のごとくにひたすら訴えていたのである。

こうして、食べることには攻撃性という側面のみならず、交流性に加えて一体化という意味合いが含まれるのだとしたら、食というものが比喩的に、あるいは比喩のレヴェルを超えて、そのままに性による交流や一体化へと繋がっているのは、むしろ当然であったかもしれない。食と性にまつわる関係には、いくつもの謎めいた問いが絡みついている。さらに、そこには、殺す／殺されるという根源的な暴力の問題がかぶさってくる。食と性と暴力と、応答しなければならぬ問いは、あまりに多い。

第四章 動物をめぐる問題系

糞と尿のあいだから生まれる

食べること／交わることのあいだに、秘められた関係が隠されていることは否定しようがない。ところが、その根っこにまなざしを届かせることは、いかにも至難の業といっていい。たとえば、レヴィ＝ストロースは「狂牛病の教訓」というエッセイのなかで、世界のすべての言語が性交を摂食行為になぞらえている、と書いていた。レヴィ＝ストロースはそこで、なぜ肉食がある種の内輪のカニバリズムと見なしうるのかという問いにたいして、狩人や漁師とその獲物との関係を、「親族関係をモデルにして人間化して考えようとしている」からだ、と応答していた。この親族関係はさらに、婚姻＝セックスによって生まれる姻族関係、また配偶者の関係と名指しされている。そこに、なぜ性と食が言語において象徴的に結びつけられるのか、という謎めいた問いへと向かう通路が浮かびあがる。

それは、わたしたち自身の言葉、つまり日本語のなかでも、たやすく確認することができる。「つまみ喰いをする」とか、「あの娘はおいしそうだ」とか、セックスを摂食行為になぞらえる例であれば、いくらでも思い浮かべられるはずだ。それはけっして、過去の事例ではなく、ネットの世界で「食べちゃいたい」といった言葉を検索してみるだけで、若い世代のなかにも生きていることはあきらかだ。なぜ、食べること／交わることはこれほどに近縁の場所に置かれているのか。むろん、その問いに応答することは、『かいじゅうたちのいるところ』のなかで、かいじゅうたちが別れのときに叫んだ、あの「おれたちは　たべちゃいたいほど　おまえが　すきなんだ。たべてやるから　いかないで」という言葉の衝撃を解きほぐすことでもあるだろう。

ここで取りあげてみたいのは、エドマンド・リーチの「言語の人類学的側面――動物のカテゴリと侮蔑語について」という論考である。以前から、くりかえし読み返してきた論考であるが、本格的に言及したことはなかった。いつか、このリーチの仮説を日本文化のなかで検証してみたいと思いつつ、いたずらに先延ばししてきたのであった。たいした準備もできてはいないが、この興味深い論考の読み解きから、食と性の秘められた関係にたいしてひとつの光を射しかけてみたい。

この論考は、食と性との関係をめぐって、動物にかかわる侮蔑語を起点としながら、とても示唆に富んだ議論を繰り広げている。リーチのよく知られたタブー理論の輪郭が示された論考でもある。はじめに、タブーとは何か、という問いから始めることにしよう。

ひとつの仮説があらかじめ提示されている。すなわち、「われわれが意味的に区別された言葉の概念に到達できるのは、それらの中間にある境界線上の知覚対象を抑圧したときのみである」と。

そこにタブーが、また侮蔑語や禁じられた表現といったものが絡みついている。

幼児の物質的かつ社会的環境は、ひとつの連続体として認識される、というのが筆者の前提である。それは、本質的に分離した「物体」を全く含んでいない。幼児はやがて、この環境に一種の識別の格子をつけるよう教えられ、これが、それぞれが名前をつけられた多数の分離した物体から成るものとして世界を認める助けをする。この世界は、われわれの言語のカテゴリーの表れであって、その逆ではない。私の母国語が英語だからこそ、灌木(ブッシズ)と喬木(ツリーズ)が違った種類の物であることが明らかなように思えるのであって、そのように教えられなかったら、私はそうは考えなかったであろう。

たしかに、日本語においては、灌木と喬木の差異は目立ったものではなく、樹木の分類カテゴリーそのものが英語とは大きく異なっている。あるいは、われわれの身体はひとつの連続体であり、それゆえに、幼児の描く絵では、たいてい人間の頭部と胴体は切り離されることなく卵のように表現されるのではないか。すくなくとも、そこには首という名の頭部からも胴体からも分離されたモノ、身体の部位の認識はいまだ存在しない。それはやがて、幼児の成長過程のなかで言語的な教育の成果として獲得されるものである。

図表1から図表3を眺めてみよう。リーチの説明をすこしだけ、こちらに引き寄せてみる。訓練されていない幼児の知覚の前には、間隙がまったくない、ひとつの連続体としての世界が横たわっ

ている。われわれは教育と訓練によって、世界が名前をもって区別される「物」からできていることを教えられ、不連続の環境を認知するようになる。このとき、言語はわれわれに「物を識別すべき名前」をあたえ、タブーは「連続体のなかの物を分離している部分の認知」を禁止するのである。図表4のように、ふたつの言葉のカテゴリーが重なりあう部分が、そうした抑制されたタブーの源泉となる。

タブーとは、言語によって構築されている見えない分類の体系のなかで、両義的な、例外的なカテゴリーとして発生する。タブーとされるものはすべて、聖性や価値・重要性・力・危険を抱いており、「不可触で汚らしくて口に出せないもの」だ、とリーチはいう。何を抑圧し、禁止している

図表1　線は自然の連続性を図式的に表わす.
自然界には間隙が全くない

図表2　命名された物の図式的な表示.
未発達の言語においては自然界のかなりの側面が命名されていない

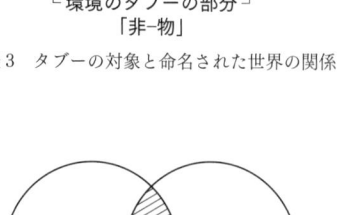

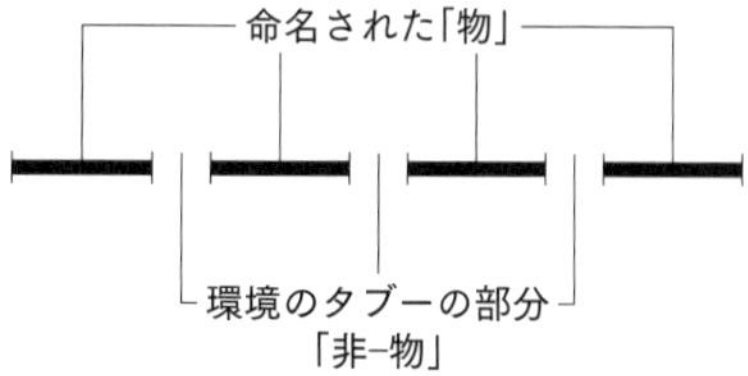

図表3　タブーの対象と命名された世界の関係

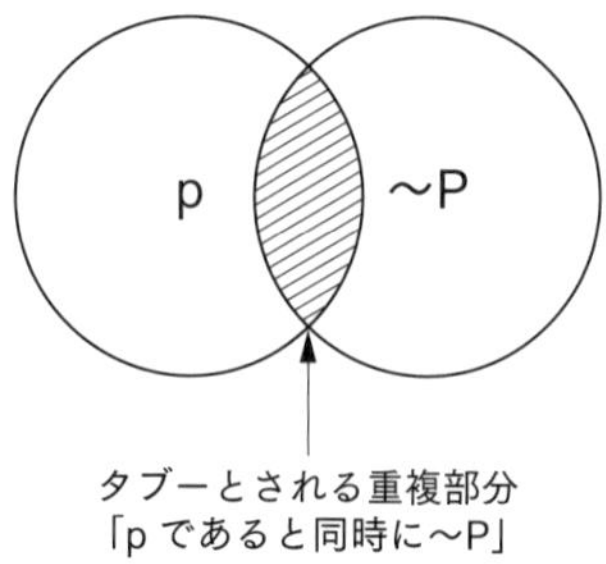

図表4　あいまいさとタブーの関係

「言語の人類学的側面」より作図

のか。たとえば、身体からの分泌物、つまり糞便・尿・精液・月経血・切った髪や爪・垢・吐いたつば・母乳などは、たいてい厳しいタブーの対象となる。それらはいわば、わたしであって／わたしでないモノであるがゆえに、タブーの対象とならざるをえない。唯一の例外は、涙であったか。涙にはケガレを浄化する力が宿ると信じられていることが多い。ともあれ、身体の内／外が交わり、隔てられる曖昧模糊とした領域に、身体にまつわるタブーが生成を遂げるのである。

ここで、いくらか脱線するが、以前から折りに触れて読み返してきた、ジョルジュ・バタイユの『エロティシズム』の一節に言及してみたい。バタイユはその第一部第四章「生殖と死との類縁」のはじまりに、「禁止はまず第一に、事物の通常の流れから暴力を排除する必要に応えるもののように見える」と書いていた。禁止やタブーにかかわるさまざまな問題は、この暴力という現象、とりわけ供犠の暴力つまりサクリファイスと無縁ではありえないことを、バタイユとともに確認しておきたい。しかも、このはじまりの禁止は根本的に相対立するふたつの領域、つまり死と生殖に基礎を置いている、という。

さらに、死と生殖をめぐって、議論は転がされてゆく。「ある者の死は他の者の誕生と相関的である」と、バタイユはいう。死は誕生を予告する、誕生の条件そのものである。生はほかの生のために場所を残しておくために、死に従属し、次いで腐敗に従属する。腐敗とは何か。それは「新たな存在をたえず産み出すために必要な養分を循環させる」。蛆たちが腐肉を喰い荒らし、屍体を白骨にしてしまう。腐敗はこうして、「私たちがそこから出てきて、そこへ帰ってゆく、この世界を要約している」。バタイユは書いている、「活気にみち、悪臭を放ち、生温かく、恐ろしい面貌をしたこれらの物質、そのなかで生命が醱酵し、卵と胚と蛆がうごめいているこれらの物質こそ、私たちが嘔気とか悪感とか悪心とか呼んでいる、あの決定的な反応の根源にあるものである」(傍点は原典による)と。

わたしはここで、『古事記』のイザナキによる黄泉国訪問譚を想起せずにはいられない。黄泉の国にいたったイザナキが、「我をな視たまひそ」(わたしを見ないでください)という禁止を破って、櫛の歯を折って火をともして見ると、イザナミのからだには蛆虫が集まりたかり、ごろごろ音を立てて、全身を雷神が覆っていた、あの場面である。すでに黄泉の国の食べ物を口にしたイザナミは、死後の腐敗を始めていたのである。やっとのことで、怒りに駆られたイザナミから逃げおおせたイザナキは、「われは、なんともひどくよごれた穢らわしい国に行ってしまったことよ。それゆえに、われはこの身の禊ぎをせねばならぬ」(『口語訳古事記』)といい、ミソギをしたのである。このミソギの前段に、人間の生と死の起源が語られていたことは、けっして偶然ではない。いや、そもそもイザナミの死そのものが、火の神カグツチを産んで女陰を焼かれ、病んだこととの結果ではなかったか。イザナキはだから、「いとしいわが妹のいのちを、子の一つ木と取りかえるとは思いもしないことよ」(同上)と嘆いたのである。一つ木とは一人、つまり神々を数えるときに数詞のあとに「木」を置くわけで、「柱」に通じている(三浦による注釈)。ひとつの死はもうひとつのいのちの誕生と相関的であり、そのはざまに腐敗や穢れというプロセスが沈められているのである。

バタイユはさらに、以下のように述べている。

屍体に対していだく恐怖は、人間の源泉としての下腹部の排泄に対して私たちがいだく感情に近いのだ。恐怖の感情は、私たちが猥褻と呼ぶ肉欲的なものを眺めた場合のそれに似ているだけに、この二つの比較にはますます意味があろう。性器の導管は排泄する。私たちはこれを「恥部」と呼び、肛門をもこれに結びつけている。聖アウグスティヌスは、生殖器官と生殖機能の猥褻さについて苦しげに主張した。「私たちは糞と尿のあいだから生まれるのだ」と彼は述べている。私たちの糞便は、屍体や月経の血に対する規制に似た、細心な社会的規則によって条文化された禁止の対象となってはいない。しかし全体的に眺めれば、汚物と腐敗と性欲の領域は、ずれながらも一つの領域を形づくっており、その関連はきわめてはっきりしているのである。

バタイユがここで語っていた「汚物と腐敗と性欲の領域」こそが、まさにエドマンド・リーチのいう身体的なタブーの底に横たえられている。あるいは、ここでは、日本中世の死体九相図などを想起するのがいいのかもしれない。まさにそれは、性欲と汚物・腐敗とが対峙しあう光景そのものではなかったか。バタイユ的な解釈が必要とされているのかもしれない、と思う。これもまた、あらためて取りあげることになる。

しかも、バタイユはここで、ほとんど唐突に、嫌悪の基礎にある恐怖は、何らかの「客観的な危険」によって理由づけられているわけではないこと、「客観的には正当な理由がない」ことを指摘する。屍体や汚物に向かいあったときの、いわば嘔気は人によって異なっているし、「嘔気の客観的な存在理由は隠されている」。それらはそれでいて、「それ自体において何ものでもない」にもかかわらず、しばしば「生気のない物体とは思えないような顕著な力強さで出現する」ものでもあった。

この悪臭を放つ物が何ものでもないなどと、どうして言えようか。しかし、そんな風に抗議したところで、私たちは恥辱にまみれて、目をそらすほかはないのである。排泄物はその悪臭のために私たちの胸をむかつかせるのだ、と私たちは考える。しかし、排泄物がもともと私たちの嫌悪の対象となっていなかったら、果たしてそれは悪臭を放っていただろうか。

わたしははっきりと、幼い日のわたしがウンチを嫌悪していなかったこと、それどころか、ある種の奇妙な愛着の対象として弄ぶことすらあったことを記憶している。だから、「嫌悪と嘔気の領域」はまさに、数千年のあいだ、子どもたちに伝えられてきた「聖なるものの教育」のひとつの結果である、というバタイユの言葉に共感を覚える。聖なるものとタブーをめぐる教育と訓練こそが、それぞれの集団や社会を支えている世界観を実践的に織りあげてきたのである。そうしてそこに、それぞれに固有の「嫌悪と嘔気」の文化を産み落としてきたのである。

自己からの距離、分類とタブー

リーチの論考にもどらねばならない。

まず、動物のカテゴリーと猥褻語との関係について。猥褻語は三つのカテゴリーに分けられる、という。(1)汚ない言葉。これは通常は、性と排泄物を指す。(2)冒瀆（ぼうとく）と瀆神。(3)動物の侮蔑語。ここでは人間がほかの動物と同一視される。このうちで、もっとも説明がむずかしいのは動物にかかわる侮蔑語である。リーチによれば、ある動物の名前が呪詛として用いられるときには、それは「その名前自体が(性的)能力をもつ」と思われており、その動物のカテゴリーが何らかの点で「タブーであるとともに神聖である」ことを意味している、という。犬野郎、豚みたいな奴、牛のように愚鈍な男……など、はたして性的な匂いはつきまとうか。

あるいは、食をめぐる文化的な分類や差異の結果として、自然界のなかにある物は大きくは三つのカテゴリーに分けられる。

（a）食物として認められ、正常の食事の一部として摂取される食用可能な物質。

（b）食物になると認められてはいるが、禁止されているか、儀式などの特別な条件のもとでのみ食べることを許される食用可能な物質。

（c）文化と言語によって、まったく食物とは認められていないが、食用可能な物質。ここには無意識のタブーが働いている。

たとえば、犬は食べ物か、と問いかけてみればいい。犬肉食は韓国や中国をはじめとして、東アジアでは珍しいものではない。日本列島にも、犬肉を食べる文化は、すくなくとも弥生時代以降は存在したと思われる。犬は食べられるし、食用のために飼われている。むろん、人も食べられることがある。リーチによれば、イギリス人は犬を喰うことにたいして、人を喰うことと同じ程度に胸がむかつく、嫌悪すべきことと感じる。口語英語では、人と犬とが同じ種類の生き物として考えられることがすくなくない。人と犬とは「仲間」であり、犬は「人間の友」なのである。そして、人と食物とは対蹠的なカテゴリーに属しており、人は食物ではない。だから、犬もまた食物にはなりえない、ということだ。

日本列島においても、縄文時代にはどうやら犬を食べる習俗は見られなかったようだ。縄文人にとって、犬はたいせつな狩りのパートナーであり、貝塚に犬が人とともに丁重に埋葬された事例が確認されている。この列島社会では、いわば、犬は「人間の友」ではなくなった弥生時代以降に、食用に供されるようになったのである。

近世後期に東北を旅した菅江真澄（すがえますみ）の日記には、天明の大飢饉のさなかに、その惨状を涙ながらに物語りした乞食（ホイド）の言葉が書き留められてあった。飢えに苦しんだ人々は、ついに人を喰らい、馬を喰らった。人の肉を食べた者の眼は狼のように光きらめき、馬を喰らった人はみな、顔の色が黒くなり、いまも多くながらえて村々に生きている、そう、乞食は語ったのだ。ふたつのタブー侵犯の異常性が対比的に語られていることに、いたく関心をそそられる。この時代の東北では、馬はたいせつな農耕の労働力であり、同じ曲がり家の屋根の下に暮らす「人間の友」であった。そこでは、馬の肉を喰らうことは、人の肉を喰らうことと変わらぬほどに、嫌悪すべきタブーだったのである。

そういえば、明治一一(一八七八)年の、やはり東北の旅人であるイギリス人女性のイザベラ・バードは、その『日本奥地紀行』のなかに、興味深い食の習俗の見聞を書き残している。あるところで、バードは雌牛の群れに出会って、牛の乳が飲めると喜んだらしい。しかし、そこにいた男たちは、それを気味の悪いこととして斥けたのである。あるいは、肉食から遠ざかっていたバードは、やっとのことで農家からニワトリを買いもとめることができた。しかし、それは百姓がやって来て取り返されるか、逃げだしてしまう。その当時の日本人にとって、ニワトリは卵を採って食べるために飼っていたのであり、殺して肉を食べるために飼っていたのではなかった。だから、罪責感に駆られた百姓によって、ひとたび売られたはずのニワトリは深夜に解放されたのではなかったか。ニワトリを殺すこと、食べることは厳しく忌避されていた、ということだ。

犬は、馬は、ニワトリは食物か。それを好んで食べる文化もあれば、食べることを忌避する文化もある。ある動物が食べられるか、食べられないかを判別する条件は、あらかじめ自然のなかに埋めこまれているわけではない。それはあくまで文化の問題であり、それぞれの文化がもつ分類やタブーによって規制されているのである。昆虫食というテーマはおもしろい。地球規模の人口の爆発的な増加を背景としながら、肉食に代わるものとして昆虫食の模索がすでに始まっているようだが、そこにゴキブリが含まれているといえば、なにを感じるだろうか。おそらく、未来の地球人は養殖のゴキブリを欠かすことのできない食材として認知していることだろう。たぶん、忌まわしい記憶の貼り付いたゴキブリという名前は捨てられているにちがいないが。

それでは、ある文化はどのように動物を分類しているのか。リーチが示す指標は、屠殺・食用・

侮蔑語の三つである。イギリス人にとって、食べられる生物は魚・鳥・獣にかぎられる。爬虫類や昆虫は食物にはならない。昆虫の例外は蜂であり、それはしばしば人間以上の知性と組織力をもつと考えられている。もっとも敵意にみちたタブーが、卵生で足をもたない陸棲動物である蛇に向けられている。食の現場では、「残酷」という概念は鳥と獣には適用され、魚には適用されない。鳥と獣が温血であり、「正常な」仕方で性交をすることが、これらをある程度人間に近づけている、という。宗教上のタブーは、これらの鳥と獣だけに適用される。カトリック信者は金曜日には魚を食べてもいい。殺したり食べたりするのを制限されている唯一の魚は、鮭であるが、これは赤い血をしており、鹹水魚にして淡水魚であることで、例外的な魚と見なされている。

リーチによる、生物の区分は、日本文化のなかでは大きな変更をもとめられるはずだ。当然とはいえ、これは時代ごとに、また地域ごとに偏差があって、つねに多くの留保が必要とされるだろう。明治以降の、現代にやわらかく繋がる民俗社会、しかも東北においては、という限定のうえで考えてみたい。

まず、食べられる生物は魚・鳥・獣にはかぎられず、イナゴ・蜂や蛇・カエルを思い浮かべただけで、爬虫類や昆虫にまで広がっていることがわかる。祭りの供物など、宗教上のタブーは鳥・獣のほかに魚にたいしても向けられる。鮭はこちらでも例外的な魚であるが、それは逆に、魚のなかでも特別に神聖視されることのある「神の魚」であり、正月には歳魚として神棚に供えられるとともに、たいせつに食されてきた。犬はペットとも家畜ともつかず、あいまいに村のなかに放し飼いされていたが、食べられることもあった。同時に、狩りを生業とする山棲みの人々は、犬を「人間の友」のように扱うことが見られたようだ。去勢技術はあまり普及せず、家畜はある程度は食べられていた。山野に棲息するウサギやヤマドリ・イノシシ・シカ・カモシカ・クマなどは、猟期に狩りをして食べられた。サルは表立っては食べられなかった。

そこでは、ペット・家畜・獲物・野生動物という区分は、それほど自明なものではなかったかと思う。当然ながら、ペットは比較的に新しい概念である。家畜／野生を分かつ敷居もまた、西欧ほどには高くはなかったかもしれない。おそらく、東北の自然生態系のなかでは、奥山には野生の獣たちがいまだに豊かに棲息しており、しだいに保護対象になる野生動物が増加していったとはいえ、伝統的な狩猟文化は健在であり、山野に食べられる獣たちがいたのである。古い日本語では、食べられる獣の肉はシシ(宍)と称されたが、イノシシ・アオシシ・クマシシなど、いずれも狩猟の対象であった。

そして、そのほかに幻想的な生き物たちが自然の懐深くに棲息すると信じられており、民話や伝説の主人公とされてきたことも忘れてはならない。たとえば、『遠野物語』第三六話に見える、猿の経立(ふったち)・御犬の経立と呼ばれる、年老いて妖怪と化した猿や狼。猿の経立は「よく人に似て、女色を好み里の婦人を盗み去ること多し。松脂を毛に塗り砂を其上に附けてをる故、毛皮は鎧のごとく鉄砲の弾も通らず」(第四五話)と語られているが、当然とはいえ、これは可食の対象ではない。

ともあれ、リーチの論考が、イギリス人の経験している動物の分類体系を下敷きにしていることは、きちんと押さえておきたい。さて、「自己からの距離」によって、社会的な空間領域を分割する、幾組かの言葉のカテゴリーが存在すると、リーチはいう。

A　自己……姉妹……従姉妹……隣人……他人

B　自己……家……農地……野原……遠方

C　自己……ペット……家畜……獲物……野生動物

ここから導かれるのは、自己を中心として同心円状に広がってゆく世界のイメージである。「自己からの距離」の遠近が、性にもとづく人間関係／空間の分割／動物の分類のうえに投射されて、そこに思いがけぬ象徴的な連関が生まれていることに、眼を凝らしておくのもいい。たとえば、AとCを繋いでやるとき、姉妹とペット、従姉妹と家畜の秘め隠されていた連関が浮かびあがる。リーチは「食事と性交のあいだに儀式的かつ言語的連想を思いうかべる一般的な傾向がある」としたうえで、動物を可食性(食べられる〜食べられない)によって分類すること／人間を性関係(セックスが許される〜禁じられる)によって分類すること、そのあいだに対応関係が見られる、という。そうしてそこには、ペットは食べられない／姉妹とはセックスが許されない、といった秘められていた対応関係が姿を現わすのである。

リーチはさらに、「自己(男性)」からの距離において、世界のなかの若い女性たちは四つに分類されるが、それはまた、動物の四つの分類カテゴリーと酷似している、という。ただちに、「自己(女性)」を中心として、世界中の男性たちはどのように分類されるのか、それは動物の分類といかなる照応関係をもつのか、という問いが生まれてくる。それは、男性と女性を置き換えるだけで、そのままに成り立つのか。リーチの示した、男性版のふたつの分類体系を重ねあわせにしてみる。

1　ごく身近な女性たち（実の姉妹）／ごく身近な動物たち（ペット）
↓近親相姦のタブー／食用の厳禁

2　あまり近くない親族（従姉妹）／身近でない飼育動物（家畜）
↓ときにセックスは許されるが結婚の禁止／食用と結びついた去勢

3　親族ではない隣人・友人／山野の動物としての「獲物」
↓婚姻の対象（友情と敵対）／狩猟による食用の対象（親しみと敵意）

4　遠い他人／遠くにいる野獣
↓性関係はない幻想的な存在／人間の支配の外にいる食べられない存在

リーチによれば、性的な可触性のカテゴリーと可食性のカテゴリーのあいだの対応関係は、たんなる偶然以上のものであり、それは言語上の偶然が重なることによっても立証される、という。古い法律用語では、獲物を狩猟獣（ベネリー）といったが、この venery という語は、「狩猟と性的耽溺（たんでき）」というふたつの意味をもっていたらしい。日本語の文脈のなかでも、恋愛と狩猟には近親性があり、しばしば俗語的な表現では、性的な繋がりが生まれることを狩りの獲物を獲得することになぞらえている。それを論証的に語るだけの用意は、残念ながらない。とはいえ、性的可触性／可食性のあいだには、幾重にも対応関係が存在したことは否定できないにちがいない。

すでに見てきたように、タブーはカテゴリー的に重なりあう両義的な場所に姿を現わす。それゆえ、ペットや獲物のような中間的なカテゴリーに、それはとりわけ付着している。純然たるペットというわけではない山羊・豚・馬、純然たる獲物というわけではないウサギ、野生ではあるがときには獲物のように取り扱われる狐などは、強いタブー性を引き寄せずにはいない。それらの動物にかかわる呼称には、揺らぎが見いだされる。ビッチ(雌犬)・キャット(猫)・スワイン(豚)・アス(ロバ)・ゴウト(山羊)・カー(野良犬)は侮蔑語になるが、ラム(子羊)・ダック(アヒル)・コック(雄鶏)は友好的であり、愛情が籠もっていることさえある。身近な動物はまた、コック(ペニス)やプシー(猫・女性の陰毛)、アス(ロバ・尻)など、人体の口には出せない部位の手軽で猥褻な婉曲語としても使われている。

犬と豚について、関心をそそられる箇所があった。

動物のなかには、不公平な侮蔑語を背負わされているものもある。豚は一般に汚物を食べるものとして認められているが、犬も本性はそうなのであり、われわれが前者に「不潔」のレッテルをはりながら、後者を家のペットとしているのは、はなはだ筋の通らないことだ。これは、われわれが豚に対してかなり特殊な罪悪感を抱いているためではないかと思われる。要するに、羊は羊毛、牛は牛乳、鶏は卵を生み出すが、豚だけは殺して食べるためだけに飼っているのであり、これはかなり恥辱的なことで、その恥辱感が豚そのものにたちまち付着するのであろう。さらに、イギリスの田舎では、裏庭の豚小屋にいる豚は、つい最近まで、他の食用動物よりもはるかに家庭の近くにいた。豚は犬と同じく、主人の台所の残り物で養われていたのだ。このような食事仲間を殺して食べることは、まさに冒瀆そのものではないか！

ともに人間の残飯を食べている犬と豚。犬が家のペットとして飼われているのに、豚は家畜ゆえに不潔のレッテルを貼られ蔑まれている。リーチはそこに、ただ殺して食べるためだけに飼っている豚に向けての、人間の側の特殊な罪悪感を見いだしている。豚についてはたぶん、もうすこし錯綜した固有の歴史が隠されているにちがいない。西洋／東洋のあいだで大きな隔たりがありそうな予感はある。残念ながら、ここでは触れている余裕がない。

兎と狐についても触れておく。リーチによれば、獲物でもあり害獣でもある飼い兎(なぜか、好色な、と修飾される)が、飼育と山野の中間的なカテゴリーを占めているのと同じように、狐は食べられる山野の動物と食べられない野獣との中間に位置を占める。イギリスでは、狐狩りや狐殺しは「異常で不合理なタブーにかこまれた野蛮な儀式」と見なされている、という。たぶん、日本の昔話や伝説のなかでは、兎と狐のになう役割はかなり異質なものである。野兎は狩りの獲物となるが、狐は狩られ食べられる対象ではなかった。なにより、狐は人を化かす獣として、村と自然とが交錯するあたりに出没する。それは身近な野生動物でありながら、幻想的な、またエロティックな獣でもある。

結論にあたる箇所を引いてみる。

これらすべてが意味しているのは、次のことである。すなわち、もし身近な動物たちを「自己」からの社会的な距離にしたがって一続きに配列すれば、様々なタイプと程度からなる屠殺と食用の制限、侮蔑語、形而上的連想、儀式、婉曲語法の侵入、などなどによって示されているタブー（儀式価値）の発生も、ただでたらめに分布している訳ではない、ということが分る。様々なタブーがある間隔をもって表を横切っており、この連続体をいくつかの部分に分けている。タブーは「自己」を世界から切り離すのに役立っており、さらに世界自体も、ここでは、飼育場、山野そして遠隔地という言葉に相当する、社会的距離による区域へと分けられている。

ほんとうに豊かで刺激にみちた論考である。ここから読み取られるべきものは多様であり、着地点もまた多様であっていい。それにしても、文化／野生のあいだの境界を引き直さねばならない時代にあって、エドマンド・リーチが準拠枠とした西欧、とりわけイギリスの事例との比較のなかに、「屠殺と食用の制限、侮蔑語、形而上的連想、儀式、婉曲語法の侵入」といったテーマの群れを読みほどいてゆく作業は、どれほど膨大なものであれ、避けがたいものであるだろう。わたしはあくまで、日本の民俗文化をもうひとつの準拠枠として、食と性と暴力をめぐる問題にアプローチしてみたいと思うが、そのためのデータベース作りそのものが膨大な仕事となるにちがいない。

内なる動物性からの逃走という逆説

エドマンド・リーチの「言語の人類学的側面――動物のカテゴリと侮蔑語について」を手がかりとして、食と性にまつわるタブーについて考えてきた。たとえば、「自己からの距離」によって社会的な空間領域を分割するとき、その遠近が性にもとづく人間関係／動物の分類のうえに投射されて、思いがけず、姉妹とペット、従姉妹と家畜の秘められた象徴的連関といったものが浮かびあがる。食と性とのあいだには、何か不可思議な繋がりが認められるらしい。可食性による動物の分類と、性関係による人間の分類とのあいだには、いわば、ペットは食べられない／姉妹とはセックスが許されない、といった対応関係が見いだされるのである。そうして、近親相姦のタブーと食をめぐるタブーとが重ねあわされて、奇妙な図柄が描きだされる。

山内昶の『タブーの謎を解く』は、副題に「食と性の文化学」を掲げた、たいへん興味深い著作である。そこには、リーチのタブー理論にたいする応答というモチーフが通底しており、関心をそそられてきた。山内の議論は多岐にわたるが、ここではわたし自身の問題設定に沿うかたちで、そのエッセンスを抽出してみたいと思う。

山内によれば、人間もまた動物の一種として自然的存在でありながら、しかも「自然から離脱し、自然と対立し、あまつさえ自然を征服、支配しようとする道を選んだ」がゆえに、みずからの内なる動物性をいかに隠蔽するか、という根源的なテーマを抱えこんでいる。すなわち、個の生存と種の存続にとって不可欠な食と性にたいしてすら、動物と共有する条件であるために、人間は可能なかぎりそれを秘匿し、隠蔽し、抑圧するという戦略を選んできたのである。むろん、それは幾重にもよじれた、矛盾に満ちた選択とならざるをえない。

とりわけ自然／文化を峻別（しゅんべつ）しようとする社会では、極端な場合、飲食や排泄、性交はあまりにもむくつけな動物性の現われだという理由から、食事の回数を減らしたり断食して大小便を減らしたり、ときには自分の睾丸を切除、去勢して、人間性を高めようとした狂気の事例もみられる。人間は動物に戸籍をもちながら、できるだけ動物から逃走し、動物性を拒否し、動物であろうとしない、奇妙な逆説的動物だったのである。だが、どれほど努力しても食と性はつねに文化のなかに異物として忍びこんでくる。この異物をどう処理するかが、だから文化の根幹にかかわる問題だったのであり、古くから世界のどこででも食と性に一番タブーが付着しやすいのも、このゆえにほかならない。（傍点は原典による）

バタイユの言葉を呼び返しておくのもいい。すなわち、「汚物と腐敗と性欲の領域は、ずれながらも一つの領域を形づくっており、その関連はきわめてはっきりしている」という言葉だ。食べること・排泄すること・セックスすること。子どもの絵本からは性が隠蔽されているが、そのかわりに食のテーマが代理物のように頻出し、しかも食のかたわらには排泄というテーマが転がっている。子どもたちは疑いもなく、食べることとウンチが大好きなのだ。それらはしかし、どれも分別ある大人の世界においては、あまりにむきだしに「動物性の現われ」と感じられ、しばしば忌避や秘匿の対象とされている。そこにはなにか許しがたい恥辱感がつきまとう。人間はまったく珍妙な「逆説的動物」なのである。まぎれもなく動物でありながら／動物であることを拒み、そこから逃走する、という逆説こそが、ヒトの人間としての条件なのではないか。

これはむろん、われわれはいかにみずからの内なる動物性、または〈内なる野生〉と向かいあうのか、という問題系に繋がってゆく。どれほど厳密に文化／野生を峻別しようとしても、人間が動物であるかぎり、〈内なる野生〉を根絶やしにすることはできない。食と性という異物をいかに処理するか、という厄介な問題から逃れることはできない。そうして食べることや交わることの周辺には、文化／野生があいまいに重なりあい、それゆえに避けがたくタブーや聖なるものが生成を遂げることになる。

食と性にかかわるタブーについて。

たとえば、ヒトの場合、「きわめて広汎な可食域にもかかわらず、そのなかにさまざまな禁食域を設けている」と、山内はいう。食べることを禁じる食品リストだけではなく、食事の作法や調理の仕方についても、まったく驚くほどに複雑怪奇というほかないタブーが存在しているのである。山内はまた、人類が肉にたいする特別な嗜好を示し、肉こそを「真の食物」と見なす傾向があり、それゆえに「タブーが集中的に肉に付着している」ことを指摘している。

なぜ、とりわけ動物の肉が「真の食物」と見なされるのか。山内はこれについて、示唆以上には語っていないが、おそらくとても根源的な問いが背後に沈められているにちがいない。いつであったか、二〇年近く前のことだ。深夜テレビで見たドキュメンタリー番組のひと齣が、妙に記憶に灼きついている。アフリカの砂漠地帯に暮らす狩猟の民を追いかけた映像だった。かれらはライフル銃をもちながら、呆れるほどに狩りがへただった。すでに狩猟の技術は衰退しており、男たちだけの集団での一〇日間ほどの旅でもついに一頭の獲物も得られず、憔悴しきってムラに帰ってくる。そして、腹を空かして、女たちが近場で採集したマメかイモのような物を頬張っていた。そのとき、長老らしき男が陰鬱な顔のままに呟いたのだ、「これはほんとうの食べ物じゃない」と。

食物の獲得において、植物の採集と動物の狩猟のあいだには、ある裂け目ともいうべき断絶が見え隠れしている。狩猟者は獲物となる動物のいのちを奪うことなしには、それを肉として食することはできない。そこにたぶん、動物の肉がわざわざ「真の食物」と名指される理由の一端が垣間見えるはずだ。

さて、山内は食から性へとまなざしを転じてゆく。

ヒトは可食域に入るものなら何でも――時には不可食域に入るものさえ――食べてきた貪欲な動物だったが、それに劣らずまた性と生殖を切り離し、性能力の表現型をその極限まで拡大してきた猛烈なエロス的動物だったといえるだろう。

ヒトは好色動物(エロトマニア)であるらしい。山内によれば、ヒトのメスは、決まった発情期をもたず、つねにセックス可能な状態にあり、生殖能力を失っても性欲を失わない特異な動物であり、オスはそのメスが発信する愛の信号に応えようとして、負けず劣らず性能力を向上させ、遺伝子の拘束から離脱しようとしてきた、という。たしかに、これはエロトマニアというほかない。

とはいえ、たとえばヒトとサルのあいだには、食文化においては、火の使用と食のタブーという点で決定的な裂け目があったが、性文化においては、絶対的な差異や不連続性が認められない、という。サルもまた、なかなかに好色な動物であり、ゴリラなどは同性愛に耽り、また性交の体位も後背位のみならず、対向位・座位・側位などきわめて多彩であるようだ。そして、サルはすでに、インセスト(近親相姦)の回避という一定のルールをもっていたのである。

レヴィ＝ストロースはその『親族の基本構造』のなかで、インセスト・タブーこそが人間社会を成り立たせる根幹をなし、この性の規則の有無が自然／文化を、それゆえに動物／人間を区別するもっとも確実な基準だと主張していた。しかし、それはあきらかに、レヴィ＝ストロースがいまだ人間中心主義的思考に縛られていたことを示していた、そう、山内は指摘する。河合雅雄がいうように、人類社会に見られるインセスト・タブーはむしろ、「サル類社会に普遍的な現象であるインセスト回避の延長として、社会進化の系譜の中で理解すべき」であるからだ、と山内はいう。サルのインセスト回避とヒトのインセスト・タブーとを決定的に分かつ質的な相違は、違反すれば制裁を加えられるかどうかにある、ともいう。

ここでは、河合雅雄の『人間の由来』から、インセスト・タブーに触れている箇所を引いておく。

サル社会でインセストが回避されるのは一般的傾向であるから、原家族の間でも、当然インセストは回避されていると考えてよい。ただし、サル社会ではインセストは回避されているだけで、タブーにはなりえなかった。なぜなら、タブーは社会的な禁忌の制度だからである。人猿社会では、原家族間の協同行動によって制度が発生した。インセストの回避が、タブーという制度として定着する基礎ができたのである。

河合によれば、原家族間の協同行動は「狩猟採集と防衛行動を通じて発生し、その後でインセストはタブーとして制度化された」という。すなわち、そうした協同関係の強化のために、雄または雌の移出入が外婚制として制度化され、そのうえにインセストの回避という普遍的な現象が乗っかって、タブーとして制度化された、そう、河合は考えるのである。山内のいう「社会進化の系譜の中で」とは、こうした経緯を指していたにちがいない。これがどこまで、レヴィ＝ストロースにたいする留保ないし批判になりうるのかは、いくらか微妙な気はする。ただ、近親相姦のタブーの存在をもって、自然／文化を、動物／人間をまったく分節化することができるわけではないことは、確認しておいたほうがいいだろう。

穴とヴァギナの精神分析

あらゆる民族のなかで、食べること／交わることは言語において、儀礼や祭祀においてかぎりなく近接した場所に置かれる。たとえば、リーチの「言語の人類学的側面――動物のカテゴリと侮蔑語について」には、すでに触れたように、英語の古い法律用語である、狩猟の獣をさす venery という言葉に、狩猟／性的耽溺という意味があったことが指摘されていた。山内の著書には、そうした食と性が深いところで通底している事例が、世界の諸民族から拾われていた。

動物学者によると、女性の口唇（ラブラ）は陰唇（ラビア）の模倣代理器官だと宣言されているが、じつは食と性を言語的あるいは儀礼的に類推（アナロジー）によって同一視する例は非常に多い。人類に共通のイメージだといってよいかと思われる。

動物学者の宣言とは、いささか大仰な物言いであるかもしれない。ここで名指しされていたのは、デズモンド・モリスという動物学者である。モリスによれば、二本足で立つことになったヒトのメスにとっては、乳房はお尻の代理であり、唇はあきらかな生殖信号を発信するための陰唇（ラビア）の代理器官として進化・発達してきた、という。山内は原典を示していないが、『マンウォッチング』であったか、『ウーマンウォッチング』であったか。ふたつの著作から、該当する箇所を引いてみる。

> 人間独自の直立姿勢のために、腹側がわれわれの前面となり、そこがもっともたやすく利用できるディスプレイ部位になった。したがって、女性の身体の前面に、性器の擬態を見つけても、別に驚くべきことではない。ピンク色をした陰唇は、めくれたピンク色の唇によって、また、丸い臀部（でんぶ）は、丸い乳房によって模倣されている。
>
> （『マンウォッチング』）

何が唇をそれほど性的に見せるのであろうか？　それは、唇の形、きめ、色が、女性のもう一つの唇にそっくりだからだ。もう一つの唇はあからさまに性的なので、今日でも、ラテン語で唇を意味する「ラビア」(陰唇)という古典的な言葉でいわれている。

(『ウーマンウォッチング』)

こうした機能主義的に、原因と結果をどこか恣意的にも感じられるやり方で繋ぐことには、やはり留保が必要かもしれない。とはいえ、いま、それを実証的に批判できるわけではない。わたしが関心をそそられた、こんなディープ・キスの起源にまつわる仮説は、どう考えるべきだろうか。恋人たちが唇を合わせて、互いの口のなかを舌で探りはじめるとき、かれらは「太古の昔にさかのぼる行為」をしているのだ、とモリスはいう。

まだ便利な「離乳食」がなかった昔は、部族の女性は母乳から固形食に切り替えるために、前もって自分の口で軟らかく、呑み込みやすくなるまで噛んでやっていた。そして母親は赤ん坊の顔の上で口を開いて、軟らかくした食物を舌で赤ん坊に口移しして与えた。これに慣れてくると、乳児は舌と舌が接触するとすぐに、自分の舌で軟らかい食物を探り始めた。こうして、舌探りの行為が忘れられず、性愛行為に結びついたのである。

(『ウーマンウォッチング』)

このような古代に始まった母親から乳児への食べ物の口移しが、恋する大人たちのディープ・キスという舌探りになった、そう、モリスは想像していたのである。なかなか奇想天外で愉しい、ディープ・キス起源譚ではないか。しかし、ここでもまた、否定も肯定もどちらもむずかしい。ただ、世の恋人たちがそうした原始的な舌探りの記憶に導かれて、ディープ・キスをしているとは思えない。モリスはオーラル・セックスについても、この延長上に仮説を繰り広げているが、ここまでにしておく。いずれにしても、食べるための口唇と交わるための陰唇とが、二足歩行という人間の条件のもとで秘められた応答を交わしていた、ということまで否定することはできない。

ここでは、山内が紹介していた、断片的なものではあるが、世界中のさまざまな民族のなかに見られた、食と性とが言語や儀礼において同一視される事例を取りあげてみたい。箇条書きに並べる。まさに、これはあらゆる民族に普遍的に見いだされるものなのである。

（1）「狩る」という動詞が、「動物・相互に・同衾（どうきん）する」の合成語だった。（デサナ族）

（2）動物を殺すことと女と寝ることが、同じ「タドヴ」という一語で表現される。（ニューギニアのウメダ族）

（3）「男は弓、女は獲物」という諺（ことわざ）。（サン族）

（4）アボリジニの動物増殖儀礼であるボラ祭では、獲物が増えるように地面に描いたカンガルーの絵に槍を突きたてた。これは、女性のヴァギナに男性のペニスを突きたてるのと同義であった。（オーストラリアのアボリジニ）

（5）狩人はクマを倒すと、その獲物と性交のまねをする風習があった。（シベリアのエヴェン

キ族やドルガン族）

（6）「ティクウ」という語が食べると性交を同時に表わす。（アマゾンのグワヤキ族）

（7）「クタクタ」という言葉で、近親相姦と食人の両方が表わされる。（オーストラリアのココ・ヤオ族）

（8）共食を意味する言葉が、そのまま輪姦を意味していた。（ブラジルのタピラペ族）

（9）「消費する」という動詞は、飲食するという意味と初床でのセックスとの両義を含んでいる。（今日のフランス語）

（10）播種前の四〇日間は、厳しい禁欲を課されたが、種子を播く前の晩には夫婦で激しい性交をおこなわねばならなかった。（中央アメリカのビビル族）

（11）稲の開花期になると、豊かな稔りを祈願するために、農民は夜、水田に出かけて交接する風俗が見られた。（ジャワ）

（12）男女の交わりと植物の豊饒性のあいだには、密接な関係があると信じられていた。そのため、双生児を産んだ多産の妻は、その生殖力をバナナに憑依（ひょうい）させるために、両股にバナナの花をはさんで寝る習慣があった。（中央アフリカのバガンダ族）

（13）男性と女性の二種類のヤムイモをいっしょに植えて、左右から延びてきた蔓（つた）を交互に支柱にからめないと、イモが太らないと信じられていた。（ポリネシアのウッドラーク島）

（14）スペルマやセーメンには種子と精液の両義があり、畑と子宮とは隠喩関係にあった。（古代ギリシアやローマ）

(15)「食べる」と「娶る（めとる）」とは、いずれも「わがものにする」という広い意味をもつひとつの動詞で表現されていた。（アフリカのヨルバ族）

(16)トーテムという語は、同時に「姉妹の玉門」を意味していた。（マショナとマタベレ族）

(17)トーテムを食べることと、インセストが同一の単語で表わされていた。（ポナペ島）

(18)「性器をなめる」という言葉は、「噛む、食べる」を含意していた。（中央カロリン諸島）

(19)秘儀的な祭文では、「口は女陰、舌は男根」と表現されていた。（フローレス島のリオ族）

(20)「カアインガ」が、「食物を得る土地」とセックスを通じて生まれた「親族の住処」とを同時に表わしていた。（原ポリネシア語）

(21)男女の性器を食物との類推で隠喩する隠語が流布している。女性については、ハマグリ・マメ・マンジュウ、男性については、マツタケ・キュウリ・バナナなど。（日本）

狩猟民のなかでは、狩りによって動物を殺すこと／女とセックスすることが、ひとつの言葉で表現されている。だからこそ、「男は弓、女は獲物」でありえた。そして、狩りの獲物の豊饒を促す儀礼では、セックスとの類推にもとづく所作が演じられた。狩人は倒した獲物とセックスの真似をする。農耕民のあいだでも、作物の豊かな稔りを祈願するために、実際にセックスをともなう儀礼的な所作が演じられている。田畑と子宮とは、隠喩関係によって結ばれていたのである。

食べること／セックスすることが、ひとつの言葉で表現される事例はありふれたものだ。性器を舐める・噛む・食べるが重なりあう。「口は女陰、舌は男根」という秘儀の祭文。日本語の「なめる」もまた、舐める／嘗めるにおいて重層的ではなかったか。あるいは、近親相姦は食人やトーテム獣を食べることに繋がれていたし、共食と輪姦といった連関にも、深い背景が感じられる。

山内が現代の格好の実例として挙げていたのは、サルトルの有名な〈穴の実存主義的精神分析〉であった。山内が抜粋しながら引用している箇所を、原典の『存在と無Ⅲ』にもどって、以下に引いてみる（傍点は原典による）。

食物は、口をふさいでくれるであろうところの《詰めもの》である。食べるとは、わけても、自分の口をふさぐことである。その点から出発してのみ、われわれは性欲の問題へ移っていくことができる。女の性器の猥褻さは、すべて口のあいたものの猥褻さである。それは、他の場合にすべての穴がそうであるように、一つの「存在-呼び求め」である。それ自身において、女は、侵入と溶解とによって自分を存在充実へと変化させてくれるはずの、外からやって来る一つの肉体を呼び求める。また逆に、女は自己の条件を、一つの呼び求めとして感じる。というのも、まさに、女には《穴があいて》いるからである。それこそはアードラーの説くコンプレックスの真の起原である。いうまでもなく、女の性器は口である。しかもペニスをむさぼり食う貪欲な口である。――そこからして、去勢という観念が出てくる。つまり、愛のいとなみは男の去勢である。――けれども、それは、何よりもまず、女の性器が穴であるからである。

これについての、山内自身による言及は見られない。とりあえず、説明の必要はあるまい。サルトルは書いていた、「穴は、それ自体において、一つの「ありかた」の象徴であり、実存的精神分析はこの「ありかた」を明らかにするのでなければならない」と。気になるのは、こうした穴をめぐる実存的精神分析があくまで、男のペニスを主人公とした物語に終始しているかに思われることだ。しかも、ここにはマッチョな男根妄想はない。そのかわりに、ひたすら猥褻で、貪欲な女の性器にたいする受け身の恐怖感といったものが、見え隠れしているように感じられる。サルトルその人の精神分析が必要なのかもしれない。

『存在と無Ⅲ』の第四部の末尾に置かれた、「存在を顕示するものとしての性質について」という一節の終わり近くに、この引用箇所はある。サルトルはこの一節において、にわかに〈穴の実存主義的精神分析〉を繰り広げている。バシュラールの『水と夢』を起点として、ここでのサルトルは「ねばねばしたもの」についての分析を執拗におこなったのである。そして、それがはからずも、サルトルの性をめぐる心象風景を露わにしているかに見えることに関心をそそられる。

たとえば、「ねばねばしたもの」について論じながら、いかにも唐突に、「仰向けに寝ている女の成熟しきった二つの乳房が平たくひろがるようなありさま」といった比喩的な表現が顕われる。ほとんど無意味そのものといっていい比喩である。あるいは、「そのありかたは、吸いこみという、柔らかな、ねちねちした、女性的な一つの働らきである。ねばねばしたものは、私の指の下で曖昧にに生きる。私はめまいに似たものを感じる。深淵の底が私を惹きつけるときのように、それは私をそれ自体のうちに惹きつける。そこには、ねばねばしたもののもつ触覚的な魅惑ともいうべきものがある」と見える。あえて注釈の必要はないだろう。セックスそのものの喩ではなかったか。

さらに、やはり「ねばねばしたもの」について、「別の次元では「甘ったるい」という性質によって象徴される甘い女性的な復讐である」といった、奇妙な言葉が見いだされる。いずれであれ、「ねばねばしたもの」が女という性と繋がれていることは、否定しようもない。それはしかも、つねに危険とか忌まわしさなどの負の情緒を呼び覚ますものとして語られている。サルトルにとって、セックスという女性の穴をふさぐ行為は、「私の身体を犠牲にすること」であり、「対自の受難を耐え忍ぶこと」であったにちがいない。

べたつくもの・どろどろしたもの・もやもやしたものなど、また、砂の穴や土の穴・あなぐら・洞窟・窪みなどのあらゆる種類の穴、そこに絡みつく光や夜などは、幼児のうえに強い魅力を及ぼしている。人はその一生を通じて、「それらのありかたを一つ一つ明らかにしていく」と、サルトルはいう。とはいえ、そうした穴を女性の性的な器官と同一視する精神分析家たちの説明は、「幼児がもつことのできない或る経験、もしくはわれわれが理由づけることのできない或る予感を、幼児のうちに前提している」がゆえに、サルトルによって斥けられる。その代わりに、幼児の肛門的な性欲にたいして関心が差し向けられる。とはいえ、幼児はみずから肛門を穴として意識しているわけではなく、他者によって、おそらくは母親が幼児の身体を指示するために用いる言葉(――たとえば、「お尻の穴」といった……)によって知るのだ、とされる。

さらに転じて、幼児の指しゃぶりの場である口唇について語られている。幼児はそのとき、指を口のなかに入れて、自分の顔の穴をふさごうと試みているが、そうして幼児が口で指を吸うのは、「まさに指を溶かすためであり、指を変じて、自分の口の穴をふさいでくれるべたべたした捏粉(ねりこ)たらしめるためである」と、サルトルはいう。ここから、先に引いた、食べること／交わることが繋がれる一節へと展開していったのである。

そこでは、食物は口をふさいでくれる詰めものである、と断言されていた。そうして食べることは交わることへ、性欲の問題へと移行してゆく。女の性器の猥褻さは、「口のあいたものの猥褻さ」であり、みずからの穴への侵入と溶解によって存在の充実をもたらしてくれる、外からやって来る肉体を呼びもとめるのである。いずれにせよ、サルトルにとって、女の性器は口であり、しかも、「ペニスをむさぼり食う貪欲な口」である。そうして、性愛は男には去勢の現場とならざるをえない。それはなによりもまず、女の性器が穴であるからだと、サルトルはどこか苦々しげに、悲壮感すら滲ませながら書いたのであった。

あきらかに、ここには『古事記』のイザナキとイザナミによる聖婚神話に見られたような、おおらかな性愛の情景といったものはない。イザナキの求愛の言葉は、いかにも真っすぐなものではなかったか。イザナキはイザナミに呼びかけた、「わが身は、成り成りして、成り余っているところがひとところある。そこで、このわが身の成り余っているところを、お前の成り合わないところに刺しふさいで、国土（くにつち）を生み成そうと思う。生むこと、いかに」（『口語訳古事記』）と。イザナミの成り合わないところとは、空虚な穴としての女陰であり、そこをイザナキの成り余れるところ、つまり男根で刺し塞（ふた）ぐこと、それがミトノマグハヒであった。

サルトルは書いていた、「われわれの人生のかなりの部分は、いろいろな穴をふさぎ、いろいろな空虚を満たし、象徴的に充実を実現し確立するために、過ごされる」と。たしかに、人の一生とは試行錯誤にみちた穴ふさぎの軌跡なのかもしれない。それにしても、女性の性器はペニスをむさぼり喰らう、もうひとつの口であるという秘められた心象風景には、これから幾度でも遭遇することになるはずだ。それはあるいは、世界中に流布しているという、有歯女陰(ヴァギナ・デンタタ)の隠喩にも繋がっているのではなかったか。それは女という性の畏怖すべき象徴であった。山内は以下のように述べている。

食欲中枢と性欲中枢は脳の視床下部に仲よく隣りあって位置しているが、食という個の保存行為が性という種の保存行動と通底し、その逆もまた真であることを、ヴァギナ・デンタタのイメージほどよく象徴しているものはない。この隠喩は古今東西にわたって人類に普遍的な現象だったのであり、したがって個々のタブーの説明ではなく、タブー一般をその一番根本的な食と性の禁忌において同時にまた一挙に解明する理論が必要なことが、よく判るだろう。

ここでは、歯のあるヴァギナのイメージはただ、食と性とが隣接しあい通底する関係においてのみ語られていた。山内はあらためて、歯のあるヴァギナにあきらかに象徴されているように、食べること／セックスすることは「人類にとって同じ原理の違った現象にすぎない」と想定されていた、という。たんなるヴァギナではなく、嚙み砕く歯をもつヴァギナのイメージは、それ以上に、たとえば女という性にたいする潜在的な恐怖といったものを体現しているはずであり、サルトルの語った貪欲な穴にたいする不安とも無関係ではあるまい。いや、そうした貪欲な穴のもっとも視覚に訴えるイメージ化ではなかったか。

自己消費のタブーから共同の家へ

山内にはじつは、『ヒトはなぜペットを食べないか』という著書もあるのだが、このペットをめぐるテーマは『タブーの謎を解く』の一節でも触れられていた。そこには、こんな興味深い指摘が見られた。すなわち、イヌやネコはなんらかの有用性にしたがって飼育されていた時代には食用にされていたのに、実用性から離脱して愛玩動物＝ペットという無用の長物になった近代西洋においては、たちまち厳しい禁食の対象になってしまった、と。ちなみに、ペットという英語は一六世紀が初出であるらしい。

ペットとして飼うことで親愛の情が深まり、それゆえに、食べることにたいする忌避感が生まれるといった心理学的な説明は、とてもわかりやすい。南米のある未開の部族のなかで暮らした、ひとりの文化人類学者がこんな観察を語るのを聞いたことがある。その部族のひとりの少年が、ジャングルで狩りをして食するある野生動物の幼獣を捕まえて、ペットとして飼っていたが、その動物は成獣になってもついに食用に供されることはなかった、という。すでに触れた田附勝の『おわり。』という写真集では、猟師によって助けられた三本脚の鹿は家族同然に育てられ、死んだときには手厚く埋葬されている。最後まで肉として喰われることがなかったのだ。

しかし山内は、親愛の情が食べることへの忌避感をもたらす、といった説明にたいして異を唱える。たとえば、さまざまな民族のなかに、家族のように可愛がっていたイヌ・ブタ・ウシを、重要な儀式のときには殺して食べる習俗が見いだされる。

ただ世界のどこででも、食べるのは自分の愛育する動物ではなく、他人かよそ者の育てた動物の肉だ、という点では共通のルールがあった。タイでも、ハレの日に必須のスイギュウの肉は、家族内儀礼のときは他の家族から、村落の共同儀礼のときは他の村落から入手する慣行になっていたからである。しかし、だからといってこのことは、親しさと食欲は相反関係にあるという心理主義的説明を正当化してくれるものではない。愛と憎しみは磁石の両極であり、愛しさのあまり食べてしまいたいという一体化の欲望が親愛性の底に潜んでいることは、逆に深層心理学の教えてくれるところだからである。

おもしろい展開である。ハレの日に殺され食べられるのは、自分や家族やムラの人々ではなく、他人かよそ者が育てた動物の肉であるという、共通の儀礼的なルールがあったらしい。つまり、みずからが愛(いと)おしみ育てた動物を食べるわけではない。しかし、それにもかかわらず、山内はそうした事例ですら、「親しさと食欲は相反関係にある」という心理主義的な説明を正当化するものではない、という。この心理主義的な説明はたしかに、わかりやすい。情緒的にも納得しやすい。だからこそ、留保が必要か。

山内はここで、いくらか唐突に、親愛性という情緒の底には、「愛しさのあまり食べてしまいたいという一体化の欲望」が潜んでいることを指摘していた。たしかに、親愛感と食欲はそれほど単純な相反関係にあるわけではなさそうだ。逆に、愛おしむからこそ食べたい＝一体化したい、それも真実だ。しかし、「食べてしまいたいほどお前が愛おしい」といったセリフにおいては、男は女を、祖母は孫を、かいじゅうはマックスを肉として食べることを望んでいるわけでは、むろんない。カニバリズムのような例外状況はあるが、いまは措く。男はただ、性的に交わる＝一体化することを、隠喩的に、食べることに置き換えながら、みずからの愛の深さと特権性を囁きかけているだけのことだ。それほどに、俺はお前を愛しているのだ、と。

いま、試みに、リーチが示唆していた、ペットは食べられない／姉妹とはセックスが許されない、といった秘められた対応関係を想起してみるのもいい。この隠喩の力のもとで、ペットへの愛が姉妹への愛とすり替えられているのかもしれない。人間はときに可愛がっていた家畜を殺して食べるけれども、それは「食べてしまいたいほど愛おしい」からではあるまい。やはり、ペットへの愛にはそれを食べることの忌避が含まれているのではないか。まったく否定するのはむずかしい。それにしても、愛とはいかにも厄介きわまりないテーマではある。

近親相姦のタブーについても、愛や性欲をめぐって議論が錯綜する。山内はまず、近親者のあいだには性交渉にたいする本能的な嫌悪感があって、それが近親相姦の忌避を生んできたとする、従来の解釈を斥ける。あの、ペットを食べることへの忌避感情についての心理主義的な説明と、それが構造的には瓜ふたつであることが気づかれるべきだ。フロイトが『トーテムとタブー』のなかで指摘していたように、逆に、近親者への強い性的欲求があるがゆえにこそ、それを禁圧する文化装置がどうしても必要とされたのではなかったか。

これまでのインセスト・タブーに関する解釈は、親・子や兄弟・姉妹のあいだのセックスや婚姻の禁止という、いわば生物学的な近親間の内なる関係に限定されながら組み立てられてきた。山内によれば、レヴィ＝ストロースはそうした視点をひっくりかえして、共同体の外部にたいして開かれた社会システムのなかで、このタブーの謎を解き明かそうとした。みずからの娘や姉妹を他人にあたえ、それと引き換えに妻を外部からもらうことは、みずからの近親者との性交渉が禁制になることと表裏をなしている。レヴィ＝ストロースによれば、「近親婚の禁止は、母、姉妹あるいは娘を娶ることを禁止する規制であるよりはむしろ、母、姉妹あるいは娘を他人に与えることを強いる規制である。それはすぐれて贈与の規制である」という。そう、山内は指摘している。

ここで、先に引いた山内の著書の一節に、あらためて眼を凝らしてみる必要がある。そこには、タイでは、ハレの日に欠かすことができないスイギュウの肉は、家族内儀礼のときにはほかの家族から、ムラの共同儀礼のときにはほかのムラから入手する慣行になっていた、と見える。祭祀や儀礼に供されるのは、みずからが可愛がり育てる動物ではなく、他人かよそ者が育てた動物の肉である、という共通のルールがあったのだ。山内は終章に当たる「タブーの弁証法」のなかで、こうした食物タブーとは、たんに「食べてはならない」という消極的機能に留まらず、それを贈与の連環として「共同の家、つまり社会を構築する積極的な媒介機能をもっていた」と述べている。

こうして、またしても、食と性をめぐるタブーが奇妙な共振(ともぶ)れを起こしていることに気づかされる。山内はそれを、「性タブーによる《外婚制》と食タブーによる《外食制》とのあいだの構造的相同性（ホモロジー）」と呼んでいる。そして、人類学者のテスタールによる理論的な説明を承（う）けたうえで、以下のように説いていたのだ。

これだけからでも、食と性の自己消費のタブーを媒介として、未開社会では日々の生活(Life)の再生産と生命(Life)の再生産とがホモロジックな一体構造をなしていること、いいかえると、人間と自然との関係としての生と、人と人との関係としての性とがタブーによって整序されて、生＝性の二位一体定式ができあがっていることが判るだろう。人類は、食＝性の隠喩的アナロジーに基づくタブーを通して、財と女性の交換からなる社会システムをみごとに構築していたといわねばならない。

ここにいう、食と性をめぐる「自己消費のタブー」とは、みずからが可愛がり育てている動物をみずからの祭祀や儀礼には消費することなく、他者に提供することであり、また、みずからの愛する娘や姉妹をみずからが性的に消費することなく、他者に提供することである。それは一見すると、無駄・無益・無用な労力を費やすことのようにも感じられるが、この自己消費のタブーを仲立ちとして、はじめて他者に消費を委ねる義務が強制され、自己と他者のあいだには「財と女性の交換からなる社会システム」が構築されるのである。

いずれであれ、言語において、祭祀や儀礼において、あるいは神話や昔話や物語において、食と性とが複雑にからみ合う情景が、けっして偶然のものではなかったことを確認しておかねばならない。食や性にまつわるタブーに媒介されて、まさしくヒトは人間(ひとのあいだ)として、他者とともに共同の家＝社会を紡ぎだしてきたのではなかったか。

わたしはここで、レヴィ＝ストロースの『親族の基本構造』の「第一部　限定交換」のエピグラフに掲げられた、「アラペシ族の警句」を思いださずにはいられない。

お前自身の母親
お前自身の姉妹
お前自身の豚
お前が積み重ねたお前自身のヤムイモ
お前はこれらを食べることはできない
他人の母親たち
他人の姉妹たち
他人の豚
他人が積み重ねた他人のヤムイモ
お前はこれらを食べることができる

ここにはすべてが語り尽くされていたのではなかったか。食べること／交わることはひとつである。それを疑う者はいない。お前は自己を食べることはできないが、他者を食べることはできる、というタブーは厳粛なものであり、けっして情緒的なものではない。そして、まさにこうした食／性における「自己消費のタブー」が、他者との交換とその消費を前提としており、それが共同の家＝社会をともに紡ぐためのプロセスでもあったことを真っすぐに物語りしている、といっていい。

ところで、以前に、山内昶の「食タブーの暗号解読（デコード）」（『講座食の文化』第六巻、所収）という論考を読んで、大いに刺激を受けたことを思いだす。山内はそこで、タブーという文化装置は、エゴを中心として波紋状に広がる近／遠、親／疎、内／外、同／異といった重畳する同心円のトポロジー空間によって形成されている、と述べていた。そして、その根底には、自家消費としての人肉食（カニバリズム）への恐怖があった、という。その頃、わたしはこのカニバリズムという問題に執着していたために、とりわけこの一節に関心をそそられたのだった。

そして、いまひとつ、そこには以下のような議論が示されていたのだった。すなわち、Ａか非Ａか、肯定か否定か、このデジタル型思考（西洋のロゴス）は、どちらにも属さぬ、第三の中間項としてのあいまいで両義的な境界領域をかならず産み落とす。まさに、エドマンド・リーチのタブー理論は、そうした西洋的なロゴスによる圧倒的に明晰なタブーの解釈の一例であった。山内はここで、それに対置して、もうひとつの思惟方法であるアナログ型思想（東洋のレンマ）について語ったのである。自己／自己ではないが自己に近いもの／他者に近いが他者ではないもの／他者、という連続量の増減による質的な差異からなるコスモスこそを、思い描かねばならない。Ａか非Ａか、肯定か否定か、というデジタル型思考のなかで、そのあいまいに重なりあう部分にタブーの根源をもとめるのではなく、差異のグラデーションのなかにタブーの根源を発見しようとするのである。

わたしはそこから、タブー理論のアジアまたは日本からの組み替えは可能か、という問いかけを受け取った。差異の切断／架橋のプロセスとしてではなく、質的な連続の相のもとに、差異を濃淡のグラデーションとして把握することによって、タブーを超える＝止揚するための、あらたな知の道筋が見えてくるのではないか。たとえば、インターセックスを例外的な少数者の問題としてではなく、性をめぐる知の枠組みのパラダイム転換を促す問いとして引き受けることはできないか、といったことだ。

人間の〈性〉は多様で、「女」―「男」という二分法による区別では表しきれない。たとえば生物学的な性については、インターセックスの存在から明らかなように、それは何層にもいりくみ、グラデーションをなしているのであって、はっきりと境界がある二つの異なるものなのではない。セクシュアリティにおいても、バイセクシュアルで性指向に性別が関係ない人は少なくない。また、ジェンダーについても、トランスジェンダーでF/MtX(Female/Male to X)という、F(女)もしくはM(男)のどちらかにトランスするのではない人々もいる。

それにもかかわらず、強固に「女」か「男」かという二分法が信じられているのは、その多様性を隠蔽し、グラデーションの位置を少しでも「両極」にもっていこうとする二元制のもとでのしくみだ。そのため、インターセックスやバイセクシュアルやトランスジェンダーは、その枠におさまらない者として差別されている。

（花立都世司「性の多様性教育」『性を再考する』所収）

性がこうして、グラデーションとしてしか語りえぬ時代を、きっとわれわれは生かされている。世のなかの性をめぐる秩序は、「女」か「男」かというふたつの性だけで構成されているわけではない。この二分法が強固であればあるだけ、そこからの逸脱が否応なしに析出される。西洋のロゴスに根ざしたデジタル型思考は、どちらにも属さぬ第三項としての両義的な境界領域を避けがたく必要としている、といってもいい。山内がそれに対置しようとした東洋のレンマにおいては、自己／自己ではないが自己に近いもの／他者に近いが他者ではないもの／他者、といった差異のグラデーションを前提として世界に向かいあおうとする。あいまいに重なりあう境界領域にタブーの根源をもとめる思考からの離脱が、いま必要とされているのではないか。

第五章 はじまりの神話

自己愛と残酷を超えるために

神話について、とりとめもなく思考を巡らしている。たとえば神話のなかでは、生・性・死がどのように語られているか。とりわけ、生と死はつねに対をなして語られがちだが、それを自明の前提として議論を組み立てることには留保が必要とされているのかもしれない。食と性と暴力とが織りなす情景にささやかなものではあれ、眼を凝らしてきた。食と性は、人間とその社会にとって、個体の生命の維持／共同体の再生産のために不可欠ないとなみである。当然ながら、食と性なしにはヒトの生を維持・更新することができない。しかも、食と性にはどこか根源的な暴力がつきまとい、その結果として死をめぐる風景をともなうことがある。性と死、あるいはエロスとタナトスのあいだには、なにか秘められた関係が沈められているのではないか。

たとえば、フロイトの「戦争と死についての時評」という、一九一五年に書かれたエッセイがある。はじめての世界大戦の渦中に執筆されたゆえにか、かぎりなく深い幻滅に彩られている。そこには、われわれの無意識は死という問題といかなる関係にあるのかと問いかけ、みずから、「まさに原人間と同じように」と答えるフロイトがいる。そして、ほかの多くの点においてと同様に、死においても「原始時代の人間がわれわれの無意識の中に変わることなく生き続けている」というのである。われわれ自身の無意識の領域には、はるかな古代が、また原始人がひっそりと身を潜めている、といってみる。そこから、神話はいかに読み解かれるか。

死について、フロイトは以下のように語っていた。

原始人は、疎遠な人や敵のような他人の死に対しては、自分自身の死に対してとは根本的に異なる立場を保持していたのである。原人間にとって、他人の死は当然のことであり、憎らしい者の抹消とみなされた。原人間は他人を死に向かわせることに、いささかの疑念も覚えなかったのである。原人間はさだめし、非常に激情的な存在であり、他の動物よりも残酷で邪悪だったのだろう。彼は喜んで、しかも自明のこととして人を殺した。他の動物の場合は、本能が、自分と同種の存在を殺したり、食べつくしたりすることを妨げているものだが、そういった本能が原始人にもあったと考える必要はない。

フロイトの思い描く原始人は、ほかの動物よりも残酷で、邪悪であり、当たり前に他者を殺したのだ、という。原始のヒトは、動物がみな保持しているらしい、同種の存在を殺したり食べ尽くすことを妨げている本能が壊れていたのである。ヒトは動物以下の存在であった、ということか。それでは、原始人はみずからと動物のあいだをいかなる指標をもって分割したのだろうか。それはすくなくとも、内なる残酷さや悪意をコントロールする道徳や法ではなかった、とフロイトは考えていたのかもしれない。

つまり、人間の原始時代の歴史は、殺人に満ちていたのである。今日においてもなお、われわれの子どもが学校で世界史として習うことは、大体のところ、民族間の殺戮の羅列なのである。人類が原始時代から抱えている暗い罪責感は、多くの宗教において原罪の措定へと凝縮されてきたのだが、それは、おそらく、原始時代の人類が背負っていた殺人の罪の表現なのである。

フロイトのいう原始時代がそもそも、いつの時代を指していたのかはあいまいだ。遊動生活を送っていた旧石器時代か、定住革命以後の新石器時代か、狩猟・採集から農業や牧畜への移行が始まってからか、どこに殺人が満ちていたのか。たとえば、この列島に一万数千年前から二千数百年前まで、ほぼ一万年にわたって続いた、狩猟と採集を中心にして、なんらかの栽培農耕も始まっていたと思われる、しかも定住のムラがいとなまれていた縄文時代は、どうであったか。そこでは、戦争のような集団的争いはなかった、と想像されている。すくなくとも、殺人行為が氾濫しているような状況は考えられない。

ここで、原罪というテーマがにわかに姿を現わすのは、むろん偶然ではない。人類が原初のときから背負ってきた「暗い罪責感」、原罪とはいったいなにか。それは、ある血にまみれた原初のできごとにかかわるものだ、という。もっとも古い罪は父を殺すこと、つまり原初的な人間の群れによる「原父の殺害」だった。フロイトにしたがえば、この原父の殺害にはじまる、殺害に満ちた歴史をひたすら積み重ねてきた人類は、その原初の父殺しにたいする罪責感の表現として、避けがたく原罪の観念を必要とした。そうして、この殺された原父への追憶が父なる神として神格化されたのだ、という。これはとりあえず、キリスト教的な世界観のもとにおける原罪の解釈として受け取ることができる。あるいはそれは、フロイト自身の幼年期の体験としての父親イメージが増幅されて、過剰に投影されたものであったのかもしれないが、いまは措く。ルネ・ジラールがのちに、その供犠論のなかで論じることになるが、こうした原始の争いと殺人に満ちた相互暴力の蔓延にとりあえずの終止符を打ったのが、原初の供犠としての父殺しであった、といえるにちがいない。

ともあれ、こうした圧倒的に強大な父なる神に支配された、まさしく父権的な世界観を前にしたとき、逆に、了解しやすくなることがある。ここでは、われわれ自身のなかに、たとえば宗教的な世界観のなかに、なぜ、原罪的な観念がかくも稀薄なのか、という裏返された問いかけだ。

すでに幾度か触れてきたが、明治一一(一八七八)年に日本を訪れたイギリス人女性の紀行の一節に眼を凝らしてみることにしよう。著者のイザベラ・バードは敬虔なる国教会派の牧師の娘であったが、明治前期の日本人の宗教観について、貴重な観察と証言の記録を残している。その仏教についての一節である。

寺院を訪れるたびに私は、仏教がアジアの人々に慈悲と慈愛と生命への畏敬の念について教えを垂れてきた功績にいつも深く思いをいたす。犠牲者が祭壇で燻(いぶ)し殺されることも、日の当たらない森が残酷と恐怖の舞台になることも皆無だった。子供たちに火の中を通らせるモレク神も仏教にはない。仏教が熱心に説いてきたのは、生命へのあらゆる形態の畏敬の念のようなものだから、キリストの贖罪に関して用いられる神学上の表現だけでなく聖書の言葉さえもが、日本人にとっては何にもまして忌まわしいものなのである。また、献(ささ)げ物に関するレビ記中の律法のあり方のすべてや「血を流すことなしには罪の赦(ゆる)しはありえない」といった主張は、キリスト教の信仰について尋ねてみようという人にそうすることを思い止まらせると解釈して間違いない。日本人には原罪という観念がないから、キリスト教の教えが、さまざまなものごとに関する日本人の考え方を大変革するには長い時間が必要である。

（『完訳日本奥地紀行』）

バードがあきらかな危惧の念とともに予感していたように、明治以降、日本人のなかにキリスト教が広く深く浸透することはなかった。その理由の一端に、バードのまなざしは届いていたのではなかったか。日本人の宗教のなかには、ほかならぬ原罪という観念が不在であった、ということだ。キリスト教的な意味合いでの贖罪の観念、つまり犠牲を捧げ、血を流して罪の赦しを得ること、いわば血による贖(あがな)いといったものにたいして、日本人が抱く忌避感は、深刻なまでに根深いものではなかったか。バードはそのことに気づいた。おそらく、原初の父殺しから生まれてきた原罪の観念といったものは、われわれの宗教感情からははるかに隔絶したものだったのである。

さて、フロイトに立ちもどらねばならない。その「戦争と死についての時評」と題されたエッセイは、惨憺(さんたん)たる状況をさらしつつあった世界大戦がもたらした、いわば文明世界の市民の幻滅を起点として書かれている。そこでは、国家はみずからの国民には極度の服従と献身を要求し、「道徳規範の監視人」として振る舞いながら、敵である他国にたいしてはあらゆる策略や嘘や詐欺を用いて、いわば倫理性の欠如をむき出しにした。そして、もっとも高度に人間的な文明に参与していたはずの個人は、信じがたいような残虐な振る舞いを示したのであった。それが、あの幻滅の深みに横たわるものだ。フロイトはその幻滅のなかで、「悪の「根絶」などというものはない」と書いた。

とはいえ、人間のもっとも根深い本質は欲動の動きにあるが、この欲動はそれ自身としては善でも悪でもない、とされる。それはただ、われわれが欲動の動きやその表われを「欲求との関係や人間共同体からの要求との関係に応じて、善悪に分類している」にすぎない。それにしても、自己愛や残酷さといった、社会から悪しきものとして忌避される欲動はみな、「原始的状態」のもとにある、という。

「悪い」欲動の〔「善い」欲動への〕作りかえは、同じ意味で作用する二つの要因、すなわち内的要因と外的要因の仕事である。内的要因は、性愛、より広い意味で言うなら愛の欲求〔愛されたいという欲求〕によって、悪い――自己愛的と言われている――欲動に影響を及ぼす働きをする。

性愛的構成要素が混じることによって、自己愛的欲動は社会的欲動へと変換される。人は愛されることを、そのためには他の利益を断念してもよいような利益として評価することを学ぶのである。

ここで語られているのは、自己愛的な「悪い」欲動を、性愛によって社会的な欲動、つまり「善い」欲動へと転換することであり、それが内的な要因である。人は性愛において満たされる、つまり愛されることによって、ほかの利害関係を断念することを学ぶのだ、という。これにたいして、外的な要因とされるのは教育による強迫である。

教育は文化的環境の要求を代表するものであり、文化的環境の直接的作用によって続けられる。文明は、欲動満足の断念によって獲得されたのであり、新たにやってくる者みなに、その欲動を断念することを要求するのである。個人の生が進む間に、外的強迫から内的強迫への絶え間ない置き換えが行われる。文化の影響力は、性愛的要素を付け加えることによって自己愛的努力が、できるかぎり利他的、社会的努力に変換されるように人を導く。〔略〕われわれは、性愛の影響のもとに利己的欲動を〔社会的欲動へ〕変換するという人間にふさわしい能力のことを、人間の文化適性と呼ぼう。

こうした文化による影響のうえに、エロス的な欲動つまり広義における愛の欲求による影響が加わり、悪しき欲動つまり自己愛的な欲動が利他的で社会的な欲動へと変貌していく、といったところか。フロイトが深い幻滅のなかで、こうした文化や教育に基づく影響とともに、内なるエロスの力に将来への希望を託そうとしていたことに、関心をそそられる。

いささか唐突ではあるが、ジョージ・ミラー監督の映画『マッドマックス　怒りのデス・ロード』を想起してみるのもいい。宮崎駿監督の『風の谷のナウシカ』にたいするオマージュが随所に感じられるが、核戦争が起こったあとの、荒涼とした世界が舞台となっている。自己愛と残酷とを体現するような独裁者のもとで、暴力や殺人が日常化している、フロイト的な意味合いでの原始時代へと回帰したような世界だ。独裁者への忠誠と服従が、正義や名誉や誇りにすり替えられ、偽装されている。そこから「緑の土地」をめざして命懸けの逃走劇を起こすのは、独裁者の子どもを産むために囲われていた女たちだ。主人公のマックスがそれを手助けする。いまひとり、追跡する側にいた若者が独裁者を裏切るにいたるが、その経緯がおもしろい。

そこはまさしく、文化果つる世界である。悪しき欲動としての自己愛や残酷さへの傾向は、無制限に解放されており、それを制御するような教育や文化的な仕掛けといったものは、当然とはいえ皆無である。この弱肉強食のちまたにおいて、ひとりの若者が強大な独裁者への叛逆に転じるきっかけとなったのが、まさに女による性愛の誘いであった。自己愛を利他的で社会的な欲動へと転換させるためには、これしかないのかもしれない、というどこか滑稽な、しかし深い諦めにも似た納得が生まれた。この若者は最後に、女たちを守るためにその身を犠牲に差し出している。利他の喜びに満たされた若者の表情が、一瞬の残像として挿入されていたのではなかったか。

そこでも、エロス的なるものにこそ、ときには残酷な死をもたらしかねない利己的な欲動を社会化して、利他的なものに変容させる力が期待されていたのである。はじめての世界大戦がもたらした深い幻滅のなかで、フロイトという傑出した知性が、もはや性愛の力しか信じられるものは存在しないと感じたことを、なんと通俗的な、と笑うことはできない。おそらくは、戦争状態へと転がり落ちていった世界に、厭戦（えんせん）的な気分を蔓延させ、戦争の終結をもたらすのは、家族への愛や恋人への性愛だったのではないか。

原初に父なるものの殺害がおこなわれた、という。この血まみれた原初の罪の記憶をやわらげるためにも、エロス的なるものが必要とされたにちがいない。愛や性が死をもたらす暴力と交錯する情景といってもいい。さらに、エロスとタナトスとが交歓を果たす姿に、その多様なあり方に眼を凝らさねばならない。

性のはじまり、複製から自己創出へ

さて、あらためて神話のなかの生・性・死の情景に光を当ててみたいと思う。ここで、まず取りあげるのは、中村桂子の『生命誌とは何か』という著作である。実は、その「はじめに」のなかに、ほとんど不意を突くかたちで「神話」という言葉が姿を見せているのである。

こんな場面である。現代は、みなが共有できる世界観が持ちにくい時代である。そうした世界観はかつて、神話というかたちでみなに共有されていたと、中村はいう。むろん、現代社会は論理の世界であり、科学が優先し、それが多くの価値判断の基準になっている。ところが、「困ったことに科学は神話のように、私たちの日常を支える世界観を与えてはくれ」ない。誤解を招くかもしれないが、いまは「新しい神話」を創る必要があるのだ、という。

科学の方法で得られる知識を大切にしながら、それで人間を説明するのではなく、そこから世界観をつくっていけないだろうか。そう思って考えたのが生命科学を包みこんで更に広く展開する「生命誌」です。生命誌とはなにか。それは〔略〕、基本を科学に置きながら生物の構造や機能を知るだけでなく、生きものすべての歴史と関係を知り、生命の歴史物語(Biohistory)を読みとる作業です。

そして、この『生命誌とは何か』は、まさに「生命の歴史物語」の読み解きの実践としてたいへん魅力的な著作なのである。ここで、その全体像に触れている余裕はない。とはいえ、そこにほんの一端が開示された「生命の歴史物語」は、神話の読解に思いがけぬ示唆を与えてくれるように感じられる。その一点だけに眼を凝らしておきたい。神話学と生命誌とはきっと、「私たちはどこから来たのか、私たちは何者か、私たちはどこへ行くのか」という根源的な問いを共有しているのである。

中村によれば、DNA(遺伝子)に注目するとき、われわれは「四〇億年近い昔から続いているものが今私の中にあること、地球上の他の生きものたちとそれを共有していること」をはじめて意識することができる。そうして長い時間／広い空間のなかに身を置いて、大らかな気持ちとなり、「私という存在」について考えることは、もっとも生きものらしい、という。不思議な余韻がある。うまく理解できないことばかりなのだが、中村の語るところをしばらく追ってみたい。

　発生途中で、生殖細胞（精子と卵）が生じ、これは体細胞と違う道を歩みます。これらが受精してまた新しい受精卵をつくり、そこから次の個体が生まれるという過程がくり返されます。つまり生殖細胞（一倍体）を追っていくと、死ぬことのない永遠の命が見えます。これを生命の歴史の中で見直すと一倍体細胞は本来、無性生殖をして続いてきた、つまり死のない生命を貫いていたものだということに気づきます。バクテリアは、栄養のある限り、死なずに増殖します。個体をつくっている体細胞はある時期が来ると死に、その中に入っていたゲノムは消えるわけですが、生殖細胞に入ったゲノム〔略〕が、もう一つ別の生殖細胞のゲノムと合わさって、また新しい個体を産み出すわけです。

　ここで取りだしておきたいのは、生殖細胞という一倍体細胞は、無性生殖をくりかえしながら続いてきた「死のない生命」である、ということだ。それは本来、無性生殖をする単細胞として存在したのであり、そこでおこなわれていたのは新たなものの「創出」でなく、同じものの「複製」だった。ここで、中村はいくらか唐突に、しかしそっと、「性と死は同時に登場したものである」というテーゼを提示するのである。このテーマが展開されるのが、このあとに続く「第六章　生・

性・死」であった。

生物界は五界に分けられるらしい。ひとつは、バクテリアなどのモネラ界であり、これは原核単細胞生物で、一倍体細胞として増殖をくりかえして生きている。それから、原生動物や藻類などの単細胞生物から成る原生生物界、キノコ・カビ・地衣植物などの菌界、植物界、そして動物界である。これらの四つの界は真核生物であり、原生生物界は真核単細胞、そのほかは多細胞である。この真核細胞の登場こそが、「生命の歴史の中で最大のイベントだった」ことが、幾度となく指摘されている。

中村によれば、最初にできた真核細胞は、一倍体細胞といってゲノムを一セットしかもっていない。生きていくにはこれで充分なのだ。現存する生物としては、酵母などの菌類、クラミドモナスなどの藻類、アメーバなどの原生生物が一倍体真核細胞であり、いずれも単細胞である。そして、これら一倍体の真核細胞は「接合」して一体化する能力をもっている。こうしてできるのが二倍体細胞、つまり、ひとつの細胞のなかにゲノムを二セットもつ細胞であり、われわれの体はこの二倍体細胞でできている。

こうして、細胞には原核細胞、一倍体細胞、二倍体細胞(この変形として三倍体などの倍数体もある)の三種類あることがわかりました。ところで、ここで興味深い現象が見られます。細胞はどれも分裂してふえますが、原核細胞と一倍体真核細胞はほぼ無限にふえる能力をもっているのに、二倍体細胞は、ある回数ふえると死んでしまうということです。バクテリアや酵母菌には、本質的には死がないのに、多細胞が生まれたことによって死という概念が登場するのです。

まったくスリリングな展開である。バクテリアや酵母菌にはなかった「死という概念」が、多細胞の誕生とともに登場してくる。つまり、二倍体細胞だけで存在していては途絶えてしまう。そのために、二倍体細胞ではひとたび一倍体細胞になり、接合してもう一度新しい二倍体細胞として蘇るという方法が編み出される。これが有性生殖である。すなわち、生殖細胞である精子と卵は一倍体細胞であり、これが接合して二倍体細胞の受精卵になるわけだ。

つまり、生あるところに必ず死があるという常識は、私たちが二倍体細胞からできた多細胞だからです。本来、生には死は伴っていなかった。性との組み合わせで登場したのが死なのです。逆のいい方をするなら死をもつ二倍体細胞がなんとかして命をつないでいこうとして工夫したのが性だといってもよいかもしれません。

あの「性と死は同時に登場したものである」というテーゼが、ここに鮮やかに姿を現わしたことになる。単細胞の段階には、そもそも「死という概念」が見られなかった。原初的な生には、死というものが付随していないのである。ところが、二倍体細胞から成る多細胞の生きものが出現したとき、はじめて死が性との組み合わせで登場してくる。まさしく、生命の歴史のなかで最大のイベントが生起したのである。

それでは、なぜ、死をともなう二倍体という選択がなされたのか、そう、中村はみずから問いかける。これはただちに、なぜ、二倍体細胞は死ぬのかという、もうひとつの問いを招喚する。あきらかな答えはいまだ、ない。中村はいう、「ただはっきりしていることは、私たち人間を含めて、地球上の生物の多くは、二倍体細胞の多細胞生物として存在し、有性生殖をし、その結果、細胞の死だけでなく個体の死を存在させるような生き方をしているという事実です」と。ここでは、どうやらわれわれ人間だけが、みずからが死すべき運命を抱いて、いま・ここに生かされていることを自覚している生きものであることを想い起こしておきたいと思う。

それにしても、有性生殖は無性生殖と比べたとき、相手を必要とするだけ不便であり、不利ではなかったか。いったい、そうして何が獲得されたのか。キーワードとなるのは、とりあえず多様化という言葉である。


無性生殖では同じ細胞がふえていくだけですから本質的には多様化は望めません。時々変異が起き、しかもそれが環境にうまく適合して新しい性質として残るという稀な現象でしか変化は起こらないので、多様化しようとすれば有性生殖が不可欠です。〔略〕単細胞生物の世界でも、単に同じ細胞が増殖し続けているのではなくDNAのやりとりがダイナミックに行われ多様化は起きているのです。ただ有性生殖をすると、これまでにない組み合わせのゲノムをもつ新しい個体ができます。これは無性生殖の世界にはないことです。唯一無二の個体づくりこそ有性生殖の意味ではないでしょうか。

あきらかに多様化という選択は、生きもののサバイバルのための戦略の一環であった。こうした多様化には、さまざまな試みをすることで新しいものを産み出してゆく可能性をもつこと、さまざまな環境変化に対応できること、有害なものを捨ててゆくこと、という三つの重要な意味がある、とされる。

このように多様化という視点は重要です。しかし、〔略〕性の役割としてそれ以上に興味深いのは、単なる多様化ではなく、そこで生じる個体が、それまでにないまったく新しい組み合わせのゲノムをもつということではないでしょうか。とくにこの視点は人間の場合生かされるように思います。一倍体細胞の段階では「個」の概念はもてません。その中でのゲノムのあり様、また細胞の存続のしかたは、ＤＮＡとして存続すればそれでよいという形になっています。しかし、有性生殖でき上がった受精卵から誕生するのは、まさに個体であり、しかもそれは発生の過程まで含めるなら、他には類例のない、まさに唯一無二の存在となります。自己創出系という言葉にふさわしい存在です。

性の役割は、たんなる多様化をもたらすことではない、という。ここではむしろ、そこに「まったく新しい組み合わせのゲノム」をもった個体が、いわば「唯一無二の存在」として誕生することのうちにこそ、性のもつ秘められた役割が認められている。近親相姦のタブーなどは、多様性を導入するとともに、まったく新しい組み合わせのゲノムをもった個体を、いわば種族の未来に向けて贈与するための戦略ではなかったか、と妄想をたくましくしてみるのもいい。

さて、「第六章　生・性・死」の終わりに近く、「生、性、死というテーマがお互いに絡み合ってこそ、生きているという現象が存在する」という言葉が見える。わたしにとって、この『生命誌とは何か』という本との、とりわけ「第六章　生・性・死」との出会いは、無限の示唆と歓びに満たされていた。このあとで、わたしは中村の生命誌の導きのもと、無謀にすぎる神話の新たな読み解きへと向かうことにする。

神話は泥の海を欲望する

フロイトの語るところを敷衍(ふえん)して、エロス的なるものこそが、死をもたらす暴力に対抗し、その根底に横たわる悪しき利己的な欲動をやわらげ、利他的で社会的な欲動へと転換させる可能性を秘めている、といってみる。そうしたエロスの、すなわち性＝愛の力を、たとえば四〇億年にもわたって生命が紡いできた歴史のなかで捉えかえすことはできないか。性をもった多細胞生物の登場によって、はじめて「死という概念」が誕生したのだ、という中村桂子の生命誌的な洞察は幾重にも示唆に富んでいる。われわれはたいてい、生と死をめぐる二元論を自明なものと見なしているが、死と対をなすのは生ではなく性であるという厳粛な事実は、あらためて一個の衝撃でありえている。

それにしても、いわゆる神話という言葉の織物(テクスト)には、中村のいう「生命の歴史物語」が書きこまれているのかもしれないと思うことがある。『生命誌とは何か』の「第五章　自己創出へ向かう歴史」には、こんな一節が見える。すなわち、生命の起源においては、それまで存在しなかった「自己複製系」(――たとえば、現存生物ではバクテリアがその子孫だ)が登場する以前にも、「太古の海」のなかではさまざまな試みがあったことが知られている、と。そして、最近の研究によると、生物を構成する物質が「太古の海」に存在したと考えられる証拠が出てきていることを、中村は指摘していた。この「太古の海」には、わけもなく関心をそそられてきた。想像力が激しく揺さぶられる、といってもいい。

とても唐突ではあるが、東日本大震災から四〇日ほどが過ぎた頃に、わたしははじめて福島県南相馬市で泥の海を目撃した。まさに世界の終わりのような破壊の光景だった。押し寄せた津波が引いていったあとに、泥の海が残されてあった。その下には、水田風景が一面に広がっていたはずだが、見る影もなかった。調べてみると、そこは明治半ばまでは、風光明媚な浦や潟であり漁業や塩作りがおこなわれていたが、半世紀近い歳月をついやして干拓がなされ、水田に姿を変えていたのだった。それ以来、わたしはこの泥の海にこだわり続けてきた。泥の海の周辺では、絶滅危惧種とされていたミズアオイなどの植物が眠りから覚めたのか、群落をなしているのを発見されている。そこは死と生が複雑に交錯する場所だったのである。

その泥の海が、近代におこった新興宗教の聖典のなかに見いだされることを知ったときには、不思議な思いに打たれた。たとえば、出口ナオの『大本神諭　天の巻』には、やがて世の「立替(たてかへ)」の時が訪れ、「この世は一旦泥海に成る所であれども、金神が天の大神様へ御詫を申して、助けて戴かねば、世界の人民が可哀相である」と見える。ひとたび世界は潰れて、「餓鬼と鬼との世」になるが、そのとき、そこには泥の海が姿を現わすのだ、という。泥の海は世界の終わりのイメージであったにちがいない。

あるいは、中山みきの『おふでさき』にも、この泥の海が登場してくる。

この世の人間始め元の神　誰も知りたる者はあるまい
泥海の中より守護教へかけ　それがたんく盛んなるぞや

この後半部について、「親神が泥海の中で人間の創造と生成の守護を始めてから、次第に発達を続けて現在のような人間となった」と、宗教学者の村上重良が注釈を施している。さらに、人間世界の創造についての元の理を説き明かした歌から、冒頭の一節を引いてみる。

今ゝてに無い事ばかり言いかけて　万助けの勤め教へる
この勤め十人人衆その中に　元始まりの親が居るなり
いざなぎといざなみいとを引き寄せて　人間始め守護教ゑた
この元は泥海中に魚と巳と　それ引き出して夫婦始めた
この世の元始まりは泥の海　その中よりも泥鰌ばかりや

その内に魚と巳（みい）とが混り居る　よく見澄ませば人間の顔
それを見て思いついたは真実の　月日の心ばかりなるそや

村上の注釈によれば、神楽勤めの一〇人の人衆のなかに、「この世の元を始めた親神である月日親神の理をうけた者たちがいる」という。いざなぎ／いざなみの二神は配偶神である。天理教の教義においては、いざなぎは男雛（おびな）型、「種のはたらき」で、神名を与えられる以前の姿は人面の「ぎ魚」であり、いざなみは女雛（めびな）型、「苗代」で、姿は白ぐつな(蛇)である、という。親神がいざなぎといざなみを、つまり魚と蛇を泥の海より引きだして、人間創造の守護を教えた。魚と蛇とは、そうして夫婦として交わったのである。この世のはじまりには泥の海があって、そのなかには泥鰌だけではなく、魚と蛇が混じっていて、どちらも人間の顔をしていた。それを見て、親神は人間を創ることを思いついたのだ、と語られている。これがいわば、『古事記』のイザナキ・イザナミ神話を淡く下敷きにしながら、民俗的な奇想と変容（メタモルフォーゼ）を施した神話であったことは否定しようがない。

ここではとりあえず、幕末から明治にかけて誕生した新興宗教において、世直しにからんで、どこか異形の創世神話がくりかえし語られていたことを確認しておけばいい。近代日本における神話的な想像力はいわば、終末／始原のイメージとして、あの泥の海への欲望を露わにしていたのである。しかし実は、世界のいくつかの民族のなかには、海底の泥を使って世界や人間を創造する神話が見いだされるのであり、世界を創る素材としての泥というイメージはとりたてて珍しいものではない。

たとえば、『世界神話事典』から、そのいくつかを引いてみる。

（a） 原初、世界は混沌としていて、闇の中に創造神エヘ゠ボルハンがぼんやり浮かんでいた。エヘ゠ボルハンは天と地を分離しようと決め、最初に野鴨を造った。野鴨は水中に潜り、くちばしに泥を挟んで戻ってきた。エヘ゠ボルハンはこの泥で母なる大地ウルゲンを造り、さらにその上に植物と動物を造った。（シベリアのブリヤート族）

（b） 原初は、広大な水しかなかった。暗黒がすべてを覆っていた。タタラ゠ラブガは大地を創造しようと決意し、その実行のためにより地位の低い精霊ノストゥ゠ノーパントゥを女の姿で派遣した。足を下ろす場所がなかったので、女は水の上に広げられた蜘蛛の巣に居を構えた。タタラ゠ラブガは彼女に一握りの砂を材料として与えたが、仕事にかかると砂粒をくっつけられないのがわかった。そこで彼女は一匹の大きな蟹を水に潜らせて、粘土を持ってこさせようとしたが、水が深すぎて蟹は使命を果たせないまま戻ってきた。次には小蟹を遣わしたが、これも恐れを抱いて失敗した。そこで彼女は甲虫を下ろしたところ、これは粘土をもって帰ってきた。彼女はこの粘土を用いて大地を造った。（アッサム西部のガロ族）

（c） 世界のはじめは、太陽も月も星もなく、あるのは水だけだった。やがて北から筏が流れてきた。その上には亀が一匹乗っていた。亀は土を取りに水の底に潜った。六年かかって帰ってきたが、そのとき残っていたのは爪の下のわずかな量の土だけだった。土の神は、この土から世界を造った。(北アメリカのマンドゥ族)

地球上のさまざまな民族が物語りしてきた、「太古の海」を舞台として世界が創造される神話には、心惹かれるものがある。この「太古の海」には、生物を構成する物質が存在し、生命の起源にまつわるさまざまな試みがなされていた、という中村桂子の言葉を想起しておきたい。

原初には、混沌の闇があり、どこまでも水が広がっていた、という。まさしく「太古の海」である。当然とはいえ、海を身近に知っている民族でなければならない。世界を創る神や精霊がいて、かれらの命令によって水底の探索へと遣わされるのは、野鴨や蟹や亀といった水辺の生きものたちである。甲虫は例外であったか。これらの生きものたちは水に潜り、苦難の末に深い海の底の泥をもち帰る。至高神が悪霊に、「海底にある土を海上に持ってくるように命じた」(ヴォルガ河流域のモルドヴィン族)といった、はっきりと海底の泥を名指しする神話もある。ともあれ、その泥で大地や動植物などが造られることになる。こうした潜水型の創造神話は、北アメリカではカリフォルニアに多い、という。どこにでも見いだされるわけではない。

人類創成神話においては、土をこねて人間を創造するモチーフがくりかえし登場してくる。文化英雄が粘土をこねて人間を造った(メラネシアのバンクス諸島)、世界のはじまりに、神は男と女を土と水から造った(大西洋のカナリア諸島)、神々にひとりの神を殺させ、その血と肉を粘土に混ぜて人間を造った(古代バビロニア)といったものだ。この土で人間を造るというモチーフは世界に広く分布しているが、土器作りのアナロジーで作られたモチーフではないか、と想像されている(大林太良による)。

さて、あらためて「太古の海」に眼を凝らさねばならない。

生命の起源をめぐる仮説にはいくつかあるが、近年、注目されているものに深海の熱水噴出孔がある、という。かつてダーウィンが進化論を模索していた一九世紀中葉、深海には生物はいないと考えられていた。ところが、一九六〇年代から本格的に始まった潜水船による調査によって、世界でもっとも深いマリアナ海溝のチャレンジャー海淵にもウロコムシやヨコエビ類の生息が確認され、海底の泥(底泥)からは一〇〇種類以上の微生物が分離されている、という。深海底の生物多様性は予想以上に豊かで、熱帯雨林にも匹敵するといわれている。深海底のなかでも、バイオマス(生物量)と生物多様性が異常に大きいのが、熱水噴出孔というきわめて高温の熱水が噴出している場所である。これは、太古の地球の環境とよく似ているといわれ、この「太古の海」で化学合成に頼る原始の生命が誕生していたのかもしれない。いま、深海で化学合成によって生きている微生物たちは、この「太古の海」に現われた原始の生命の子孫ということになる(長沼毅「深海――もうひとつの地球生物圏」『生命誌』通巻一六号)。

神話的な想像力は、古今東西を問わず、海底の泥にこそ世界や生命の起源にまつわる秘密が隠されていることに、もしかすると気付いていたのかもしれない。すくなくとも、土器作りのアナロジーといった了解の作法に封じこめておくことには、なにか物足りなさが残る。いずれであれ、神話的な想像力がはっきりと名指ししてきた、世界や人間を造るための素材としての海底の泥こそが、いま、最先端の深海探査研究によって、生命の起源を証言するモノとして発見されつつある。そしてまた、巨大な津波のあとに出現した泥の海が、深海の熱水噴出孔や、「太古の海」に繋がってゆくかすかな道筋にも、あらためて眼を凝らしてみる必要があるだろう。

オノゴロ島にて、聖なる結婚と死

それにしても、中山みきの『おふでさき』に姿を現わす泥の海は、まさしく「太古の海」であった。それは世界の終末イメージに浸された場所であるとともに、親神と呼ばれる創造神が「人間の創造と生成」のために、人面の魚のいざなぎ／蛇のいざなみの二神に夫婦としての交わりを教えた場所でもあった。いわば、泥の海は性愛が始まる場所でもあったのだ。そうした終末／創造にかかわる神話的な場所が、この地球における生命の起源の舞台となったのかもしれないことを、最先端の生命誌的な研究が示唆している。

ここでは、『古事記』をテクストとして、日本古代の神話的想像力のもつ固有の位相に光を当ててみたいと思う。乱暴な読み解きであることは承知のうえで、生命誌が語る「生命の歴史物語」と『古事記』の神々の物語とを重ねあわせにしてゆくことにする。

『古事記』上巻の序には、次のように見える。すなわち、「乾坤初めて分れて、参神造化の首と作り、陰陽斯に開けて、二霊群品の祖と為りき」と。乾坤つまり天地がはじめて分かれ、三神が万物のはじまりとなった、そして、さらに陰陽つまり男女の両性が開けて、二柱の神が万物の生みの親になった、と語られている。上巻の本文は、以下のように始まる。

天地初めて発けし時、高天の原に成れる神の名は、天之御中主神。次に高御産巣日神。次に神産巣日神。此の三柱の神は、並独神と成り坐して、身を隠したまひき。

序にいう、「参神造化の首」の三神が、ここに見えるアメノミナカヌシ・タカミムスヒ・カミムスヒである。この三柱の神はみな、独神であったが、これは「双神(男女対偶の神)に対して単独の神」(日本古典文学大系)、「男女という性を有した身体において役割を果さない神」(新編日本古典文学全集)、あるいは「男と女とにわかれる以前の神。したがって、配偶者を得て結婚することができない」(『口語訳古事記』)などと解釈されている。いわば、性をもたない、性の分化以前の神ということだ。また、ここには独神に成るとあって、この「成る」は神代の物語ではきわめて重要な語彙のひとつである。西郷信綱によれば、「成る」には三つの用法があり、この場合は「無りし物の生り出る」の義であり、無からではなく混沌から生ずることだ、という(『古事記注釈』第一巻)。

これらの神が身を隠したとは、なにを意味するのか。「現し身を隠してあらわされなかった」(日本古典文学大系)、「現し身を隠してあらわさず、ひそめられたところで神々の世界に対して働く」(新編日本古典文学全集)、あるいは「天地の間に溶合した」(武田祐吉訳注『新訂古事記』)などと注釈が施されているが、いかにも曖昧模糊としている。ただすくなくとも、身を隠すことは死を意味するとは解されていない。三浦佑之はこれについて、「神は時がくると姿を隠してしまうのだが、それは、いわゆる死ではなく、目では確認できない存在になることを意味する」と解釈するが、なんとか納得がゆくものといっていい。

あるいは、西郷信綱は以下のように説いている。

> これは身を隠して顕われなかったということ。したがって原文「隠身也」は「隠身(カクリミ)なりき」とも訓(よ)めるはずで、現代風にいえば抽象神であることを表そうとしたものと解される。さもなければ、独神であったというだけで充分で、何も「隠身也」とまでいう必要はないはずである。古事記冒頭のこの段から国生みの段にかけて、「身」という語がしきりと用いられているのに目をとめねばなるまい。身もあったのではなく成ったのであり、少くとも性的には独神はまだあらわな「身」ではなかったと見たのだろう。

独神は「身」を隠した抽象的な神であり、とりわけいまだ性に分かれた「身」はもたなかった、ということか。ここで、比較のために、『日本書紀』神代上を想起しておくのもいい。クニノトコタチなど三神については、「乾道独化(あめのみちひとりな)す。所以(このゆゑ)に、此の純男(をとこのかぎり)を成せり」と見える。「乾道」は陽気を意味し、それら三神はその陽気のみを受けて生まれた神であり、まったく陰気を受けない純粋な男性であった、と解されている。「純男」(ヲトコノカギリ、西郷はヒタヲトコと訓む)などと、なにやら、あらわな男性中心主義の匂いが漂う気がしないでもない。さらに、これに続いた男女八柱の神々についても触れておく。そこには、「乾坤(あめつち)の道、相参(まじ)りて化(な)る。所以(このゆゑ)に、此の男女(をとこをみな)を成す」とあるが、乾(陽)と坤(陰)の気が合一して、ここに男神と女神が誕生した、という意である。『古事記』と感触が異なることはあきらかだろう。

さて、『古事記』上巻では、これに続く四柱の神もまた、独神であり、やはり身を隠している。このあとに見える男女対偶の神々は、二神五代であり、その最後に伊邪那岐の神と伊邪那美の神が男女の対をなして登場してくる。このイザナキ・イザナミ神話はまさしく創世神話であり、大きくは二段構成になっている。

まず第一段では、オノゴロ島における聖なる結婚から、島生みと神生みへ、そしてイザナミの死が語られている。イザナキ・イザナミの二柱の神は、この漂える国を整え固めるように命じられ、天の浮橋に立って、天の沼矛をさし下ろし掻き回したところ、その矛の先から滴る潮が凝って島になった。そのまわりには、泥の海のような世界が広がっていたはずだ。オノゴロ島の誕生である。二柱の神はその島に天降りして、天の御柱と八尋殿を見いだした。

> 是に其の妹伊邪那美命に問曰ひたまはく、「汝が身は如何か成れる。」ととひたまへば、「吾が身は、成り成りて成り合はざる処一処あり。」と答白へたまひき。爾に伊邪那岐命詔りたまはく、「我が身は、成り成りて成り余れる処一処あり。故、此の吾が身の成り余れる処を以ちて、汝が身の成り合はざる処に刺し塞ぎて、国土を生み成さむと以為ふ、生むこと奈何。」とのりたまへば、伊邪那美命、「然善けむ。」と答曰へたまひき。爾に伊邪那岐命詔りたまひしく、「然らば吾と汝と是の天の御柱を行き廻り逢ひて、美斗能麻具波比為む。」とのりたまひき。

こうして、ミトノマグハヒ、つまり聖なる性＝結婚が交わされる。最初に生まれてくるのが水蛭子であり、葦の船に乗せて流しやった。次に生まれるのが淡島であるが、これも子の仲間には入れなかった、と語られている。満足の行かぬ島ができたのを、障がいをもった子どもに喩えたものか。それから、性＝結婚を作法通りにやり直して、淡路島など八つの島を生んだ。さらに合わせて一四の国を生んでから、神生みにいたる。イザナミはたくさんの神々を産み落としたが、火の神のカグツチを産んだことによって、ホト(女陰)を焼かれて病いに伏し、ついに「神避り坐しき」という。そして、イザナミは出雲の国と伯伎の国との境の比婆の山に葬られたのである。神の死がはじめて語られたことになる。

さらに、第二段では、イザナキの黄泉の国訪問から、黄泉比良坂での事戸渡しへ、そして水辺での禊と神々の誕生が語られている。イザナキは剣をもって子のカグツチの首を斬った。それからイザナミに会いたいと思い、黄泉の国に追ってゆく。イザナキはそこで、「我をな視たまひそ」というイザナミとの約束に違背したために、黄泉の国から逃げ帰ることになる。黄泉比良坂を千引の石で塞いで、それを間にして「事戸を度す」ときに、こんな離別の言葉が交わされる。

伊邪那美命言ひしく、「愛しき我が那勢の命、如此為ば、汝の国の人草、一日に千頭絞り殺さむ。」といひき。爾に伊邪那岐命詔りたまひしく、「愛しき我が那邇妹の命、汝然為ば、吾一日に千五百の産屋立てむ。」とのりたまひき。是を以ちて一日に必ず千人死に、一日に必ず千五百人生まるるなり。

こうしたイザナキ・イザナミ神話の前段には、独神の時代が置かれてあった。独神には死がなかったことを想い起こさねばならない。かれらは「身を隠したまひき」と語られるばかりで、死を示唆されることがなかったのである。イザナキ・イザナミはオノゴロ島を舞台として、天の御柱を廻って聖なる結婚をおこなう。島生み・神生みのはてに、火の神を産んだイザナミがホトを焼かれて死にいたり、境の山に葬られる。「神避り坐しき」とは、まさしく死を意味していた。イザナキ・イザナミは男女の性をもった対偶神であり、かれらの聖なる性＝結婚が結果として、イザナミに死をもたらしたのである。ここにはじめて、神の死が性と対をなして物語りされたことになる。

イザナキによる黄泉国訪問譚においては、黄泉の国という死者の世界が真っすぐに描かれていた。そして、黄泉比良坂での事戸渡しの場面はそのままに、人間の死の起源譚へと繋がっていた。そこではしかも、ただ死の起源が物語りされていたわけではない。たんなる生と死の対比ではなく、産屋が挿入されることによって、そこに性が介在することが暗示されていたのである。生は性によって仲立ちされて、死を招き寄せるが、死はまた性によって、新たな生へと繋がれている、ということか。

まるで生命誌があきらかにしてきた「生命の歴史物語」をなぞるかのように、『古事記』上巻は、神々の歴史を生・性・死のからみ合いのなかに物語りしていたのである。独神の時代とは、「生命の歴史物語」になぞらえれば、単細胞の、無性生殖の段階であり、ここにはいまだ個性や多様性といったものは見いだされず、「死という概念」それ自体が不在なのである。イザナキ・イザナミの登場、つまり性の分化から男／女の神が出現することによって、劇的に風景が変貌する。多細胞の、有性生殖の開始とともに、まさしく死が招来されるのである。男／女という性を抱いた「身」をもって交わる神々は、次々に子どもを産み落としながら、やがて「身」を有するがゆえに、死の瞬間を迎えるのである。そうして、死者たちの世界としての、死後の時間にいだかれた黄泉の国という他界がくっきりと姿を現わす。空間と時間が複雑によじれ始める。

神話はそれを知っていたのかもしれない。すくなくとも、性の出現がもたらす世界の変容については、かぎりなく自覚的であったのではないか。そのとき、世界は多様性に彩られて、未知なる時空へと一気に開かれてゆく。性が死を招き寄せる。死が性とともに顕われる。性こそが世界に多様化をもたらす。かくして、これまでにない組み合わせのゲノムをもつ新しい生きものが登場する。『古事記』に見える神＝カミとは、生命とそのままに置き換え可能な言葉であったのかもしれない。ともあれ、独神から対偶神への展開こそが、まさに「生命の歴史物語」の神話版において最大の事件だったのである。

くりかえすが、天理教の教義においては、いざなぎ＝男は神名をあたえられる以前には人面の魚であり、いざなみ＝女は白い蛇である、と語られていた。親神がその魚と蛇を泥の海より引き出して、夫婦としての交わりを教えたのである。イザナキ・イザナミ神話からの、奇怪な民俗的跳躍が果たされたといえるだろうか。わたしはふと、日和聡子の『おのごろじま』という不思議な小説を思いだす。そのはじまりの章は「みとのまぐわい」と題され、「おのごろ島にて、いざなぎとまぐわう」という一行をもって書き起こされる。若き詩人が紡いでみせた、思いきり破天荒にしてエロティックな幻想に彩られた創世神話であった。

それは著者によれば、「ある島の、いつと知れない出来事、そのありさまを、写し、記した」(「あとがき」)、一篇の〈叙事〉的な詩であり物語であった。たしかに時間はよじれ、ものごとにははじまりもおわりもなく、どこかで交わりあっている。おのごろ島に降り立ったいざなみといざなぎは、うるわしの椎の古木のまわりをめぐり逢い、みとのまぐわいを延々とくりかえす。「交の道」を教えたのは、頭上に啼く鳥の鶺鴒だ。いざなみはそうして、人だか鳥獣虫魚だかわからぬモノたちを、次から次へと産み落とす。境界をやすやすと踏み越えて、神と人と鳥獣虫魚とは姿を自在に変える。生きとし生けるものたちの宴か、祭りか。大蛇、男、からす貝、鳩、這虫、鮫、蜻蛉、隼、天女、蟹、女、市女、山伏、巫女貝、蟷螂、かなぶん、蟻、玉虫……が、はるかな時空のそこかしこで足を踏み外しながら、出会い、交わる。

言うてみよ、とあくまでもやさしく、いざなぎが問う。大きく盛り上がり下がりするいざなぎの胸をぼんやりと眺めながら、いざなみは「ひりひりと焼けてくるような陰」のあたりを思っている。そして、「穴」と声にする。「あな。どんな」といざなぎが問う。いざなみは答える、「真暗き。御矛の径ばかりの。かたわらに、耳飾りの落つ。拾う者なき。覗き見るもおそろし」と。むろん、女神のホトである。真っ赤にたぎるホトだ。「真暗き穴より、大蛇も夜蜘蛛も、出で来んことのおそろしき。鼻緒とって食われ、耳飾りのもぎ落つ。汝が御玉矛以て、いまとく刺し塞ぎ給え」と、いざなみは誘いかける。そのまぐわう様を、古木の太い枝の股に重たげに巻きつき、一匹の大蛇が見つめている。いざなぎが果てるたびに、いざなみの闇に映りいでくる者たち。かれもこれも、「おそろしげなる、愚なる、厭わしげなる処どころさまざまにあれど、などかは、うつくしき、いとおしげなる処どころもこそさらにあはれ」と、その到来を喜んだ、と語られていた。

ともあれ、いざなぎといざなみの聖婚にまつわる、まか不思議な叙事物語であった。そして、この対偶神の登場とともに、まぐわいという性愛がはじまり、世界は異形の生きものたちに埋め尽くされてゆく。まさに、性こそが世界に多様化をもたらし、これまでにない組み合わせのゲノムをもつ新しい生きものたちを産み落とすのである。そして、そのかたわらには、生きものたちのそれぞれの死が転がっている。物語の終章に近く、いざなみは大蛇の真っ赤な口に飲みこまれ、なにものかが投げつけた火にホトを焼かれ、生と死のあわいを彷徨う。最後は、もどらぬいざなぎの身体をしかと抱いて、おそらく死の看取りをしているかのように、物語は終わる。日和聡子の『おのごろじま』は、まったく破天荒にしてエロティックな創世神話であったが、その動物じみた表情にはそそられるものがある。

第六章 女神の死

九相図のもとでの性と死の交歓

もし許されるならば、あなたは誰から、どんな講義を受けてみたいですか。そんな問いかけがなされたら、わたしはきっと迷わずに、「宮沢賢治の性教育講座」と答えるだろう。宮沢賢治が弟子たちに、浮世絵の春画をテクストにして性教育をおこなっていた、という話がひそかに語り継がれてきた。だから、「宮沢賢治の性教育講座」はけっして妄想の所産ではないし、むしろタイムマシンがあれば実際に立ち会うことができるはずのものなのだ。

しかし、わたしはふと、もしそれが春画ではなく、いわゆる九相図であったならば、とさらに想像をたくましくする。賢治の禁欲主義を思えば、その方がしっくり来る。ところが、どうやら賢治はみずからには結核ゆえに禁欲を厳しく課しながら、弟子たちには春画を見せて、いわば性を肯定的に語っていたらしい。だとすれば、美女が死んで腐敗し土に還ってゆく九相図では、ふさわしい教材とはならない。九相図が必要であったのは、賢治自身であったか。

いわゆる九相図とは、死体が腐敗し白骨となるまでのプロセスを九つの相で表わす、東洋的な絵画である。これについて、山本聡美は『九相図をよむ』の「序」に、「死体の変化を九段階に分けて観想(いわばイメージトレーニング)することによって自他の肉体への執着を滅却する、九相観(九想観)という仏教の修行に由来する」ものだと説いている。そこには、相／眼で見たイメージの世界と、想／心で観じたイマジネーションの世界とが交錯している、ともいう。

仏教の修行のひとつに、不浄観がある。山本によれば、出家者が自分自身や他者の肉体にたいする執着を断ち切るために、「皮膚・筋肉・内臓・体液・骨、そして死体などの不浄の様子を観想する」ことだ。この不浄観によって、六欲(色欲・形容欲・威儀欲・言声欲・細滑欲・人相欲)が除かれ、とりわけ壊屍(えし)つまり腐乱死体を観想すればすべての欲を取り除くことができる、とされる。こうした不浄観のなかで、死体を九段階に分けて観想することを、特に九相観と呼んでいる。この九相観をおこなうことで、「どんなに美しい容姿も汚物の上を仮の姿で覆い隠しているようなものであると知り、淫欲を防ぐことができる」と説かれているのである。いわばそれは、「脳内に記憶した死体のイメージ」にもとづいておこなう修行であり、そのイメージ喚起のための補助具として九相図は描かれたらしい。

仏教の教義に根ざした詩歌や説話文学がある。そこでは「九相図をめぐる生と死、聖と俗、美と醜、男と女の物語が重なりあって大きな森をつくっている」ことを、山本は指摘している。この『九相図をよむ』は、そうした九相図に源をもつ大きな物語の森に踏み迷いながらなされた、すぐれた読み解きの書といっていい。『九相図資料集成』をかたわらに、わたしはこの著書を読んでいる。

山本も触れているのだが、ここではやはり、『古事記』のイザナキによる黄泉国訪問譚を想起しておきたい。イザナキは亡くなったイザナミ恋しさに、黄泉の国を訪ねるが、そこで「うじたかれころろきて」いるイザナミの姿を見て、驚き、逃走をはかる。西郷信綱は『古事記注釈』第一巻のなかで、「宇士多加礼許呂呂岐弖」と一字一音の仮名で表記されているところに、この語への執着を認めながら、「死体の糜爛(びらん)をずばりいいあらわしており、その臭気まで感じさせる語だ」と評している。そして、「この一語の発する肉体的嘔吐感と臭気は、黄泉の国の話がモガリと不可分であることを示している、という。

『日本書紀』では、ここは「膿沸き虫流る(うみわきうじたかる)」と表記されている。いずれにせよ、蛆がたかるイザナミの腐乱死体を前にして、イザナキは「見畏みて逃げ還る(みかしこみてにげかえる)」のである。山本はいう、「死後の肉体の不浄な様を見て男神が女神への執着を捨てるという物語構造は、仏典を通じた不浄観の思想と結びつくことで、中世には九相観説話へと展開する」と。思いがけず、九相図をめぐって生と死・聖と俗・美と醜・男と女、さらに浄と不浄・永遠と無常・罪と救済などが交歓を果たす物語の森の源流に、『古事記』の黄泉国訪問譚が見いだされていたということか。それはまた、「日本文化の根底に一貫して存在していた、死体の美術と文学の水脈」(『九相図資料集成』の山本による「序」)の源流(はじまり)でもあったはずだ。

そもそも、九相図とは男性出家者の煩悩滅却を目的として用いられる図像である。だからこそ、ほとんどの場合、そこには女性の死体が描かれている。しかも、九相図においては、肌の色の変化を丹念に描くために、起点となる新たな死相として描かれる死体はわざわざ肌をさらし、やがて醜く変貌してゆく乳房や手足を露わにしている。そうして「女性の身体を思うがまま眺めることのできるポルノグラフィックな絵画」としての側面がつきまとうことになる。これから滅却されようとしている性的な欲望を、ひとたび顕在化させる役割も託されていたのかもしれない。絵巻をひもといた男の視線は、むきだしにされた乳房や脛（すね）や足首に惹きつけられずにはいない。そうして、九相図には、生から死へと移りゆくあわいに、思いがけず性が露出し、性と死とのグロテスクにして奇妙な戯れがくり広げられるのである。

山本は終章にいたって、以下のように述べている。

> 伝統的に、日本の九相図には女性の死体が描かれてきた。九相観を行う主体である男性出家者にとって、性的煩悩の対象は主として女性である。九相図に女性が描かれる理由も、まずはこの点に求められる。高貴な、あるいは美しい女性の肉体が、徐々に腐敗し醜悪な姿に変化していくからこそ、九相図は煩悩を退ける図像として力を発揮したものであろう。さらによく見ると、描かれた女性たちの死体は大層なまめかしく魅力的でもある。生命が消え去った後のぬけがら、自我を失った空虚な肉体が無造作に野に置かれ、観想という一方的な眼差しの対象とされている。九相図は、女性のあられもない姿(死体)を、臆面もなく眺めることのできる格好の主題でもあった。中・近世を通じて、九相図は男から女への、複雑な眼差しの先に横たわっ

ている。

とても深いところに届いている気配がある。生と死とは、たやすく二元論的な構図のなかに摂りこまれるが、そこに性を介在させた途端に、なにやら風景は一瞬にして根底からの変貌を遂げずにはいない。まるでダリの絵画のなかの時計のように、輪郭が曖昧に溶けて、妖しく歪みはじめる。高貴な美しい女性の肉体が、しだいに腐敗し、醜悪な姿へと変じてゆく。中世的な観念からすれば、「どんなに美しい女性のもっとも究極的なあられもない姿態が、汚物の上を仮の姿で覆い隠している」ことがむきだしになるのである。あるいは、女性のもっとも究極的なあられもない姿態(ヌード)が、まさしく死体であったことが露顕する、といってもいい。性と死とが交わるとき、男の女へのまなざしは幾重にも屈折を強いられる。

先の引用に続けて、山本はこう説いていた。

しかしいっぽうで、九相観説話の中の女性たちは、自らの強い意志と自己犠牲の精神によって不浄の肉体を曝し、他者の発心を助けた者として尊ばれてもいる。死体を曝すことが、女性にとって信仰心の表明であるとみなされる土壌もあった。近世初頭には、絵解きなどを通じて、九相図が直接的に女性教化(じょせいきょうげ)の役割を担うこととなる。九相図の中に自己を見出していた者たちの存在を見過ごすわけにはいかない。

たしかに、中世の女性たちにとっては、「死体を曝すことが〔略〕信仰心の表明である」ような宗教的回路が存在したのかもしれない。しかし、それが「女性教化の役割」を果たすというのは、どうにも救いがない。細川涼一が「小野小町説話の展開」(『女の中世』所収)という論考のなかで、これについて、「女性の側にとっては、自己の肉体と精神に対する自己疎外、身体感覚レベルでの自らの性としての存立に対する自己嫌悪以外の何ものももたらさなかったのではなかろうか」と指摘していたことを想起しなければならない。

細川はそこで、円地文子のこんな言葉を枕に引いていた。すなわち、「小町の晩年の悲惨な放浪生活を語る者は常に男性であって、彼らの中には家を持たぬ美女、夫や子を持たぬ美女に対する恐怖心の入り交ったあくどい憎悪が貯えられているように思う」(『小町変相』)という言葉だ。中世には、絶世の美女であった小野小町は、みずからの美貌と歌の才に溺れて、懸想(けそう)してくる男たちを翻弄(ほんろう)した挙げ句に、年老いて容色が衰え、貧窮し、乞食となってあちこち彷徨(さまよ)いあるいた、と語り広められていた。いわゆる小町零落譚である。小町はしばしば、九相図の美女と重ねあわせにされている。こうした小野小町伝承が九相図と交叉する地点に、眼を凝らす必要がある。

細川は以下のように述べている。

この『九相詩絵巻』にみられる観想で問題なのは、男性の中に淫心が生じる原因が一方的に女性の側に投影され、女性をその全体的な人間存在から切り離して不浄な性的存在とみなしてその屍を醜悪に描き、女性の宗教参加を忌避することによって男女の間に性的関係が生じることの問題の解決を計ろうとしていることである。これは、男性の側に淫心=性的空想が生じることの問題を主体としての男性自身の問題として考えようとするのではなく、その肉欲を促す原因を客体としての女性の側に転化し、その肉体と性を罪深い存在として否定することによって問題の解決を計るものといわざるを得ないであろう。

いささか回りくどい物言いが選ばれているが、その言わんとするところには共感を覚える。いわば、男のなかの淫心＝性的な欲望がそれとして意識化されずに、女の側に投影され、女という性やその肉体を罪深い、穢れたものと見なし否定する心的なメカニズムを産みだしているといったところか。それはおそらく、男のなかに潜在している「女に対する無限な恐怖心」(円地文子)を、ひそかな起動力としているにちがいない。ただ、留保しておきたいことはある。小町零落譚を好んで語るのはつねに男であり、かれらのなかには「家を持たぬ美女、夫や子を持たぬ美女に対する恐怖心の入り交ったあくどい憎悪が貯えられている」と、円地は語っていたが、そうした家や夫や子どもをもたぬ美しく魅惑的な女にたいする恐怖や憎悪は、はたして男だけの専有物であったか。家や夫や子どもを守らねばならぬ女たちもまた、小町的な女を怖れ憎悪していたのではなかったか。小町を呪縛する見えない力は、いくつかの方位から、女という性そのものを貶め抑圧するために働いていたにちがいない。

現代の画家たちのなかにも、九相図は主題として受け継がれている。山口晃の「九相圖」や松井冬子の「浄相の持続」に触れて、山本は以下のように述べていた。

清潔に整えられた社会に生きる、私たちから遠ざかりつつあるもの。肉体の存在感、手触り、におい、痛い、冷たい、寒い、暑い、食べる事、排泄すること、与えられた生の時間に対する敬虔な気持ち、喜び、規則的に鼓動する心臓の奇跡、そして言葉で捉えきれないたくさんの感情が、現代の九相図を見ているとあふれてくる。なんとあやうい容器に、私たちの命は入っているのだろう。

肉体というつかの間の容器に、やがて死すべき運命とどうにも制御しがたい性とをごった煮に詰めて、われわれの儚(はかな)い生はあやうくいとなまれている。「野に打ち棄てられた死体」が喚起するイマジネーションの普遍性、という魅惑にみちたつぶやきの言葉を、山本聡美はその書の終わり近くに書き留めていた。九相図から立ちのぼってくるエロスのさざめきの、なんと妖しくかぐわしいことか。

それにしても、わたしには、中世人のなかにはあったらしい、「死体の絵の奥にある清浄なる世界への憧れ」といったものが、どうにもわからない。そして、美女の死と腐敗という映像的なイメージによって、エロス的な欲動を無化・消散させようとする九相図の漂わせる、なにか途方もなく的外れの情けない表情にも、心疼(うず)くものがある。男という性こそが、滑稽きわまりない原罪を背負わされているのかもしれない、といった留保もまた必要だろうか。

腐敗と恐怖をめぐる形而上的な問い

夢野久作の『ドグラ・マグラ』のまさしく核心をなす一節には、ある絵巻物が登場してくる。中国は、玄宗皇帝と楊貴妃の時代、呉青秀という若き秀才の絵描きが宮廷に仕えていた。その未完の作品である。一一月のある日のこと、呉は美しい妻と幽界で巡り会う約束を固めてから、別離の盃を交わし、哀傷の涙を流す。やがて斎戒沐浴して化粧を凝らした黛夫人が香煙のなか、白衣をまとい寝台に横たわると、呉は乗りかかって絞め殺す。それから、死骸を丸裸にして肢体を整え、香華を散じ、神符を焼き、屍鬼を祓い去ってから、紙をのべ、畢生の心血を注いで極彩色の写生を始めた、という。

呉青秀は、こうして十日目毎にかわって行く夫人の姿を、白骨になるまで約二十枚ほどこの絵巻物に写し止めて、玄宗皇帝に献上し、その真に迫った筆の力で、人間の肉体の果敢なさ、人生の無常さを目の前に見せてゾッとさせる計劃であったという。ところが何しろ防腐剤なぞいうものが無い頃なので、冬分ではあったが、腐るのがだんだん早くなって、一つの絵の写し初めと写し終りとは丸で姿が違うようになった。とうとう予定の半分も描き上げないうちに屍体は白骨と毛髪ばかりになってしまった〔略〕というのだ。

当然とはいえ、極彩色のリアリズムでなければいけない。美しい女が死んで、腐敗し白骨になるまでの姿を克明に写生し、それを眺めることによって、皇帝が人間の肉体のはかなさや人生の無常に目覚めることが期待されている。女の屍体はあらかじめ丸裸にされている。女への肉欲に縛られることへの戒めだ。九相図の思想と変わらない。それにしても、女の肉体が美から醜へと避けがたく変容してゆく場面に立ち会うことが、いったいなにをもたらすというのか。ここにはきっと、なにかが周到に隠蔽されている、そんな気配が漂う。

いずれであれ、そうして六枚の色鮮やかな絵が残された。

第一の絵／「死んでから間もないらしい雪白の肌で、頬や耳には臙脂の色がなまめかしく浮かんでいる。その切れ目の長い眼と、濃い睫毛を伏せて、口紅で青光りする唇を軽く閉じた、温柔しそうなみめかたちを凝視していると、夫のために死んだ神々しい喜びの色が、一パイにかがやき出しているかのように見えて来る」

第二の絵／「皮膚の色がやや赤味がかった紫色に変じて、全体にいくらか腫れぼったく見える上に、眼のふちのまわりに暗い色が泛み漂い、唇も稍黒ずんで、全体の感じがどことなく重々しく無気味にかわっている」

第三の絵／「もう顔面の中で、額と、耳の背後と、腹部の皮膚の処々が赤く、又は白く爛れはじめて、眼はウッスリと輝き開き、白い歯がすこし見え出し、全体がものものしい暗紫色にかわって、腹が太鼓のように膨らんで光っている」

第四の絵／「総身が青黒とも形容すべき深刻な色に沈みかわり、爛れた処は茶褐色、又は卵白色が入り交り、乳が辷り流れて肋骨が青白く露われ、腹は下側の腰骨の近くから破れ綻びて、臓腑の一部がコバルト色に重なり合って見え、顔は眼球が全部露出している上に、唇が流れて白い歯を噛み出しているために鬼のような表情に見えるばかりでなく、ベトベトに濡れて脱け落ちた髪毛の中からは、美しい櫛や珠玉の類がバラバラと落ち散っている」

第五の絵／「今一歩進んで、眼球が潰え縮み、歯の全部が耳のつけ根まで露われて冷笑したような表情をしている。一方に臓腑は腹の皮と一緒に襤褸切れを見るように黒ずみ縮んでピシャンコになってしまい、肋骨や、手足の骨が白々と露われて、毛の粘り付いた恥骨のみが高やかに、男女の区別さえ出来なくなっている」

第六の絵／「唯、青茶色の骨格に、黒い肉が海藻のように固まり附いた、難破船みたようなガランドウになって、猿とも人ともつかぬ頭が、全然こっち向きに傾き落ちているのに、歯だけが白く、ガックリと開いたままくっ付いている」

たとえば、『大智度論』などに示されている九相観には、以下のような九つの屍体が腐敗してゆくプロセスが記されている(山本聡美「日本における九相図の成立と展開」『九相図資料集成』所収)。

一、脹相／顔色は黒ずみ、身体が硬直して手足があちこちを向く。革袋に風を盛ったように膨張し、体中の穴から汚物が流れ出す。

二、壊相（かいそう）／風に吹かれ日に曝されて皮肉が破れ、身体は裂け変形し識別できない。

三、血塗相（けちずそう）／皮膚の裂け目から血が溢れ所々を斑に染め、地にしみ込んで異臭を放つ。

四、膿爛相（のうらんそう）／膿み爛れ腐った肉が、火を得た蠟（ろう）のように流れる。

五、青瘀相（しょうおそう）／残った皮膚や肉が風日で乾き黒変する、一部は青く一部は傷んで痩せて皮膚がたるむ。

六、噉相（たんそう）／狐・狼・鵄（とび）・鷲などに噉食される、禽獣（きんじゅう）が争って手足を引き裂く。

七、散相（さんそう）／頭と手と五臓が異なる所に散らばり、もはや収斂（しゅうれん）しない。

八、骨相（こっそう）／二種あり、一種は膿膏を帯びた一具の骨、一種は純白の清浄色でばらばらになった骨。

九、焼相（しょうそう）／焼かれた骨。

九相観とは、死体の変化を九つのプロセスに分けて観想する、いわばイメージトレーニングによって肉体への執着を滅却することをめざす仏教の修行のひとつである。おそらく、ここに示した『大智度論』の九相観なども、実際に屍体を前にして、その腐敗と白骨化のプロセスを執拗に観察したうえで、しかもそれを、イメージトレーニングに利用しやすい形に簡潔にまとめたものであったにちがいない。

それと比べてみれば、『ドグラ・マグラ』の絵巻物は、観想＝イメージトレーニングに適したものとはいえない。あまりに細密な極彩色のリアリズムであり、逆に、イメージの自由な飛翔が阻害される。第一の絵は当然のように、男のなかに性的な欲望をもっとも鋭利に顕在化させねばならず、それゆえに、いやおうもなく「女性の身体を思うがまま眺めることのできるポルノグラフィックな絵画」(山本聡美・前掲書)に近接することになる。男の視線は、雪白の肌、臙脂の色がなまめかしい頬や耳、切れ長の眼、濃い睫毛、口紅で青光りする唇といったものに吸い寄せられる。そこにはいまだ、「夫のために死んだ神々しい喜びの色」が浮かんでいる。それはしかし、時の経過とともに、すみやかに「鬼のような表情」「冷笑したような表情」に変わり、「毛の粘り付いた恥骨のみが高やかに」男女の区別すらわからなくなり、ついには、「猿とも人ともつかぬ頭」に成り果てるのである。

東洋的な屍体愛といったところか。深入りはしない。ただ、ここには、見る者に肉欲のはかなさや人生の無常に目覚めさせる、といった建て前の理由ではどうにも収まりがつかぬ、なにかが見え隠れしている。それを否定するのはむずかしい、とだけいっておく。

さて、ここでは、たとえばジョルジュ・バタイユの『エロティシズム』の第一部第四章、「生殖と死との類縁」のなかに見いだされる、腐敗にまつわる形而上的な考察に眼を転じてゆく。すでに本書の第四章で取りあげているが、いくらか角度をずらしながらの再論である。

バタイユによれば、もっとも基本的な禁止は、死と生殖という相対立する二つの領域に根ざしている。しかも、それらは対立しながら還元可能なものだ。ある者の死は、生殖に仲立ちされて、ほかのだれかの誕生と相関的である。死はたいてい誕生を予告し、誕生の前提条件でもある。生はまず、「生のために場所を残しておく死に従属し、次いで、死に続く腐敗に従属する」が、この腐敗は「新たな存在をたえず産み出すために必要な養分を循環させる」という役割を託されている。とはいえ、生はやはり死の否定、死の断罪であり、また死の排除である。

> こうした死に対する反応は、人類において最も強く、死の恐怖は単に存在の消滅に結びつけられるばかりでなく、また死者の肉体を生の普遍的な醱酵に返す腐敗にも結びつけられる。〔略〕直接的な恐怖が、死の恐怖させる面と、その悪臭を放つ腐敗と、あの胸をむかつかせる生の基本的な条件との同一化の意識を――少なくとも漠然とながら――維持していたのだ。古代の民族にとっては、臨終の苦悶の瞬間も、解体の過程に結びつけられているだけである。白骨には、蛆に食い荒らされた腐肉の堪えがたい外観はすでにない。〔略〕生き残った者たちは、白骨を眺めて、この死者の憎悪が慰撫されたものと考える。彼らにとって尊敬すべきもののように見えるこの骨は、死の上品な――荘厳な、堪えられる――最初の面貌をあらわしているのであり、この面貌はまだ不安をあたえはするが、少なくとも腐敗の激しい毒性を失っているのである。

たしかに、死の恐怖は肉体が腐敗するという事実と強く結ばれている。『古事記』の物語りするイザナキの黄泉国訪問譚のなかでは、まさに「うじたかれころろきて」いるイザナミの姿を見たことが、恐慌状態をひき起こし、ただちに逃走へと促したのである。『日本書紀』では、「膿沸き虫流る」と表現されていた。ここに顕われた「肉体的嘔吐感と臭気」(西郷信綱)こそは、生が肉体の腐敗とともに不可逆に死の領域へと移行することを示唆している。腐敗の激しい毒性としての、膿と蛆虫。だから、腐敗ののちに訪れる白骨化は、死者の憎悪／生者の畏怖がともに解消される契機となるだろう。白骨はもはや生き残った者たちに、嫌悪や恐怖を感じさせることはない。それは「死と解体の基本的な和解」をもたらすのだ。九相図のフィナーレが骨相で閉じられるのはむろん、そのためである。

さらに、バタイユによれば、腐敗から生命を発生させる力はひとつの素朴な信仰であり、腐敗によって「私たちの内部に呼び起される魅惑の混った恐怖の感情」と対応している。腐敗は魅惑と恐怖を呼び覚ます。腐敗はまさに、われわれが「そこから出てきて、そこへ帰ってゆく」世界そのものの要約であり、ひき裂かれた両義性をはらんでいる。「活気にみち、悪臭を放ち、生温かく、恐ろしい面貌をしたこれらの物質、そのなかで生命が醱酵し、卵と胚と蛆がうごめいているこれらの物質こそ、私たちが嘔気とか悪感とか悪心とか呼んでいる、あの決定的な反応の根源にあるもの」(傍点は原典による)だ、そう、バタイユは述べていた。

あるいは、恐怖と恥辱とは、われわれの誕生と死に同時に結びついていた、ともいう。ここでのバタイユはとりわけ明晰であった。第四章と同じ箇所を重ねて引いてみる。

屍体に対していだく恐怖は、人間の源泉としての下腹部の排泄に対して私たちがいだく感情に近いのだ。恐怖の感情は、私たちが猥褻と呼ぶ肉欲的なものを眺めた場合のそれに似ているだけに、この二つの比較にはますます意味があろう。性器の導管は排泄する。私たちはこれを「恥部」と呼び、肛門をもこれに結びつけている。聖アウグスティヌスは、生殖器官と生殖機能の猥褻さについて苦しげに主張した。「私たちは糞と尿のあいだから生まれるのだ」と彼は述べている。私たちの糞便は、屍体や月経の血に対する規則に似た、細心な社会的規則によって条文化された禁止の対象となってはいない。しかし全体的に眺めれば、汚物と腐敗と性欲の領域は、ずれながらも一つの領域を形づくっており、その関連はきわめてはっきりしているのである。

九相図がなにゆえに、あのように妖しく、ときに艶(なまめ)かしくポルノグラフィに近接するのか、その謎の一端がほどかれている。屍体への恐怖はどこかで排泄に繋がっている、という。そういえば、九相図はいったい、死による肉体の弛緩がもたらさずにはいない糞尿を描いたか。いずれであれ、性器の導管は精液ばかりでなく尿や経血を、肛門は糞便を排泄する。生殖から新たな命の誕生へと、思えばそれは、「糞と尿のあいだ」にくり広げられるできごとではなかったか。こうして、まさに「汚物と腐敗と性欲の領域」は恐怖と恥辱にまみれながら、ひとつの領域として再発見されねばならない。それゆえにであったか、猥褻と呼ばれる肉欲的なカテゴリーとも無縁ではありえない。

さらに、バタイユは次のようにも述べていた。

もし私たちが本質的な禁止のなかに、激しいエネルギーの放蕩、消滅の大饗宴(オルギア)と見なされた自然に対する存在の拒否を見るならば、私たちはもはや死と性欲とを区別することができなくなる。死と性欲は、自然が存在の底知れぬ豊饒を祝う祭の極期でしかなく、両者とも、存在それぞれに固有な持続の欲望に逆らって、自然が行う無制限の浪費の意味をもつものだからである。

死と性欲とは、「自然が存在の底知れぬ豊饒を祝う祭の極期」でしかなく、それはまた、持続の欲望を切断するような「自然が行う無制限の浪費」でもあった、という。そうした意味合いでは、もはや死と性欲とを区別することさえ困難となる。九相図を仏教的な、あるいは中世的な文脈からひとたび切り離して、考察の対象にすることが必要なのかもしれない。たとえば、祝祭と蕩尽（とうじん）といった視座から、死と性とがあやかしの交歓を果たす九相図に向けて、新しい光を射しかけてみる、といったことだ。

オホゲツヒメの死と作物の起源

それにしても、食べることと排泄すること、交わること、そして死ぬこと、といった一群のテーマが交錯するあたりに眼を凝らしていると、なにか生きものとしての人間にまつわる不思議が湧き出してくる気がする。ここでは、九相図という性と死の妖しい交歓の風景から、女神の死、いや殺された女神についての神話伝承へと眼を転じてゆく。そこにもまた、あの一群の魅惑的なテーマが折り重なるように姿を現わすはずだ。

はじめに、『古事記』上巻のオホゲツヒメ神話を取りあげる。

食物を大気津比売神に乞ひき。爾に大気都比売、鼻口及尻より、種種の味物を取り出して、種種作り具へて進る時に、速須佐之男命、其の態を立ち伺ひて、穢汚して奉進ると為ひて、乃ち其の大宣津比売神を殺しき。故、殺さえし神の身に生れる物は、頭に蚕生り、二つの目に稲種生り、二つの耳に粟生り、鼻に小豆生り、陰に麦生り、尻に大豆生りき。故是に神産巣日御祖命、茲れを取らしめて、種と成しき。

スサノヲはアマテラスと争い、いくつもの天つ罪を犯した末に、たくさんの祓具を負わされ、ヒゲと手足の爪を切られ身を浄めて、高天が原から追放された。そうして出雲に降り立つわけだが、その前段に挿入されていたのが、引用した一節である。

ケは食物の意であるから、オホゲツヒメは食物にかかわる女神であった。この女神はスサノヲに乞われて、みずからの鼻・口・尻からいくつものおいしい食材を取りだし、いろいろと調理して、それをスサノヲに奉るのである。しかし、スサノヲはその様子を覗き見して、わざと穢して差し出したと思い、オホゲツヒメを殺害する。ここまでが前段である。

なぜ、オホゲツヒメは殺されたのか、殺されねばならなかったのか。穢れのタブーという問題が浮上してくる。オホゲツヒメは鼻・口・尻という身体の開口部＝穴から排泄されたモノ、すなわち、鼻水や唾液・嘔吐物そして糞尿、それらにまみれた食材＝味物を用いて、料理＝作り具えるという加工を施したのである。この「タメツモノから抽出される動詞タムがタマヒ(反吐)と関係があるかも知れぬ」と指摘していたのは、西郷信綱の『古事記注釈』第一巻であった。

同じように食物神の殺害伝承が、『日本書紀』神代上の一書には、月夜見尊が保食神を殺す神話として語られている。そこでは、ウケモチは口から次々に、飯や鰭のヒロモノ・サモノ(大小の魚)、毛のアラモノ・ニコモノ(狩猟の獲物)を出して、それらの物をモモトリノツクヱに並べて饗応した、という。ウケモチの場合には、こうした飯や海の魚・山野の獣はみな、口から吐きだされている。ツクヨミは「穢しきかな、鄙しきかな、寧ぞ口より吐れる物を以て、敢へて我に養ふべけむ」といって、剣でウケモチを撃ち殺している。「口より吐れる物」という、まさにタマヒ＝反吐とかかわるタメツモノではなかったか。ただ、ここには料理というプロセスがなく、神前に捧げられる供物のように見えることは、オホゲツヒメの場合とは異なっている。

そもそも、自然から取りだされた食材とされるモノはみな、植物性であれ動物性であれ、泥や血や糞尿にまみれているのではないか。それは「あらかじめ洗って、皮を剝いて、切ったうえで食べられる」(レヴィ＝ストロース『神話論理Ⅲ　食卓作法の起源』)のであり、いわば料理とは、自然から切り取られた食材を前にして、自然状態としてのケガレを落とすことを第一段階として始められるのである。

オホゲツヒメはみずからの身体から取りだした食材を、まず洗い清めてから、皮をむき切り分けたうえで、火にかけて焼くか、器に水を満たしてなかに入れて煮るか、どちらかの調理法を選んだはずだ。「作り具へて」とある以上、生のままに提供されたとは考えられない。しかし、スサノヲはそうした一連の料理のプロセス、つまり「其の態」が、ケガレに満ちたものとして許せなかったのではないか。自然／文化のあいだに横たわる対立を超えて、それを架け渡す料理という作法が理解できなかった、ということか。それでは、スサノヲは自然や野生の側に留まっていたのか。

あらためて、レヴィ＝ストロースの『神話論理Ⅲ　食卓作法の起源』の第七部の「料理民族学小論」の章に拠りながら、料理とはなにか、という問いにたいしてのいくらかの応答を試みておきたい。

たとえば、レヴィ＝ストロースは料理について、身体の要求に応え、「人間が宇宙に組み込まれるそれぞれの様式における固有のやり方」にしたがいながら、「自然と文化の中間に位置するもの」として、みずからの「必然的な分節のあり方」を確立している、という。前の章の末尾には、料理は「自然の素材を文化的に加工する方法を規定する」ことであるが、それにたいして、消化は「すでに文化によって処理された素材を自然に加工する」ことであると見えていた。すなわち、料理／消化というふたつのプロセスが、「対称的な位置にある」ことが指摘されていたのである。料理されたモノを口から食べて、消化器官によって消化し、肛門から排泄するプロセスが、自然から文化へ(→料理・摂取)／文化から自然へ(→消化・排泄)、という対称のうちに捉えられている。

あるいは、未開社会には、消化というものを「火を使った料理に対する自然における補完物」と見なす生理学が、言語化されぬままに存在する、という。すなわち、消化の過程で、身体器官は食物を加工したかたちで排泄するまで、一時的に内部に抱えこんでいる。消化とはいわば、「生の状態から腐敗による解体にいたる自然の過程を中断するという料理の機能」と比すべき媒介機能をもっているのである。

じっさい、食べ物は人間にとっておもに三つの状態、すなわち生か、調理済みか、腐ったかという状態で現われる。料理に対して、生の状態は無徴の極をなしているが、他のふたつの状態は正反対の方向で強度に徴を帯びた状態となる。すなわち、火にかけられたものは生のものを文化的に変換したものであるのに対し、腐ったものは生のものを自然に変換したものなのである。主要な三角形の下に、ふたつの対立、すなわちひとつは、加工された／未加工の対立と、もうひとつは文化／自然の対立を見分けることができる。

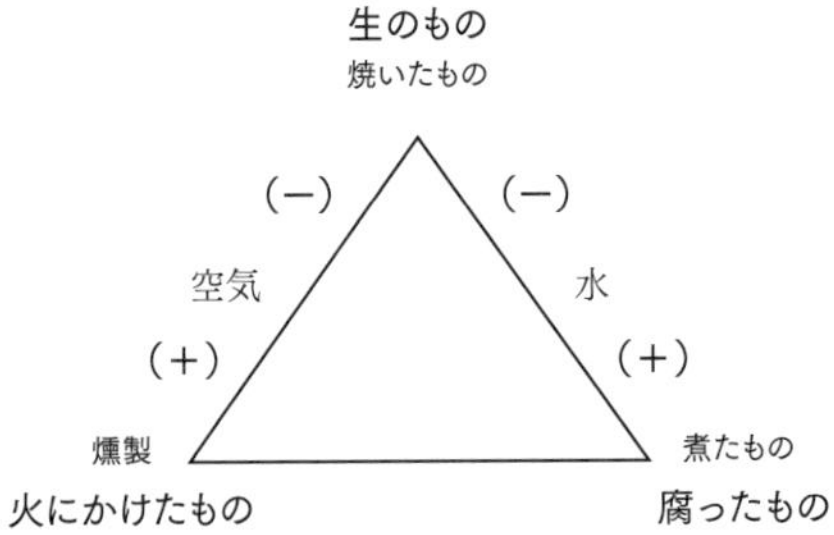

「料理の三角形」
（レヴィ＝ストロース『神話論理Ⅲ　食卓作法の起源』より）

レヴィ＝ストロースが「料理の三角形」と名づけたものが、ここには語られている。「生のもの」「火にかけたもの」「腐ったもの」から成る三角形である。生のものを三角形の頂点として、底辺のふたつの極には、生のものを文化的に料理によって変換したもの＝火にかけたものと、生のものを腐敗によって自然的に変換したもの＝腐ったものが位置づけられる。そして、火にかけたものはさらに、焼いたもの／煮たものという対立を含んでいる。串焼きされる食材は、火の作用に直接さらされるから、媒介なしに火と結合されている。これにたいして、煮た食材のほうは、文化の産物としての器の使用を必要とするし、人間が体内に摂りこむ食材と火とを水によって媒介する。その意味では、串焼きは自然の側に、煮たものは文化の側に置かれる。それぞれの社会が、こうした「生のもの」「火にかけたもの」「腐ったもの」の三角形をどのように理解しているかは、民族誌的な観察によってしかあきらかにできないものである。あらゆる社会文化に共通ということはありえない。

さらに、消化とはなにか、排泄とはなにか。文化人類学的な問いの磁場のなかで、レヴィ＝ストロースが意表を突くかたちで取りあげるのは、口や肛門の不在という負の状況である。不在こそが隠された真実をむき出しに顕わす。たとえば、ボロロ神話には、尻がないために食べ物を摂取することができずに飢えに苦しむ主人公が登場してくる、という。肛門の不在は、そのままに消化器官の欠落を意味していたから、食べ物は消化されることなく身体を通過してしまうことになる。

こんなギアナ地方のタウリパン族の神話があった。レヴィ＝ストロースは「消化の起源」と名付けを施している。

昔、人間にも動物にも肛門がなく口から排泄していた。プイイトすなわち肛門は人間と動物のあいだでゆっくりと歩き回り、顔に屁をひりかけては逃げるということをしていた。怒った動物たちは話し合って手はずを決めた。そして眠ったふりをして、プイイトがいつもの仕業をしようと誰かに近づいたところで追っかけて取り押さえ、ずたずたに切り刻んだ。

それぞれの動物が、今日見るとおりのさまざまな大きさの分け前を受け取った。どんな生きものも口から排泄するかさもなければ身体が破裂してしまうというかわりに、みな肛門をもつようになったのはこのようにしてなのだ。

肛門の不在。そのとき、人間も動物も口から食べ物を取り入れ、口から排泄していた。プイト＝肛門は、その、屁をかけるといういたずらに業を煮やした動物たちによって殺され、切り刻まれる。そうして肛門は分割されて、動物も人間も肛門をもつ存在になったのだ、と語られていた。レヴィ＝ストロースによれば、神話伝承のなかでは、「口あるいは肛門を欠いた、したがって消化機能のそなわっていない」登場人物の造形は珍しいものではなく、その類型学を作ろうとしたら一巻の書物が必要になるだろう、という。

食べることにかかわる系列のなかでは、「〔上部から〕取り込むことのできない者」、あるいは「〔下部から〕排泄できない者」、さらには「過度にあるいはあまりに早く取り込み排泄する者」といった類型がある。それは神話的思考においては、食べるとはなにか、排泄とはなにか、といった「基本的な観念に形をあたえるための根拠」となるだろう。たとえばそれは、性にかかわる平面では、「ペニスを欠いた者」と「長すぎるペニスをもった者」、「ヴァギナのない者」と「大きなヴァギナをもった者」の系列として見いだされるはずだ。そうして、性とはなにか、という問いに向けての神話的な応答が提示されるのである。

あるいは、口の不在の場合には、食物は煙というかたちを取るしかないが、肛門の不在の場合には、「食物は同一の開口から摂取されまた排泄され、したがって食物は排泄物と混同される」といった、関心をそそられる言葉が見える。強固な便秘状態のなかで、ついに口から摂りこんだ食べ物を、口から吐きださざるをえないといった悲惨な事態を思い描くならば、それはまさに、つかの間ではあれ肛門の不在の擬似体験といえなくもない。そこではたしかに、食物が排泄物と混同されることがありうるだろう。ここであらためて、西郷信綱の「タメツモノから抽出される動詞タムがタマヒ(反吐)と関係があるかも知れぬ」という言葉を、想起してみるのもいい。味物(タメツモノ)と反吐はそこでも、なにか隠微にして淫らな関係を取り結んでいたのである。

それにしても、消化の起源とは肛門の起源と同義であったのかもしれない。ここで肛門の起源について、いくらか触れておきたい。『ナショナルジオグラフィック』日本版サイトに掲載された、「肛門の起源の定説白紙に、クシクラゲも「うんち」」と題する記事は、とても興味深いものであった。肛門の起源については、こんな定説が語られてきたらしい。すなわち、かつて、あらゆる動物の祖先はただの塊に口がひとつあるだけの単純な生物で、その穴で食事も排泄もおこなっていた。しかし、長いときを経て、からだが細長くなるとともに、口とは反対の側にもっぱら排泄をおこなう肛門ができて、口と肛門のあいだに消化管のある動物が現われた、といったところだ。

植物と勘違いされることが多い海綿やイソギンチャク、またクラゲなどは動物であり、からだには穴がひとつしかない。それにたいして、ネズミやハエ、カタツムリ、ミミズ、人間を含むそのほかの動物に共通の祖先は、それよりももっと新しく、口と肛門というふたつの穴をもつ。現代では、こうした穴がふたつある動物のほうが圧倒的に多いことから、そのほうがより環境に適応しやすかったために、多様化が起きたと考えられてきたのである。肛門が発達した理由のひとつは、排泄物を誤って食べてしまわないためかもしれない、ともいう。

さて、そこに、クシクラゲの登場である。これはクラゲと外見は似ているが、まったく異なる動物である。クラゲがひとつの穴で食事も排泄もおこなうのにたいして、クシクラゲは口とは異なる二対の肛門孔をもっている。ただ、その穴から排泄物が出てくるのかどうかは確認できず、食べた物を同じ穴＝口から吐きだしていたために、排泄以外の役割を担っているのではないかと考えられてきた。ところが、口とは異なる反対の穴から排泄している様子が、ビデオカメラに収録され、公開されるにおよんで、これまでの定説は覆されてしまったらしい。イソギンチャクやその仲間にも、元々は消化管と肛門孔があったが、それがしだいに退化して消えてしまった、という仮説が現われているのである。

ギアナ地方のタウリパン族の人々は、はたして肛門の起源を知っていたのか。むろん、無意味な問いである。しかし、かれらが肛門の不在という途方もないできごとにたいする想像力を、すくなくともわれわれよりは現実的(リアル)に、あのプイイト神話を仲立ちとしてもっていたことは否定できない。もし肛門がなかったら、という問いこそが、世界をその根源から解き明かすための方法的な呼びかけでありえたのだ。

さらに、食べること／交わることをめぐって紡がれる、以下のような神話のかけらに眼を凝らしておくのもいい。ここにも、肛門をもたない、それゆえに消化器官をもたない神話的な人物が登場してくる。やはり、「料理民族学小論」から引用する。

ベネズエラ南部のサネマ族は、たいへんな速さで話し、食べる、地下に住む小人をオネイティブ/oneitib/と呼んでいる。彼らは内臓と肛門をもたないために絶え間なく飢えに悩まされており、生肉と、よくあることだが結婚を強いられるのを嫌がって月経が始まったことを隠す娘たちを食べるのである。したがって、食物の点で開かれた人物が、性的な点で開かれていながら偽って閉じているふりをする者に罰を与える。女を食べるオネイティブはしばしば男たちのもとを訪ね、激しい食欲をひきおこさせる。つまり性的な面で下部において過度に閉じていることを罰するかわりに、食べ物の面で上部において過度に開くのである。

地下に棲む小人のオネイティブは、内臓と肛門をもたない。たいへんな速度で食べるが、消化する能力はなく、だから、つねに飢えに苛まれている。しかも、オネイティブが食べるのは、焼いたり煮たりといった料理による加工が施されていない生の肉であり、月経が始まっていながら結婚を拒んでいる娘である。生肉と生娘(きむすめ)とが同値とされるのは、なぜであったか。ともあれ、ここにもまた、食べること/交わることをめぐって、かぎりなく不可思議なからみ合いの情景が見いだされたのである。

このオネイティブ神話は、たとえば肛門の不在という悲劇にして喜劇であったか。肛門をもたないオネイティブは、身体の条件において、小人という過小/大食という過剰を両義的に負わされていた。しかも、そこでの大食は消化を禁じられたたんなる通過にすぎず、それゆえ、大食/飢えが背中合わせによじれつつ見いだされることになる。ついでながら、オネイティブはたいへんな速度で話すともされており、肛門の不在とは対照的に、食べること/話すことという、口のになうもっとも重要な役割において過剰な存在であった。

あらためて、オネイティブの食べるのが生肉と生娘であったのは、なぜか。それはともに、食べられること／犯されることを拒んで、自然／文化のあわいの境界領域に留まろうとする両義的な存在であった。食べられるモノとしては野生状態のケガレをまとうがゆえに、また、料理や結婚といった文化的なコントロールを拒んでいるがゆえに、危ういタブーの対象であった。月経が始まりながら／結婚をいやがる女たちを、オネイティブは食べる。そこでの食べることには、当然とはいえ、性的に交わることが重ねあわせにされていたはずだ。そうしてオネイティブによって食べられた娘たちは、危険な境界状態を脱して、ほかの男たちによって安全に食べる＝交わることが可能な存在になったのではなかったか。

さて、『古事記』のオホゲツヒメ神話の後段である。オホゲツヒメはスサノヲによって殺されるが、その殺された女神の身体からは、頭に蚕、目に稲種、耳に粟、鼻に小豆、陰(ホト)に麦、尻に大豆が生(な)ったのである。蚕と稲・粟・麦・小豆・大豆などの五穀の起源が、女神の殺害とともに物語られている。『日本書紀』神代上の一書には、ツクヨミによって殺されたウケモチの身体からは、頂(頭)に牛馬、額に粟、眉に蚕、眼に稗(ひえ)、腹に稲、陰に麦と大豆・小豆が生ったと語られていた。これらの生る場所と生る物とは、朝鮮語ではあきらかな対応関係が認められるという(日本古典文学大系『日本書紀』上巻の頭註による)。ここでは、牛馬や蚕、そして粟・稗・稲・麦・大小豆(まめあずき)という五穀などの起源神話となっている。

これについて、本居宣長の『古事記伝』には、「右六品の中に、食フべき物五品は、皆穴に生(ナ)り、蚕一品は、穴ならぬ処に生れること、所由(ユエ)あるべし。又口に生(ナレ)る物無キもゆゑあるにや」と注が施されている。たしかに、頭に蚕が生るほかは、五種の作物がすべて、目・耳・鼻・陰・尻という身体の開口部としての穴に生ったと語られている。それは「女性原理にもとづくもの」と思われると、西郷は『古事記注釈』のなかで述べていた。

宣長が周到にも、口という穴が外されていることに注意を促していたことも、気にかかる。それは『日本書紀』のウケモチ神話でも変わらない。ウケモチは口から飯や魚・獣などを出しているが、それは「口より吐れる物」と見なされている。オホゲツヒメは鼻・口・尻からタメツモノを取りだしている。ところが、どちらの場合においても、口という穴からは作物が生ったとは語られていない。ふたつの類似する神話の前段では、まさしく主役を演じていた口が、後段からは姿を潜めている。おそらく偶然ではあるまい。食べることにおいて主役そのものである口は、肛門と対をなして、食べ物の摂取／排泄という対称的なふたつのプロセスに深くかかわっている。だからこそ、口という穴は作物が生る場所であってはならない、という制約が存在したのではなかったか。

穴はたしかに、身体の内／外にまたがる両義的な場所である。そこから分泌される唾液・鼻水・耳垢・糞尿・精液・経血などはいずれも、危険なタブーの対象とされることが多かった。そのなかで、くりかえすが、口と肛門とが食物の料理・摂取／消化・排泄というプロセスの起点と終点にあって、特別な役割を果たすのである。自然から文化へ／文化から自然へ、という対称性を確認しておくのもいい。この口という穴が昔話のなかで演じる、もうひとつの特異な位相にはあらためて触れてみたい。

まったく唐突に、わたしは斎藤茂吉の「念珠集」(『斎藤茂吉随筆集』所収)に収められている、「八十吉」と題された随筆の一節を思いださずにはいられない。山形県上山の金瓶村では、旧暦六月二六日は「酢川落ち」の日と呼ばれていた。酢川の硫黄泉の酸い水を流し入れることで、魚が弱って浮かぶので、たくさんの人が出て我先に捕るのである。その日、茂吉よりひとつ年上の八十吉が深い淵にはまって溺死したのだった。

淵から引き上げられた八十吉は、ついに蘇らなかった。藁火を焚いて、八十吉のからだを温めたことや、八十吉の肛門から煙管を入れて、たばこの煙を吹きこんだことを、茂吉少年は父に向かって、息を弾ませながら話した。そして、「八十吉の尻の穴さ煙管が五本も六本もずぼずぼ這入ったどっす。ほして、煙草の煙が口からもうもう出るまで吹いたどっす」と、茂吉が話すのを聞いて、父は睨みつけるような顔をして、あたふたと家を出て行ったのだった。忘れがたい茂吉の随筆の一節である。蘇生術かなにかであったのか。いずれにせよ、肛門から口へと煙が逆流したとき、少年の死をだれもが受け容れたらしく思われる。嚙みくだす口の不在の場合には、食物は煙というかたちを取るしかないという、レヴィ＝ストロースの言葉が脈絡もなしに思いだされる。

またしても唐突ではあるが、縄文の土偶もまた、口から肛門へと一本の管で繋がっていたのではなかったか。縄文の人々はおそらく、人間の身体において、食べること／排泄することがいかなる関係を取り結んでいるのかということについて、自覚的であったのだ。いわば、「人間の身体は消化の過程によって内で食物の変形をおこなう」(レヴィ＝ストロース・前掲書)といったことを知っていたのかもしれない。すくなくとも、そこにはある身体イメージがはっきりと存在したと想像される。

ハイヌウェレ神話の原像

さて、神話の系譜学においては、オオゲツヒメ神話は、神話学者のイェンゼンが『殺された女神』のなかで論じた、いわゆるハイヌウェレ神話に繋がるものであろう。インドネシアのセラム島に暮らすヴェマーレ族に伝わるものだが、殺されたハイヌウェレという少女の細断された死体から、さまざまな食用植物が生まれたという作物起源神話である。オセアニア・アフリカ・アメリカ、またインド・イラン地域に、類似の祭祀や神話が分布している。それが日本神話のなかにも見いだされること、さらには、縄文の土偶祭祀や山姥の昔話のなかに古層の記憶として沈められていることを、神話学者の吉田敦彦は精力的に掘り起こしてきた。

『日本書紀』一書のウケモチ神話のなかに、朝鮮語の影があったことを思いだしてみようか。頭註によれば、朝鮮語をローマ字で表わすと、頭(mərə)と馬(mər)、額(chə)と粟(cho)、眼(nun)と稗(nui)、腹(pəi)と稲(pyŏ)、女陰(pŏti)と小豆(p'ət)といった対応関係が見られる。あきらかに、書紀の編者のなかに「朝鮮語の分る人」が含まれていたのである。おそらく、事情はもう少し錯綜していたにちがいない。たとえば、以下のような、済州島で採集された民話「門前ボンプリ」などは、朝鮮半島にもハイヌウェレ型の神話があった可能性を示唆しているからだ。

実母に化けた継母が七人兄弟の末っ子に見破られ、便所に逃げ、首を吊って死んだ。その死体の頭からは豚の肥料鉢が生じ、髪は馬尾草になり、耳はサザエになり、爪は巻き貝になり、口は魚になり、陰部は鮑になり、肛門はイソギンチャクになり、肝は海鼠(なまこ)になり、大小腸はヘビになり、足は踏み石になり、肉は蚊・蚤になった。

（『世界神話事典』）

たしかに、作物起源神話としてのあきらかな性格は認められないが、ハイヌウェレ神話との親近性はうかがえる。この短く刈りこまれた伝承からは、元のかたちを正確に想像するのはむずかしい。とはいえ、いくつかの手がかりはある。なぜ、継母が首を吊って死んだのが、便所であったのか。この便所は、豚の飼育場を兼ねた屋外型のトイレであった可能性が高そうだ。豚はひとの糞便を食べる。排泄というテーマが、豚を仲立ちとして、より広やかな食物連鎖系へと開放されてゆく姿を想像してみるのもいい。日本の暗くて狭い雪隠(せっちん)を思い浮かべてはいけない。ともあれ、継母は便所へと逃走して、そこで死んだ。排泄のテーマにとっては、自然な展開といっていい。この民話にはたぶん、神話的な古態があったにちがいない。そこでは、この継母は大便を排泄して、それを料理して食べ物として提供したために、子どもたちの怒りを買い追放されたのかもしれない、といった想像を巡らすことはできるか。けっして大胆にすぎる推測だとは思えない。

あるいは、継母の死体のそれぞれの部位は思いがけず、さまざまなモノに化生している。頭は豚の肥料鉢に、髪は馬尾草に、耳はサザエに、爪は巻き貝に、口は魚に、陰部はアワビに、肛門はイソギンチャクに、肝はナマコに、大小腸はヘビに、足は踏み石に、肉は蚊・蚤になった、と語られているのである。四方を海に囲まれた、海女の島である済州島の暮らしや生業からすれば、作物の起源ではなく、魚貝類ことにアワビ・サザエ・ナマコなどへの化生が語られているのは、とても了解がしやすい。それにしても、これはたんに、身体の開口部＝穴からの生成ではなく、肉も臓腑もこまかく切り刻まれた情景を思い浮かべざるをえない設定である。この点はむしろ、本来のハイヌウェレ神話に近接するかもしれない。

やはり『世界神話事典』から、セラム島のハイヌウェレ型の神話をふたつほど引いてみる。これらもまた、イェンゼンの『殺された女神』などから採られた伝承のあらすじである。

さまざまな貴重な宝物を、大便として出すハイヌウェレという名の妙齢の乙女がいて、踊りの間にその宝を人びとに、気前よく分けてやることを続けていた。ところが人びとはしまいにそのことを気味悪く思って、踊りながらハイヌウェレを生き埋めにして殺してしまった。そのあとでハイヌウェレの父親が、娘の死体を掘り出して切り刻み、破片を一つ一つ別々の場所に分けて埋めた。するとその破片がそれぞれ種類の違う芋に変わって、そのおかげで人間は、それらの芋を栽培し、食物にして生きていくことができるようになった。

原話は『殺された女神』の第一章に見えるが、たいへん長大なものであり、ハイヌウェレ神話はその一部をなしている。ハイヌウェレはココヤシの枝を意味する。この少女は、父のアメタ(暗い・黒い・夜の意)の傷ついた指から滴る血が、ヤシの花の小液と混ざりあって生まれた。サロング・パトラという蛇模様の布にくるんで、アメタは少女を家に連れて帰った。ハイヌウェレと名づけられた少女は、三日後には結婚が可能な娘であるムルアへと成長を遂げる。そして、このとき不意に、排泄のテーマが姿を現わす。ハイヌウェレが大便を排泄すると、それは中国製の皿や銅鑼（ゴング）のような貴重な宝物となり、アメタをたいへん裕福にするのである。夢や神話のなかでは、大便と黄金とがきわめて強い親和性をもつことはよく知られている。

それから、盛大なマロ舞踏が催される。ハイヌウェレは広場の中央に立って、踊り手の男たちにさまざまな宝物をあたえるが、それが逆に、ハイヌウェレを無気味な存在へと追いやり、嫉妬を呼び覚ますことになる。男たちはハイヌウェレを殺すことに決める。マロ舞踏の第九夜、舞踏が螺旋（らせん）状に旋回するなかで、男たちはハイヌウェレを広場に掘った深い穴へと追いつめ、ついに投げこんでしまう。けたたましいマロ唱歌が少女の叫び声を掻き消す。男たちは土をかぶせ、舞踏のステップを踏みながら穴のうえの土を固めてゆく。そうしてハイヌウェレは殺害されたのである。

ここにはまさしく、「人間の原古が終りを告げ、人間生活の形態が今日と同じ特徴のものになるに至るあの劇的事件」(『殺された女神』)が語られていたのである。原初（はじまり）のできごと、ひとつの死、それは決まって殺害というかたちで生起する。この物語のある異伝には、人間はココヤシの実を味わったあとで、はじめて死ぬことになり、結婚もできるようになったと語られている。ここでも性と死は同伴する。イェンゼンはさらにいう、あの原古の事件のもうひとつの重要な要素は、「神的少女の死によって初めて有用植物が生ずる」ことだ、と。両親はハイヌウェレの死体を携えて、家々を巡り、「おまえたちは彼女を殺した。今やおまえたちは彼女を食わねばならぬ」と、人間たちに宣告したのだった。ハイヌウェレの切り刻まれた身体からは、さまざまな芋が生じて、それ以降、人間たちは芋を主食として生きることになる。ハイヌウェレ神話の原像といったところか。

あるいは、セラム島にはこんな神話が語られていた。『世界神話事典』から引く。

ライという名の老女が、孫息子と一緒に住み、その子に毎日おいしいお粥を食べさせてやっていた。少年はある日、祖母がどうやってお粥を作るのか知りたくなって、こっそり覗き見してみた。するとライは、体から垢をこそげ取り、それをお粥にしていた。食事どきになると少年は、「祖母のしていることを見たので、もう食べたくない」と言った。するとライは、「三日後に帰って来て、家の下を見るように」と言って、少年を家から出て行かせた。言われたとおり三日後に帰って来たときには、ライが家の下で死んでいて、死骸の頭からはビンロウジュが、女性器からはココヤシが、胴体からはサゴヤシが生えていた。

祖母は孫のために、身体から垢を削ぎ落として、それを調理してお粥を作っていたのだった。排泄のテーマとしては弱々しいものだが、垢は角質化して古くなった皮膚の一部であり、そこにも身体の境界に生起するできごととしての面影は感じられる。少年はこのとき、むしろ料理という文化が避けがたく秘め隠している、ケガレと暴力にまつわる内なる情景を覗き見して、ひとが生きることの神秘に触れたのではなかったか。ともあれ、年老いた祖母は孫の少年に、みずからの死と引き換えに、たいせつな食用植物を贈与する。頭からビンロウジュ、女性器からココヤシ、胴体からサゴヤシが生じるのである。

さらに、いまひとつ、北アメリカのナチェズ族の作物起源神話を、やはり『世界神話事典』から引いてみる。

一人の女が、二人の少女と暮らしていた。食物がなくなると彼女は、両手に一つずつ籠（かご）を持って、ある建物のなかへ入り、じきに籠を両方ともいっぱいにして出て来た。そしてその中身でおいしい料理を作って、少女たちに食べさせていた。ところがあるとき少女たちが建物のなかを見てみると、からっぽで食物などどこにもなかった。少女たちは相談して、次に女が籠を持って建物のなかに入ったとき、なかで何をするか覗き見した。すると彼女は、まず籠の一つを床に置き、その上に股を開いて立って、体を擦（こす）ったり震わせた。たちまちがさごそと何かが落ちる音がして、籠はトウモロコシでいっぱいになった。次にもう一つの籠の上で同じことをすると、同じようにしてその籠が豆でいっぱいになった。

少女たちは顔を見合わせて、「彼女は大便をして、それを私たちに食べさせていたのだから、あんな汚い物を食べるのはよしましょう」と言い合った。料理を与えても、少女たちが食べないので、覗き見されたことを知った女の人は、こう言った。

「これが汚く思えて食べられないのなら、私を殺して死体を燃やしなさい。そうすると夏にその場所からいろいろなものが生えてくるから、それを畑に植えなさい。実が熟すとおいしい食物になって、おまえたちはこれからは、私がこれまで与えてきた食物の代わりに、それを食べて生きていけるでしょう」。

言われたとおりにすると、女の死体を焼いた場所から、夏にトウモロコシと豆とカボチャが生えた。

物語の構造としては、セラム島のライ神話と瓜ふたつといっていい。名前もない女が主人公だ。この女は、ふたつの籠に大便を排泄するが、それはトウモロコシと豆に姿を変える。それを料理して少女たちに食べさせていたが、ついに覗き見によって、秘密を知られてしまう。それを汚い物と見なして、少女たちは食べることを拒絶する。女はそこで、自分を殺して死体を燃やすように、と伝える。その言葉にしたがうと、燃やした場所からは、夏になるとトウモロコシ・豆・カボチャが生えてくるようになった。そう、語られている。ここに火のテーマが登場してくるのは、あるいは焼畑農耕かなにか、火を使用しておこなう農業のかたちが沈められているのかもしれない。たとえば、『会津農書』(『日本農書全集』第一九巻、所収)などには「火耕」という言葉があって、農耕と火とのかかわりは思いがけず深いのである。それにしても、死体から作物が化生するのではなく、死体を焼いた場所から作物が生じているところに、説話としての変化が感じられる。

イェンゼンによれば、ハイヌウェレ型の作物起源神話は、もとは熱帯地方で芋(ヤムイモ・タロイモ)と果樹(バナナ・ヤシ)を主作物とする、原始的な作物栽培をいとなんでいた「古栽培民」の文化を母体として生まれたものだ、という。かれら古栽培民は祭祀のなかで、人や豚を犠牲として殺し、その肉の一部を祭りの参加者が共食し、残りの死体は破片に刻んで、畑などに撒いたり埋めたりした。こうした古栽培民の血なまぐさい祭祀儀礼は、おそらくハイヌウェレ神話との深い関連を有するはずだ。やがて、神話と祭祀という古さびたテーマが招喚されることになる。

女神の殺害と生殖のはじまり

そういえば、佐々木喜善の『聴耳草紙』には、オホゲツヒメ神話のはるかな残照のような、こんな話が収められていた。「魚の女房」(一〇三番)である。「鶴女房」によく似た、命を救った動物から恩返しされる、いわゆる動物報恩譚のひとつである。「ある所に、正直な漁夫があった」と始まる。この雑魚を捕ってその日暮らしを送る男は、余分に捕った魚などを川に放してやっていた。殺生と放生というテーマが沈められている。

ある日、若く美しい女が訪ねてきて、家に置いてオカタ(女房)にしてくれ、と懇願する。仕方なく願いを受け容れる。この女房が来てからは、不思議なことに「朝夕の味噌汁があまりウマイ」ので、そのわけを訊ねるが、女は笑って答えない。男はついに、「妻の作り方をこッそり見てやろう」と思い、あるとき、家を出た振りをして梁のうえから、妻が夕飯の支度をするのを覗き見する。女は戸棚から味噌を出して、摺鉢ですり、それから「自分の尻を浸し、尻をヤッサに洗って」、炉にかけた。男は「汚いまねをする」と思いながら見ていた。

夕餉のときに、いつもはウマイと喜んで食べる汁を食べないので、不審をいだいた女が問いかけると、男は覗き見したことを話し、「お前には気の毒だが、汚いまねをするのは止めてくれ」という。すると、女は「私は本当の人間ではない。それで元の棲家へ帰る」といって、どこかへ行ってしまう。「女が汚いまねさえしてくれなければ、いつまでもここにいてもらいたい」のだが、「人間の性」ではないとは気味悪いとも感じられる。翌日、女の言葉にしたがって、男が淵バタの岩のうえに行くと、女は「実は妾はお前さんに放されたことのある魚である」と言って、立派な漆塗りの手箱を残して水中に消える。手箱には、金銀の宝物がいっぱい入っていた、という。

この「魚の女房」と題された昔話は、骨格としては動物報恩譚そのものといっていい。わたしの関心は、そこにオホゲツヒメ神話の前段の民話化とでもいえそうな、食の根源にかかわるテーマが挿入されていることに向かう。女は魚の化身であったから、「自分の尻を浸し、尻をヤッサに洗って」というのは、干した魚を味噌汁の出汁として使っている姿ではなかったか。魚から旨味を取りだしているにすぎない。しかし、それを目撃した男は、「汚いまねをする」と嫌悪を掻き立てられるのである。

女による味噌汁の「作り方」こそが、忌避の対象にされている。いわば、自然のモノを文化の側に引き寄せる料理という行為のなかに、タブーが潜んでいるのではなかったか。そこには、避けがたく野生の獣や魚貝から命を奪うプロセスが含まれている。それが「汚いまね」の隠された本体であったかもしれない。むろん、尻が強調されていることと無縁ではありえない。オホゲツヒメが尻からうまいモノを取り出したように、ハイヌウェレが宝物を大便として排泄したように。ともあれ、男はスサノヲと同様に、料理それ自体を「穢汚して奉進る」行為として忌避したのである。しかし、女を殺すことはなかった。最後に、女は魚にもどって水中に姿を消し、あとには金銀の宝物の入った漆塗りの手箱が残されるのである。

あるいは、『聴耳草紙』には、「瓜子姫」の昔話が七例収録されている。そのひとつは、以下のようなものだ。

婆が川へ水を汲みに行くと、川上から瓜が流れてきたので、拾って帰った。庖丁でふたつに割ると、なかから美しい女の子が生まれ出る。瓜子姫と名づけて、大事に育てるうちに、美しい娘になった。ある日、瓜子姫が機を織りながら留守番をしていると、山母(アマノジャク・猿など)がやって来て、瓜子姫を取って喰らう。それから、瓜子姫の皮を剝いでかぶり、機を織っていた。爺と婆が赤い着物を買って帰ってくる。翌朝、瓜子姫は嫁に行く日であったから、馬に乗せられて門口を出てゆく。そのとき、屋根のうえで鳥が、「瓜子姫子ば乗せねエで／山母乗せたア」と鳴いた。糠室の隅に瓜子姫の骨があったので、馬に乗っているのが山母と知って、爺と婆はマサカリで馬のうえの山母を斬り殺した。

『聴耳草紙』に収められた「瓜子姫」の昔話では、例外なしに瓜子姫があっけなく殺されている。これは東北型の「瓜子姫」のあきらかな特徴であり、西日本型の「瓜子姫」では殺されるのは山母であり、瓜子姫ではない。『聴耳草紙』の「瓜子姫」では、瓜子姫はみな殺されて、喰われ、皮を剝がれている。関心をそそられるのは、そのうちの四話にまな板(俎)や庖丁が登場していることだ。たとえば、「瓜子ノ姫子が俎の上に横になると、狼は庖丁で頭だの手だの脚だのを別々に切んなぐって、そして、ああウンメヤエ、ウンメヤエと言って食って、骨コは縁側の下へかくして、残ったのを煮ていた」と見える。爺と婆はそれと知らずに、「瓜子ノ姫子を煮た肉汁を、ああウンメア、ウンメアと言って食う」のである。なんとも即物的に、そっけない描写である。ヒロインの瓜子姫はまな板のうえに横たえられ、庖丁で切り刻まれ、生肉のままに喰われてしまうのである。残りは煮て肉汁にされる。ここに、あの料理というテーマが顔を覗かせていることは、とても興味深いことだ。この場面から喚起される、おぞましいタブーに触れている感覚は、ただちに穢れにたいする忌避感と置き換えられるにちがいない。

ところで、こうした「瓜子姫」の昔話のなかに、ハイヌウェレ型の作物起源神話との類似性が見られることを指摘していたのは、ほかならぬ吉田敦彦であった(『世界神話事典』「作物の起源」の項)。このタイプの昔話の多くの結末において、瓜子姫を虐待し、その姿になりすましていたアマノジャクは、正体を暴露されて、体をいくつかの断片に切り刻まれたり引き裂かれて殺される。そして、その断片が別々の場所に分けて埋められたり捨てられたので、その血に染まって、作物の根などが赤くなったと語られている。

> かごの中から引きずり出し、天ん邪鬼(あまんじゃく)の体を三つに切って、粟の根へ一切れ、蕎麦の根へ一切れ、黍(きび)の根へ一切れ埋めました。それから粟の根と蕎麦の根と黍の根は、天ん邪鬼の血に染まって赤いのだそうです。(島根県邑智(おおち)郡)

ここでは、殺されたのはアマノジャクであったが、瓜子姫が殺されるタイプの話のなかにも、同様な結末が見いだされることがある。たとえば、広島県比婆郡の話では、「怒って瓜姫の手足を切って、手を蕎麦のなかへ、足をススキのなかへ投げこんだので、そのために蕎麦とススキの根は赤い」とか、「殺して三つに切り、カヤと蕎麦と黍のなかに投げたので、それらの根は赤くなった」と語られている。そう、吉田は指摘している。ハイヌウェレ神話との親近性はあきらかではなかったか。むろん、作物の起源譚そのものではない。山畑や焼畑で栽培されるアワ・ソバ・キビなどの作物の根が赤くなったと語られるのであり、民話的な退行であったかもしれない。

さて、あらためて、イェンゼンの『殺された女神』にもどることにしよう。たとえば、ニューギニア南海岸のキワイ族の神話である。

(A)　ソイドは火を取りよせるために、妻を派遣するが、その際、彼女はある見知らぬ男によって暴行される。神話はこれが地上での最初の生殖行為であったことは明白には述べてはいない。けれども、神話的思考に応じて、このことを想定してよかろう。いずれにせよ、ソイドは妻を殺害し、その屍体をバラバラに切断し、整地した土地にばらまく。すると屍体の諸部分および血から有用植物が発生する。つまりタロイモ、ヤムイモ、ココヤシ、サゴヤシやバナナの木である。

(B)　ソイドはかまずに果実を飲み込む。果実は彼の身体を通って陰部にまで到り、それによって陰部は恐ろしく大きくなる。このように、不恰好になったために彼はもはや妻を得ることができない。植物の存在しないある島に達した時、初めて彼は一人の男を見つけ、その男がソイドに娘ペカイを与える。だがペカイは交接によって殺される(もっとも再び蘇生するが)。そしてソイドは、彼の精液―すべて果実―を地上にばらまき、そこから翌日までに植物ばかりが生育し、これがこの荒れはてた島を立派な国に変えたのだ。

(A)には、有用植物発生の第一のモチーフが語られている。殺害され、ばらばらに切断され、大地に撒かれた女の屍体と血から、タロイモ・ヤムイモ・ココヤシ・サゴヤシ・バナナの木が生まれてくるのである。そこで、女の殺害の前提条件のように、地上ではじめての生殖行為が、見知らぬ男による暴行というかたちでおこなわれていることを見逃すわけにはいかない。「死、殺害と、最初の生殖」(イェンゼン)という、すでに触れてきたテーマが姿を現わしているのである。神話のなかでは、性と死こそが対をなして登場してくる。そして、原初における女神の殺害が作物の起源をもたらすのである。

これに続く(B)では、有用植物発生の第二のモチーフが提示されている。ここでは、女の屍体の代わりに男の精液が重要な役割を果たす。果実を噛まずに飲んだために性器が肥大化した男は、いまだ植物が存在しない島に辿り着き、そこである娘を交接(セックス)によって殺してしまう。それから、男の精液=果実は大地に撒かれ、植物が生育する。ここにも、「死、殺害と、最初の生殖」というテーマが転がっているが、女はのちに蘇生を遂げるらしい。ともあれ、精液の力によって有用植物がもたらされている。じつは、(B)のあとには植物発生の第三のモチーフが示唆されていた。蘇った娘の身体のなかに、バナナ・ヤムイモ・サツマイモが発生し、それらは子どものように産み落とされる。そうして、人間は農耕を教えられる、といったものだ。

この一節のおわりに、イェンゼンは以下のように述べていた。

このようにして、われわれは至極明瞭にキワイ族においてもまた、その世界像の中心に、死と生殖との結びつきを見るのである。最初の死とともに、初めて人間の増殖が可能となった。月と結びついている神話上の存在が最初の死を遂げ、そして彼は最初の死者の旅をたどり、これを通して、人間のために死者の国に到る道を開くのである。けれどもこの存在は、それ自体死者の国であり、死者を自らの中に収容する。有用植物の発生も同様に最初の死と結びついており、その際われわれが特に考察してきたようなあの神話形式、つまりある女性の屍体の諸部分からの有用植物の発生、が見出され、また男性の精液からこれらの植物が生じるという、もう一つ別の異伝も見出せるのである。

イェンゼンは、神話的な世界像の中心に「死と生殖との結びつき」を、つまり、原初において死と性＝生殖とが対をなして登場する姿を見いだしているのである。そして、作物や有用植物の発生もまた、はじまりの女神の死と結びついていることが指摘されていた。そこに月の存在が見え隠れしていることは、『日本書紀』神代上の一書に見える、ウケモチがツクヨミ(月の神)によって殺害され、その屍体からアワ・ヒエ・イネ・ムギ・ダイズ・アズキなどの作物が生じたという伝承を想起させずにはいない。謎多きツクヨミの正体をあきらかにするためには、はるか南太平洋の島々の殺された女神の神話や祭儀に眼を凝らす必要があるのかもしれない。

神話は祭りのなかで再演される

やはり『殺された女神』から、キワイ族の神話と祭儀についての記述を拾ってみる。キワイ神話のひとつでは、原古の最強の人物のひとり、マルノゲレが噛まずに飲みくだし、糞として排泄したサゴヤシから猪が発生した、と語られている。ここにまたしても、噛まずに飲みこむという行為が特筆されているのは、なぜであったか。消化の不在を意味したのか。料理/消化というふたつのプロセスが、対称的な位置にあることを想起しなければならない。調理されたモノを口から摂取して、消化器官によって消化し、肛門から排泄する。食べることは、いわば自然から文化へ(→料理・摂取)/文化から自然へ(→消化・排泄)と往還することだ。消化の不在の前景には、料理の不在があり、いまだここには文化が生まれていない。いずれであれ、口から肛門へと擦り抜けた果実やイモは、性器を肥大化させたり、大便から猪を産み落としたのである。

そして、マルノゲレがこの猪を生け捕りにするように依頼したにもかかわらず、人間は猪を屠殺する。そのために、すべての人間が死なねばならなくなった、という。死の起源譚である。それから、マルノゲレは女たちの生殖器を作ってやり、人間に生殖行為を教えた。月経は、マルノゲレが女の性器を殺された猪の血で手当てしたことに始まった、という。月経のときには、「女が月と交合する」とも語られている。この神話のなかにも、あの「死、殺害と、最初の生殖」という神話的なテーマの変奏が見いだされる、といっていい。

キワイ族はまた、こうした神話を毎年、モグルという祭りを仲立ちとして再演する。その儀式の第一部では、幾晩にもわたって、大規模な性的乱痴気騒ぎ（オルギー）が催され、男たちの精液が特別な容器に集められる。それはモグルの薬の主要な構成要素となる。これはあきらかに、精液からの植物の発生というキワイ神話の第二モチーフと関連している。このモグルの薬は、戦争などに役立つと同時に、サゴヤシ畑の豊穣のために用いられる。ヤシの幹に塗られ、畑に埋めたり振りかけられるのである。儀式の第二部では、少年と少女の成年式がおこなわれる。ここでは、少女たちは成人の男たちによって犯され、生殖行為を学ぶという。

さらに、儀式の第三部である。

一匹の雄猪が男達によって藪（やぶ）の中で捕獲され、華麗に飾りつけられて、生きたままダリモ舎屋の中に運ばれ、そこで猪は舎屋の中心柱の前に建てられている台の上にのせられる。猪の屠殺にあたって、男達の武器などに血がふりかけられる。ついで受戒者は成人男子の股下をはってくぐり、梯子をつたわって台にのぼり、そこでその頭が猪の頭の上に重なるように、猪の上に横たわらねばならない。彼らは屠殺された猪の頭にかみつき、薬一つを呑み込まねばならない。ついで猪はダリモの老婆によって料理され、分配されるが、年とった男達だけがそれを食べることができる。受戒者達が食べると死ぬという。肉の一部と残りの全ては薬として個々の分前量に分割され、畑とココヤシの栽培地に埋められたり、焼いて灰にしてヤシの幹にすりこまれる。

少年たちの成年式を組みこんだ、このモグル祭儀の第三部は、「有用植物をもたらしたあの殺害された神的人物の屍体の細断を再現して」いる、とイェンゼンはいう。ソイドの妻が殺害され、ばらばらに切断され、大地に撒かれ、その屍体からタロイモ・ヤムイモ・ココヤシ・サゴヤシなどが生まれてきた、という神話を想い起こさねばならない。女神がここでは雄猪に置き換えられていたのか。それとも、別の神的人物が想定されていたのか。

飾りつけられた猪は、聖なるダリモ舎屋の中心柱の前に建てられている台のうえに供えられる。少年の受戒者が猪と同一視される。成年式の、死と再生のテーマである。ひとたび少年は死んで、あらたに蘇る。世界の中心に建てられた柱の前に置かれた台は大きなまな板であった。猪を料理し分配するのは、ダリモの老婆である。たったひとり、禁忌を逃れてモグル祭儀のあらゆる儀式に参加を許された女が、このダリモの老婆と呼ばれるシャーマンであった。長老たちが食べるほかは、猪の細断されたからだは畑とココヤシの栽培地に埋められたり、焼いた灰がヤシの幹にすりこまれる。

吉田敦彦は『縄文宗教の謎』のなかで、次のように述べていた。

イエンゼンが「古栽培民」と呼んだ、熱帯で芋や果樹を原始的なやり方で栽培してきた人たちはとりわけ、あるところでは豚とか猪などの動物を、別のところでは人間を犠牲にする、血腥い殺害の儀礼を、祭りの中で実施してきた。「ハイヌウェレ型」の神話と照らし合わせてみると、これらの儀礼は明らかに、神話に語られた事件を、生々しいやり方でくり返す意味を持っていたことが分かる。

まさしく、モグル祭儀はキワイ族の神話の生々しいやり方での再演そのものではなかったか。そこでは猪が生け贄とされた。それでは、「人間を犠牲にする、血腥い殺害の儀礼」とは、いかなるものであったか。やはり、吉田の著書から引用してみる。

またニューギニアの中央部の南海岸のあたりに住んでいた、マリンド・アニム族の人々は、マヨという祭りの最中に、「マヨ娘」と呼ばれる若い娘を、男たちが全員で犯した上で、殺して肉を食べた。残りの骨は集められて、芽を出したばかりのココ椰子の若木の側に、一片ずつ分けて埋められた。また血は、椰子の幹に、赤く塗りつけられたという。

マリンド・アニム族はまた、ラパという祭りのあいだにも、「ラパ娘」と呼ばれる若い娘を、やはり男たちが全員で犯した上で、燃えている薪の山に、生きたまま投げ込んで焼き殺した。そして肉は、同じ火で料理された豚といっしょに食べられ、そのあとで骨が注意深く集められて、頭蓋骨は加工されて保存された。その他の骨は、血で赤く塗られた上で、やはりココ椰子の若木の側に、一片ずつ分けて埋められたという。

マリンド・アニム族がおこなうマヨ祭儀やラパ祭儀においては、マヨ娘やラパ娘と名づけられたハイヌウェレたちが、男たち全員に犯され、殺され、食べられている。ラパ祭儀では、ラパ娘の肉は「同じ火で料理されい、いっしょに」食べられるのである。料理というテーマがここにも挿入されている。そのあとで骨が集められて、ココヤシの若木のそばに一片ずつ埋められる。むろん、その豊穣をもたらすために。あきらかに、これらの祭りはハイヌウェレ神話の演劇的な再現であった。

あらためて、原典であるイェンゼンの『殺された女神』に立ちもどらねばならない。

もう一つ別の神話の中でも、原古におけるマヨ祭儀について再び報ぜられる。祭儀行為において、一人の女ないしは少女が特別の役割を演じるが、彼女は《この祭儀の母》である。彼女は息子とともに祭場から逃げ出し、冒険に充ちた放浪の末に、ある村に辿り着き、そしてそこには男達や若者達が集っていたと語られている。母と息子は強姦され、それにつづいてその結果殺害され食べられてしまった。「われわれはこの種の宴会を毎年くり返すことにしよう」と男達がいい、かくしてマヨに類似した祭儀、つまりイモ Imo 結社が生まれ、この結社もまたこの仕方で神話的にはマヨから派生しているのである。

祭儀の母である女と息子が、放浪の末に辿り着いた村で、男たちに犯され、殺され、食べられている。ここにもまた、「死、殺害と、最初の生殖」という神話的なテーマが反復されている。そして、神話みずからがマヨに類似した祭儀と、それを支えるイモ結社の起源を物語りしていたのだった。

実際におこなわれていたマヨ祭儀について。その祭儀には性的な放縦が結びついているが、これに関してはキワイ族のモグル祭儀に触れたなかで確認している。マヨ祭儀のおわりには、「一人の少女、つまり《祭儀の母》が殺害され、食い尽され、かつ彼女の骨は幾本かのココヤシの木のかたわらに埋められ、一方ヤシの幹はその血で赤く塗られる」のだ、という。そうして祭儀の全体は、まさに「殺害を通じて最初の死をもたらし、有用植物を生じせしめ、かつ人間を増殖する存在に変えたような、あの原古の出来事」の演劇的な上演そのものなのである。あの「死、殺害と、最初の生殖」という神話的なテーマの忠実な再現といってもいい。死と生殖とは固く結ばれている。

ハイヌウェレ神話の再演。すでに引いたセラム島のハイヌウェレ神話によれば、マロ舞踏の第九夜に、男たちによって広場に掘られた深い穴へと追い落とされて、ハイヌウェレは殺害されている。両親はその屍体を掘り返して、「おまえたちは彼女を殺した。今やおまえたちは彼女を食わねばならぬ」と人間たちに宣告する。ハイヌウェレの切り刻まれた身体からは、さまざまなイモが生じて、それが人間たちの主食となる。まさに、ハイヌウェレを食べて生きることになったのだ。食べることと／交わること、喰われること／犯されること、それは切り離しがたい関係にある。記号論的にはあきらかに、置き換えが可能だ。ハイヌウェレはみな、象徴的には犯され／殺され／食べられるのである。

最初の死は通常の死ではなく、殺害であった。これを通じて初めて有用植物と人間の食物が発生した。神話の中ではある男が最初の死を遂げたけれども、祭儀行為の中ではこの役割は一人の少女に課せられている。だがどの少女もこの祭儀の犠牲と同一視されている。このことは次の結婚式習俗から特に明白となる。つまり祭儀において、殺害される前の犠牲者の場合とまさに同様に、花嫁は結婚式の前に村外の藪の中に連れて行かれ、そこですべての男達と若者によって犯される。これまで述べたすべてのことからみて、結婚式習俗もまた、しばしばその意味をこの神話素から導いていることは、明白である。というのは、結婚式は、同時に少女の殺害や略奪であったような最初の生殖という出来事の記憶を呼び起さねばならないからである。

はじまりの死は殺害であった。それが全員一致の暴力としての供犠であってみれば、はじまりの死は生け贄としての殺害でなければならない。あの「死、殺害と、最初の生殖」という神話的なテーマは、まさにスケープゴート儀礼にこそ付随するものであった。祭儀に参加する男たちは、全員で犯し、全員で殺害するのである。供犠とは全員一致の暴力が顕現するフィールドであったからだ。

ここでのイェンゼンの議論は、いくらか乱暴なものに感じられる。しかし、この列島の結婚をめぐるフォークロアのなかにも、むしろ奇怪な習俗をあたりまえに見いだすことができる。たとえば、初夜権というテーマはどうか。花嫁とはじめて交わる権利がムラの長老に託される形式の以前には、いかなるかたちの初夜の習俗があったのか。そう、想像を巡らしてみる。おぞましさやグロテスクさの前に立ち竦んでいては、見えてこないものがある。花嫁が結婚式の前に、村外の藪のなかに連れて行かれ、すべての男たちによって犯されるといった習俗にたいしては、たしかに留保がもとめられる。それでも、実際におこなわれていたのか否かは知らず、そのように語られていたという事実を無視することはできない。イェンゼンがいうように、結婚式のフォークロアの背後から、象徴的な位相にあっては、「少女の殺害や略奪であったような最初の生殖という出来事の記憶」を招喚しなければならないのかもしれない。

キワイ族の神話のなかで、ソイドの妻は火をもとめて旅に出ていたのではなかったか。その旅のさなかに、「ある見知らぬ男」によって暴行されたと語られていたのだった。そうして火は獲得されたのか。ともあれ、ここでは、地上ではじめてのセックスが、見知らぬ男による暴行というかたちでおこなわれていることに注意を促しておきたい。近親相姦のタブーのもとでは、はじめてのセックスは避けがたく、見知らぬ男＝外なる他者による暴行という仮象をまとわざるをえなかったのかもしれない。

それにしても、火の起源譚はまっすぐに、料理の起源譚でもあった。レヴィ＝ストロースが取りあげていた、ベネズエラのサネマ族の神話を思いだしてみるのもいい。そこに登場してくる肛門のない小人のオネイティブが食べるのは、生肉と生娘であった。それはともに、自然／文化の境界に滞留する両義的な存在であり、野生状態のケガレをまとい、料理／結婚という文化的なコントロールを拒んでいるために、不安定な、危ういタブーの対象であった。オネイティブはそうした危険な生肉を食べ、危険な生娘ともっぱらに交わるのである。食べられた娘たちは危うい境界状態を脱して、ほかの男たちによって安全に食べられる＝交わることができる存在となる。あるいは、祭儀のなかで、わざわざ全員で花嫁を犯すと語られるのは、それが危険を分担し回避する作法であったからにちがいない。

あらためて、初夜権について触れておく。初夜権がムラの長老が専有するおぞましい権力の行使となる以前には、それは生娘のまとうケガレを祓い清める、どこか宗教的な役割であった可能性がある。バタイユが『エロティシズム』の第一部第一〇章、「結婚と躁宴（オルギア）における違犯」のなかで、結婚の本質をなすはじめての性行為について、「認可された一つの侵犯」であることを指摘していた。この違犯にかかわる権利ないし資格は、いったいだれに託されていたのか。ひとつは「外部から来た他国者（よそもの）」である。これが思いがけず、人身御供譚の読み解きにたいして、大事な鍵となりそうな予感を覚えている。いまひとつは、「領主に破瓜を求める習慣」の背後に見え隠れしているものだ。はじめての性行為は、君主や司祭が所有している「神聖なものに大した危険もなく接触し得る力」に頼らずには、危険であり、禁じられたものと考えられていたのだ、とバタイユはいう。

むろん、こうした議論がどこかしら、男根的なむきだしの妄想のようにも感じられることは否定しがたい。あらためて、生け贄譚について論じるときに、このテーマに回帰してくることになるはずだ。

第七章 大いなる口

ケガチの庭に饗宴が幕を開ける

ミハイール・バフチーンの『フランソワ・ラブレーの作品と中世・ルネッサンスの民衆文化』の饗宴のイメージについて論じた一章のなかには、こんな言葉がぽつりと見いだされる。すなわち、饗宴のイメージにはもうひとつの本質的な側面がある、という。

それは、食事と死および地獄との特殊なつながりである。《死ぬ》という語は、その様々な意義内容の他に、《飲みこまれてしまう》、《食べつくされてしまう》の意をも含んでいたのである。

ここでは、地獄については脇におく。ラブレーからも離れる。わたしの関心はただ、食事と死との「特殊なつながり」ということに絞りこまれる。おそらく、饗宴といった特異な場においてだけではなく、食べること／死ぬことは、ある根源的な連関を示すのではなかったか。たとえば、死ぬとは飲みこまれ、食べ尽くされることである、といった具合いに。むろん日常的には、「食べることは生きること、生きることは食べること」という表層のテーゼが、ぼんやりと意識されているだけだ。しかし、その裏側にはきっと、死ぬとは飲みこまれ、食べ尽くされることだという、もうひとつのテーゼが貼り付いているにちがいない。食べることは生きること、生きることは食べること、そして、死ぬことは食べ尽くされること、といってみる。

いくらか唐突であるかもしれない。野村敬子の『語りの廻廊――「聴き耳」の五十年』のなかに、「ますらたけおの昔話――ジャングルの語り手　新田小太郎さん」と題された一章があった。そこに、以下のようなニューギニアでの戦争体験が引用されている。「恐ろしい饑餓との戦い」の一節である。「野戦病院で亡くなった兵士を食料として貰おうといい、怒鳴り返されたという話」の続きとして書かれている。

行軍の途中で食い物がなくて餓死する。最期の言葉が「もうだめだから料理ってくれ」というのだそうです。それが遺言です。死んで自分たちの身体を腐らせてしまうよりはみなさんの血とか肉とかになって内地に一緒に帰りたいという願いがこめられてのそういうことなんです。それほど大変な饑餓行軍だったのです。にわかに奪った米の飯を詰め込んだホーランジャ部隊はバタバタと死にました。倒れた人間の首筋にはたちまち蠅が卵を産み一週間もすると白骨だけになる。健康な人を見ると「うまそうだ」っていう声も聞こえるほどでした。初めの頃、戦病死した兵隊の小指を焼いて遺族に送る準備が進められていました。鉄板の上で焼く小指は焼肉の匂いがしたんです。泣きながら焼いたって匂いはしたんです。

死ぬとは飲みこまれ、食べ尽くされることだというテーゼが、飢餓の戦場という極限状況のなかに異形のかたちで顕在化している。熱帯のジャングルでは、屍体は蛆に喰らい尽くされてたちまち白骨になる。わたしはしかし、それ以上に、この一節に、あの料理というテーマがおそらくはそれと意識されることがないままに、濃密に見いだされることに衝撃を受ける。なぜ、飢えて死んでゆく兵士は、「もうだめだから料理ってくれ」という遺言を残すのか。あるいは、みずからの身体が料理のうえで戦友に食べられることによって、「血とか肉とかになって内地に一緒に帰りたい」という願いは、なにを意味しているのか。幻聴のように、そんな声が生き残った者の耳に届いたのか。生きている人まで、うまそうな食べ物に見えるし、亡くなった人の身体も鉄板のうえで焼けば、ビーフやポークと同じように、香ばしい匂いを発するのだ、という。わたしの想像力はその匂いをたぐり寄せることに、困難を覚える。

ふと思い出す。以前、ドイツの研究者たちを案内して、岩手県の遠野を訪れたことがあった。高原の放牧地で、放し飼いされている牛の群れを見て、四〇代の女性研究者が、「ああ、おいしそう」と小さく叫んだとき、わたしはわけもなく動揺した。その感覚がにわかには共有できなかった。そして、イザベラ・バードの『日本奥地紀行』を想った。そこには、鶏の肉や雌牛の乳にたいして食欲をそそられている異邦人の女に、忌避感を露わにする明治一一(一八七八)年の日本人たちの姿が点描されていたはずだ。肉食がほぼタブーに囲われていた時代は長かったのだ。それから百数十年を経たが、すくなくともわたしは、放牧の牛を見ても「おいしそう」と感じることはない。彼我の違いの根深さにたじろぎを覚える。いや、わたしがスーパーの肉売場に並んだ細切れの肉の背後に沈められている情景にたいする想像力を、致命的なまでに喪失しているだけのことであったか。わたしのなかでは、どうやら獣と魚のあいだには見えない裂け目があるらしい。魚市場に並ぶ魚を前にして、刺身にしたら「うまそうだな」と感じることならば、ありふれた体験であるからだ。

わたしはさらに、バードの紀行からさかのぼること九〇年あまり、みちのくの地で天明の大飢饉に遭遇した菅江真澄という旅人に思いを馳せずにはいられない。その「外が浜風」(『菅江真澄遊覧記』一、所収)という日記には、厳しいケガチに追われて浮浪化した乞食たちの姿や語りが、ルポルタージュ風に記録されている。大飢饉のさなか、真澄は北の蝦夷地(北海道)に渡ろうとして渡れず、津軽地方を流離っていたのだった。ケガチという極限状況のなかで、人や馬を喰らって生き延びた人々に出会った。その姿が、臨場感をもって書き留められている。いくつかの聞き書きの場面を拾ってみる。

(A) ごらんなさい、これはみな餓死したものの屍です。〔略〕なおも助かろうとして、生きている馬をとらえ、くびに綱をつけて屋の梁にひきむすび、脇差、あるいは小刀を馬の腹にさして裂き殺し、したたる血をとって、あれこれの草の根を煮て食ったりしました。荒馬の殺し方も、のちには馬の耳に煮えたった湯を注ぎ入れて殺したり、また、頭から縄でくくって呼吸ができずに死なせるといったありさまでした。その骨などは、たき木にまぜて焚いたり、野をかける鶏や犬をとらえて食ったりしました。

そのようなものも食いつくしますと、自分の生んだ子、あるいは弱っている兄弟家族、また疫病で死にそうなたくさんの人々を、まだ息の絶えないのに脇差で刺したり、または胸のあたりを食い破って、飢えをしのぎました。人を食った者はつかまって処刑されました。人肉を食ったものの眼は狼などのようにぎらぎらと光り、馬を食った人はすべて顔色が黒く、いまも生きのびて、多く村々にいます。

（B）　今年も暮れるまでは困難な世の中のくらしでしょう。去年、おととしまで、この村は馬を食って命をつないできました。家の数は八十余りありますが、馬の肉を食べなかったものは、わたくしの家を入れて七、八軒でもありましょうか。大雪などのうえに死んだ馬を捨てておくと、髪をふり乱した女が大ぜい集まってきて、手ごとに菜切り庖丁、魚きり庖丁などをもって、自分がよいところの肉を切ろうと争い、裂きとって、血のながれる腕に肉をかかえて帰っていく有様で、また、ひとが路に倒れ伏し、死骸に犬が頭をつっこんで食いあるき、血に染まった面でほえまわる恐ろしさは、いいようもありませんでした。またことしの不作も、過ぎた年にまさりましたなら、こんどは糧にする馬、牛もないでしょうし、わらび、葛の根も掘りつくしていますので、いまからあざみの葉やおみなえしを摘み、これを蒸して食糧としています。

（C）　たどってきた道のかたわらに無縁車というものがあって、卒堵婆（そとば）に金輪をさしたものをまわしているのは、大飢饉のため餓死した人の屍を埋めたのを弔っているのであろう。この乞食は涙を流しながら、独り言して、

「あわれ、わが一族の者はみな、このようになってしまった。あさましい世の中だ」

と、襦袢（じゅばん）の袖で涙をぬぐっていた。近づいて尋ねると、答えて、

「われわれは馬を食い、人を食って、かろうじて命が助かったが、また今年吹いた風にあたって稲穂がかがまず、むかしの陪堂（ほいどう）となっております」

という。馬や人を食ったのは真実なのかと問うと、

「人も食べましたが、耳、鼻はとくによかった。馬肉を搗いて餅としたものは、たぐいなくうまかったです。しかし、食べるべきものではないので深くかくして、けっして人に語らずにいますのは、今になっても、ああ汚いといって、下男や奴などにも雇ってくれる人はないので、男も女も、すべて隠しております。貴い社寺にお参りなさる旅人や出家の方には、改悔、懺悔したら罪も滅びるであろうと思い、ありのままにもらすのです」

凶作が何年か続くと、もはや口にする物がなくなってしまう。飢えに苛まれた人々は、日常的な食べ物が尽きれば、ケガチのときに喰うカテモノへと移行し、そのレパートリーをわらび・葛の根からあざみの葉・おみなえしなどへと広げてゆく。そして、ふだんは絶対に食べることのない野を駈ける鶏や犬、ついには飼育している馬や牛など、鳥獣の肉を食糧とするにいたる。それも尽きれ

ば、もはや、自分の生んだ子、弱っている兄弟家族、また疫病で死にそうな人々へと、喰らう対象を差し向けざるをえない。

真澄がホイドに、「馬や人を食ったのは真実なのか」と問いかけると、ホイドは「人も食べましたが、耳、鼻はとくによかった。馬肉を搗いて餅としたものは、たぐいなくうまかったです」と答える。おそらくフィクションではあるまい。かたく秘め隠しながら、旅人の真澄に懺悔とともに物語りすることによって、いくらかでも滅罪がなされることを願ったのである。なんらかの宗教的な回路に身を委ねることなしには、こうした物語が記録として残されることはありえない。この一連の聞き書きは、「現在の事実」の一端に連なり、ひとかけらの「目前の出来事」だったのではないか。

それにしても、「人肉を食ったものの眼は狼などのようにぎらぎらと光り、馬を食った人はすべて顔色が黒く、いまも生きのびて、多く村々にいます」という一文には、いたく関心をそそられる。人を喰らうこと／馬を喰らうこと、その隔たりはわたしたちが思うほどに大きくはなかったのか、あるいは、思うよりも大きかったのか。すくなくとも、馬を喰らうことへの禁忌の度合いが、わたしたちの想像をはるかに超えるほどに肥大したものであったことは、否定しがたい。馬は農耕や荷運びに使われる、かけがえのない家財であり、ときには家族同然の扱いを受ける家畜以上の存在であった。喰らうものではなかった。そうした認識を抜きにしては、『遠野物語』に収められているオシラサマという名の異類婚姻譚は、深いところから理解することがむずかしい。馬と娘との結婚という異様なできごとが、起こりかねないほどに、ありそうなことに思われるほどに、馬は人のすぐかたわらで飼われていたのである。いや、やはり、ともに家族として生きていた、といったほうがいい。

だから、ケガチに追いつめられた末にではあれ、馬を喰らった人々はみな「顔色が黒く」、忌まわしい記憶に苦しみつづけるのである。それにたいして、人を喰らった者たちは、その眼が「狼などのようにぎらぎらと」光り輝いていた、と語られている。狼という比喩は、人が人を喰らうことが禽獣同然の振る舞いと見なされていたことを、おそらくは暗示している。カニバリズムをめぐる禁忌の違背は、あきらかに馬を喰らうことよりも深刻な、また忌み遠ざけられるべきことであった。しかし、同時に、馬を喰らうことは人を喰らうことと並べられるほどに、異様なタブーの侵犯ではあったのだ。

あらためて、ミハイール・バフチーンの呟きの言葉のかたわらに戻ることにする。戦場や飢餓の大地もまた、どこか負の饗宴の場であったかもしれないなどと言えば、奇異に聞こえるだろうか。しかし、そこが日常からもっとも遠く隔絶した、まさしく、あの「食事と死および地獄との特殊なつながり」が見いだされる場所であったことは、疑いようもないことだ。この残酷なるものに満たされた負の饗宴の場において、食べることと死ぬこととはある根源的な邂逅を果たす。たとえば、死ぬとは蛆虫や獣たち、人間の他者によって飲みこまれ、喰われ、その肉や血や骨まで嘗め尽くされることだ。何度でも再確認しておかねばならない。

戦場で語られた鳥喰い婆の昔話

さて、野村敬子の『語りの廻廊——「聴き耳」の五十年』に登場していた新田小太郎さんは、ジャングルの語り部であった。出身地は山形県北部の最上（もがみ）地方。新田さんは、ニューギニアの戦場で病気やケガで動けなくなった兵士たちを看病し、その死を看取りながら、昔話を語ったらしい。空腹に喘（あえ）ぎ、マラリアに倒れた兵士たちは、「団子聟」「豆こ話」「ぼた餅は蛙」「焼餅和尚」など、食べ物にまつわる昔話を好んだ。かれらは「飢えと恐怖を封じる手段に、話に花を咲かせ、その幻に酔い、気力を奮い立たせた」（野村）が、なかでも食べ物の昔話に人気が集まったのである。ジャングルの兵士たちは沈黙に耐えられない、なにか語りつづけなければ、眼の前に横たわるいのちが消えてしまう。まるで「マッチ売りの少女」のように、まぼろしを食べる。戦場の昔話とはいったい、なにものか。

新田小太郎さんが語った戦場の昔話のひとつに、「鳥食い婆」というユーモアあふれる艶話（つやばなし）があった。鵜野祐介の『昔話の人間学』から、その全文を引いてみる。長くなるが、その艶話としての味わいを感じてほしい。

むがーす、むがす　あっだけど。
むがす、ある所さ、爺さまど　婆さま　いだけど。

冬のあるとき、屋根に雪、いっぱい積もったもんださげ、

「婆んば、婆んば。きょう、屋根の雪下ろし　するがな。屋根潰れっと悪いさげ」

「そうだなあ、お天気も良いんだし、それじゃ、そうするんだな」

て、爺さま、屋根に上がって、雪下ろしはじめだけど。そうして、返し木(雪下ろしに使う箆を大きくしたような道具)で、雪下ろし　していたでば、屋根の上に、雉飛んで来たけど。そうすると、爺さま、

「この畜生！」

て、返し木で、バエンて、叩いだら、雉、バタッて、落ぢで来たけど。爺さま、喜んで、

「婆んば、屋根の上で雉しぇめだ(つかまえた)。今晩、雉汁だ。なんぼが　うまいんだが」

「ほおう、雉が。そりゃ、なんぼが　うまいべなあ」

「それじゃ、もうひと下ろし　して来るか」

て、爺さま、まだ、屋根に上がって行ったけど。

今度、婆さま　まだ、爺さま夜上がりするまで、細工しておぐべど思って、雉の毛コ毟て、細工して鍋で煮はじめだど。そうしたら、良い匂いして来たけど。こでらんねけど(こたえられない)。そうすっと、どんな塩梅か、汁コ嘗めてみだど。そうしたら、うめえのなんのて、舌ぺろんこ(が)抜げるほど　うめえど。今度、肉コ食ってみだど。うまいの、なんのって我慢でぎなくて一口が二口、二口が三口て、気がついてみたら、みんな食ってしまてだけど。婆さま、困ってしまたど。爺さましぇめだもの、みんな食ったどなれば、どのぐらいごしゃがれる(おこられる)が知れねど思って考え

だど。そうすると、我のだいじな所、けづって（ママ）、毛コ毟って切って煮だど。そしたら、ちょうど煮えだ所に、爺さま　屋根から下りで来て、

「婆んば、雉煮えだがや。どんな塩梅だや」

て言いながら、濡れだ股引（ももひ）き火棚（ひだな）に掛げで、

「ああ、くたびれた。どれ、雉汁で一杯飲むが。婆んば、どれ、持って来てみろ」

て言って、雉汁食いはじめだけど。そしたら、

「なんだや、この雉。味も良ぐないし、固いなあ」

「ほおう、そうか。その雉、年寄り雉だったんじゃないか」

「そうだったがな」

て、爺さま言ったけど。そうして、その晩、寝でから、爺さま、婆さまの尻に手をやったら、婆さまのだいじな所、無いど。爺さま、

「婆んば、婆んば。大事だ所、どこにやった」

「どこにやったなんて……。実は、これこれこういうわけで、爺さまに申し訳ないど思って、ここを削って、煮で食わせだなよ」

て、言ったら、

「だから、しなこがった（かみきれなかった）なだな。この馬鹿もの。俺は、そんなもの食わねだて良がった。こっちのほうが大事だった」

て、婆さま、ごしゃがれたけど。

どんべ　すかんこ　ねっけど。

「鳥食い婆」の昔話については、鵜野祐介が『昔話の人間学』のなかでていねいに論じている。この昔話のモチーフ構成は、『日本昔話通観』の第二八巻によれば、以下のようにふたつの部分から成るという。前段では、爺が捕った雉の料理を婆に頼むと、婆は味見をしているうちにみな食べてしまう。後段では、婆がみずからの陰部を削って調理し、爺に食わせると、爺は「うまいがしわい」という。ここに見える「しわい」とは、口に入れた肉などがなかなか嚙み切れないときに使う岡山方言であるらしい。最上版の「鳥食い婆」では、「味も良ぐないし、固いなあ」であり、いくらかニュアンスが異なっている。しかも、それが年老いた妻の陰部であってみれば、おのずと、この「うまいがしわい」「味も良ぐないし、固いなあ」といった表現は、食べること／交わることの敷居を越境する意味内容をはらまざるをえない。

ともあれ、爺さまの捕った雉を細工＝調理して作った雉汁を、婆さまは味見する。その雉汁は舌が抜けるほど「うまい」し、雉の肉はあんまり「うまい」のですべて食べてしまう。そのために、婆さまの陰部の肉への置き換えが浮上してくる。そこから、にわかに艶話へと転換してゆくところに、意外性があり、おかしみと残酷がない交ぜになって感じられる。最後は、婆さまの陰部の肉が、「しなこがった」(嚙み切れなかった)としても、「味も良ぐないし、固い」としても、俺にとってはなによりも大事だ、と爺さまによって語り納められる。

「鳥食い婆」のタイプの昔話は、日本列島に固有に見いだされるものではない。鵜野によれば、その核心となるモチーフは国際的な広がりをもち、スペインやプエルトリコに、「少女が鳥を食べる。父親に自分の尻から肉を切って与える」といった対応する話型が見られるらしい。さらに、こんな類話が紹介されている。

- バラモンの妻がその気もなしにえびにケーキをやる約束をすると、夜にえびが来て残っていたケーキを食べる。夫婦はつぎにケーキを作ると、えびを待ちぶせて殺す。夫がえびの料理を頼んで出かけると、妻は全部食べてしまい、代わりに犬の尻尾を出す。夫は味がおかしいのに気づいて妻を問いつめ、妻は白状して殺された。(インドのベンガル州)
- 夫が妻に鳥の料理を頼んで出かけると、猫が鳥を食べてしまう。妻が自分の胸の肉を切って食べさせると、夫は満足し、本当のことを話すと子供たちを食べようとする。妻が先に息子を料理して娘を逃がすと、夫は怒って妻を殺して食べた。(黒海北部のガガウズ族)

ともに、妻は機転を利かせてエビや鳥の肉の代わりに、犬の尻尾やみずからの胸の肉を料理して夫に食べさせる。しかし、別の肉が提供されたことを知った夫は、妻を殺してしまう。最上地方の「鳥食い婆」とは対照的な結末といっていい。オオゲツヒメ神話を想起させるような結末であるが、ガガウズ族の話など、みずからの身体の一部を切り取って料理しており、オホゲツヒメが排泄物を食材として料理したことと通じ合うものかもしれない。

あるいは、福井県の鯖江市で採集された類話にあっては、婆さまがみずからの股の肉を切ってこしらえたおつゆを、爺さまは「この雉汁は、なんと年をとった雉やら、とてもしわくて(固くて)臭いな」と言って、食べ残してしまう。こちらの婆さまは、殺されることはないが、あきらかに爺さまから拒絶されているのであり、後味が大きく異なることを、鵜野が指摘している。たしかに、最上の爺さまはやさしく、婆さまにたいするいたわりを見せるのである。鵜野はこう述べている。

食欲に負けてつい雉肉を全部食べてしまったとはいえ、自分の大事なところの肉を切り取って夫に食べさせようとした妻と、その行為の意味を全面的に理解して、おそらくは傷ついた妻の局部に手を当てて愛(いと)おしんでいるだろう夫、そこには下品な笑いやグロテスクな妄想の入り込む余地のない、究極の艶話としての「性愛」が語られている。

こうして戦場の、ときには看取りの場でもあったはずの時空で語られた、性愛と死にまつわる昔話として読み解かれてみると、最上版の「鳥食い婆」の昔話は、なかなかに心惹かれるものだ。なぜ、年老いた妻たちは、わざわざ陰部や股の肉を切り取って料理したうえで、夫に提供するのか。あの、死ぬとは飲みこまれ、食べ尽くされることであるというテーゼは、ここにも生きているというべきだろう。食べ尽くされることにおいて、性愛は死とひとつになる。なにか、捨て身の、最後の性愛の企てのようにも感じられる。やはり、食べること/交わることは、ここでも秘められた隠微な交歓のドラマを取り結んでいたのではなかったか。

さて、この節の終わりに、あらためてカニバリズムにまつわる二つの昔話を取りあげてみる。ひとつは、岩手県で採集された「かちかち山」である。

なんとも残酷な昔話である。善良な年寄り夫婦が徹底していたぶられる。弱者から救いが奪われている。気のいい婆さまは、爺さまが捕えてきた狸にだまされ、殺されてしまう。狸は婆さまの皮を剝がしてかぶり、婆さまに化ける。そうして狸汁の代わりに婆さま汁を作って、爺さまの帰りを待ち受ける。爺さまは狸の婆に勧められて、「うまかった、うまかった」と三膳三椀を食べる。食べ終わるのを見届けた狸は、「ばんば奥歯こさひっついだ　ばば汁くっておかしじぇやい」といって、婆の皮を脱いで、ぼんぼりぼんぼりと奥山へ駈けてゆく。まるで中世の狂言の世界であるかのように、弱者が足蹴にされ、笑い者にされている気配が漂う。勧善懲悪の昔話からは、大きく逸脱している。

これにたいして、たとえば『聴耳草紙』に収められた「端午と七夕」(一二二番)はどうだろうか。あるところに、若夫婦があり、夫は妻の織った曼陀羅を遠方の町に売りに行っていた。そのあいだに、美しい妻のもとには男たちが言い寄ってくるが、耳を貸さなかった。ところが、ついに悪い男の「お前の良人は他国で妾女を持っている」という言葉に追いつめられて、近くの川に身を投げて死んでしまう。

夫が他郷から、曼陀羅を送って寄越すように家へ便りをしても、何の返事もないから、不思議に思って村へ帰ってみると、妻はたった今川へ身を投げたばかりで、まだその美しい屍が水の中に浮き漂うていた。夫はそれを見て悲嘆のあまり、妻の屍肉を切って薄の葉に包んで食べた。それは五月五日の日であった。それが節句の薄餅の起源である。そしてまたその筋ハナギをば、七月七日に、素麵にして食べた。それだから七月七日は必ず素麵を食べるのだという。

不思議な話である。端午の節句に食べる薄餅と、七夕に食べる素麵の起源譚ではあるが、なぜ、そこにカニバリズムの記憶が刻み付けられねばならなかったのか。うまく了解できない。ともあれ、その身を食べ尽くし／食べ尽くされることによって、性愛は死と不可分一体のものとなる。それこそが、妻に先立たれた夫に許された、最後の、そして究極の性愛の企てであったのかもしれない。

大いなる口は小さな劇場である

どうやら、性＝愛と死とが渾然一体のものとなるような、ある究極の場所が存在するらしい。たとえば、ウラジーミル・プロップの『魔法昔話の研究――口承文芸学とは何か』のなかには、こんな関心をそそられる一節があった。プロップはいう、「死者を生きかえらせるために遺体の一部を食べるという問題はカーニバリズムに関する問題全般と密接に結びついている」と。『聴耳草紙』の「端午と七夕」の主人公の男は、川に身を投げて亡くなった妻の屍肉を切って薄の葉に包んで食べる。それが「死者を生きかえらせるために」なされるカニバリズムであったのか否かは、判断がむずかしい。すくなくとも、それとして語られてはいなかった。

死者を生き返らせるとは、なにか。まるでゾンビのごとくに、身体のレヴェルの蘇生を意味するわけではあるまい。遺伝子の一部が承け渡されることか。あるいは、精神的な、たとえば記憶による継承のたぐいを意味するのか。その肉体はこの世から消滅しても、存在の記憶は残される。わたしはあなたを忘れない、あなたはわたしのなかに、いつまでも留まりつづける、といった祈りの言葉に託されるのか。プロップが指摘しているように、「食べられたものの性質が食べた者の体内へ移る」と考えることは、とりたてて奇異な観想ではない。この指摘のあと、いくらか唐突に、殺害して食べたのは敵だけであり、同族の場合には自然死した遺体を食べたことに注意が促されている。

オセアニアとアフリカの一部では、死体の腐敗した汁を飲む風習があった。アドミラルティ諸島では、屋外の高い建造物の上に死体を置き、その下に食物を置いて死体の腐敗汁がその上にしたたるようにする。そのあと、腐敗した死体を食べる。

吐き気を催すことなしに、こうした習俗の具体相を思い浮かべることは困難であろう。だから、プロップはこれに続けて、「より文化的な民族の場合は、このいまわしい習俗はよりソフトな形態をとり、その後完全に消滅し、聖なる物語としてのみ残る」といい、どこか毒消しに努めている気配が漂うのである。この奇怪な習俗は過去のものとなり、「聖なる物語」としてのみ残存が見られる、という。そうした物語の事例のいくつかを、プロップは示している。

- ある女が夫である豹の家に保存してあった指の骨を二本呑み込む。その結果、彼女は身ごも

る。(バカイリ族の物語)

• 夫が妻に対する嫉妬から自分の子供を全員殺す。彼は死体を籠に入れて天井から吊るす。〔略〕殺された息子の一人が小さな物質(それが何かは記されていない)に変身し、妻がそれを呑み込む。すると息子が再び生まれる。(トリンギト族の説話)

• ある男は自分が見つけた頭蓋骨のせいで八〇人の人が死ぬと予言される。そこで彼は頭蓋骨を埋葬しないで持ち帰り、焼いて粉にする。彼はその灰をぼろ布に包み、小箱に入れて保管する。あるとき、家に帰ってみると、彼の娘がこの粉をなめている。娘は身ごもる。(トルコの『トゥチ・ナメ』)

• バタが木に変身し、木屑が女の口の中に入ると(すなわち食べられると)、バタは蘇る。(エジプトの昔話)

• バックスはティターンたちに八つ裂きにされる。しかしゼウスがその心臓を保存していて、飲み物に入れてセメレーに与える。するとバックスは再生する。(古代ギリシア・ローマの神話)

• ひとりの女が聖者の助言に従って殉教者たちの遺体で焼いた焼菓子を食べる。すると彼女に三人の息子が生まれる。(キリスト教のネストリウス派の伝説)

• 召使いが焼いた聖者フィリップの骨を食べる(骨はスプーンの形をしていて、このスプーンで食事をしていると、たまたま骨のスプーンを呑み込んでしまう)。フィリップは蘇る。(ブルターニュ地方の伝説)

たしかに、もはやリアルな習俗の面影は失われている。じかに食べられた遺体は、「食べられる遺体とそれを食べる女の間を仲介する物体」へと変化を遂げており、その交替とともに、現実が物語と化して長期にわたって生きつづけた、そう、プロップは想像を巡らしていた。「仲介する物体」はじつに多様である。指の骨、小さな物質、頭蓋骨を焼いた粉、木屑、心臓を入れた飲み物、遺体で焼いた焼菓子、焼いた骨のスプーンといったものだ。遺体を焼いて、頭蓋骨を粉にしたり、焼菓子にする、骨のスプーンを作る、飲み物に心臓を入れるといった場面には、あきらかに料理のテーマが見いだされる。料理はここでも、野生を文化へと転換する仕掛けであった。カニバリズムはたんなる野蛮な食人行為ではない、それ以上のなにものか、である。

しかも、いたく関心をそそられることには、どうやら食べる主体はほぼ例外なしに女性なのである。女たちはみな、死者のからだの一部を加工＝料理したうえで食べたり、嘗めることによって身体の内に摂りこみ、その結果として身籠もり、この世に新たないのちをもたらすのである。死と再生をめぐるテーマの変奏であった。そして、これら稀釈されたかたちでのカニバリズムの情景からは、殺害した敵の身体を食べることとは異なった、再生を促す同族的なカニバリズムの匂いがする。ここでも食と性とが、食べることと交わることとが、奇妙に交錯し、置き換えられている気配が感じられる。いや、端的に、食べることはそのままにセックスであったのだ。すくなくともセックスの代替行為ではあった。女はそうして妊娠し、たいてい息子を産み落とすのだから。

あらためて、すでに触れたミハイール・バフチーンの『フランソワ・ラブレーの作品と中世・ルネッサンスの民衆文化』の「ラブレーにおける饗宴のイメージ」の章に、眼を凝らしてみるのもいい。そこには、カニバリズムからは離れるが、食べるとはなにか、という問いに向けての形而上的な応答が豊かに見いだされる。それはきっと、このあとで取りあげる昔話「食わず女房」の読み解きへの補助線ともなるにちがいない。

この章の冒頭に置かれた数ページが、とりわけ魅惑的である。牛の屠殺のエピソードにかかわる、「貪り食う肉体と貪り食われる肉体の混淆」という言葉が眼を引く。ただしこれは、前の章に見える以下のような一節を受けている。

> ガルガメルの出産は、まさに、屠殺獣の臓物、つまり肥えた牛の内臓や腸を食べすぎて、肛門が抜け出そうな破目になった時に始まる。〔略〕しかし、出産と食べすぎのあまり肛門の脱ける話は、最初から、食いつくされる腹と、食いつくす腹とを結びつけている。貪り食われる動物の肉体と、貪り食う人間の肉体との境界線は、はっきりしなくなり、ほとんど消されてしまう。貪り食われ・貪り食う世界という統一されたグロテスクなイメージとからみ合い、このイメージに合流する。単一の、濃密な肉体の雰囲気――大いなる腹が割り出される。この中で、エピソードの主要な出来事――食事、脱けそうな肛門の話、出産――が起きる。

むさぼり喰う人間／むさぼり喰われる動物が肉体のレヴェルで混淆を遂げ、大いなる腹というグロテスクな肉体イメージが誕生する。その物語的な生成のプロセスにおいて、食事－脱けそうな肛門－出産という一連のできごとが生起するのだ、という。脱けそうな肛門とはむろん、飽食の、いや大喰いの極限なす状態の隠喩であろう。口から肛門まで、むさぼり喰われたモノたちがぎっしり詰まり、いましも肛門が脱ける、といったところか。

「ラブレーにおける饗宴のイメージ」の章では、この大いなる腹というイメージから「大きく開けた口」というモチーフが分泌される。大いなる口は飲みこむことを役割とするが、このモチーフは「肉体のイメージと飲み食いのイメージのまさに境界線に位置するもの」だと、バフチーンは指摘している。こうして、「食べるというイメージと、肉体のイメージや生殖力（豊饒、成長、誕生）のイメージがいかに切り離し難く結びついているか」があきらかになる。ていねいに追いかけることはしない。大いなる腹・大いなる口といったグロテスクな肉体イメージのかたわらに、食事－肛門－出産と連なる、いわば食べることから排泄へ、さらにセックスから出産へと連結してゆくイメージの通路が浮かびあがる。それを確認しておけば足りる。あるいは、聖アウグスティヌスの苦痛に満ちた、「私たちは糞と尿のあいだから生まれるのだ」という言葉に思いを馳せておくのもいい。

バフチーンは以下のように、核心なす応答をおこなっている。

飲み食いは、グロテスクな肉体の最も重要な生活現象である。この肉体の特質は、その開かれた未完成性、世界との相互依存性である。この特質は、最も具体的に、一目瞭然たる形で、食べる行為において現われる。肉体はこの場合、その境界を越えて行き、〔略〕自分の中に吸収し、世界を犠牲にして富み、成長する。大きく開けた、かじり、引き裂き、噛む口の中で行なわれる人間と世界の出会いは、人間の思考、心象の最も古くからある最も重要な主題である。

ここで人は世界を味わい、世界の味を感じとり、世界を自分の体内に取り入れ、世界を自分自身の一部とする。

食べるとはなにか、という問いにたいする、なんとも魅惑的な応答である。バフチーンによれば、人の肉体はみずからの内に完結することなく、世界に向けてかぎりなく開かれながら、その世界との相互依存性を生かされている。それを思えば、たとえば肉体の表層を覆った皮膚を、自己と世界とを分かち隔てる境界と見なす思考の、なんと皮相なものであることか。皮膚とはそもそも、多孔質の、つねに外なる世界によって浸透されている、呼吸する境界ではなかったか。それにしても、食べることは生きることであり、生きることは食べることだ。だからこそ、肉体と世界との相互依存性がもっとも凝縮されたかたちで露わになるのが、食べる行為であるのは、あまりに当たり前であったか。そして、「大きく開けた、かじり、引き裂き、嚙む口」のなかで、人は世界と出会い、他者を味わい、身体の内に摂り入れ、みずからの一部とする。まさしく、口腔のなかこそが、人が世界との豊饒なる交換＝交歓を果たす、小さな劇場なのかもしれない。この世に生まれてきたばかりの赤児は、その小さな口唇で母親の乳房を探り、世界とのはじめての邂逅を果たすことだろう。

ただし、違和感がないわけではない。バフチーンによれば、人はこの劇場における、いわば勝ち組である。こんな一節がある。

この食べる行為における一世界との出合いは、喜ばしい、心躍るものであった。ここで、人間は世界に打ち勝ったのである。人間が世界を貪り食ったのであって、人間が貪り食われたのではない——人間と世界との境界線は人間にとって有利な意味合いで、拭き消されたのである。

たしかに、カーニヴァルの饗宴のなかでは、人はひたすらむさぼり喰らう側に留まり、一方的に人と世界との境界を画定することを許されているかもしれない。しかし、人と世界との相互依存性は多様であり、ときに異相の風景を呼びこまずにはいない。すなわち、風景が反転して、人が獣や魚、そして仲間の人によってすらむさぼり喰われることを、ある可能性として抱えこんでいるのではないか、ということだ。宮沢賢治が「なめとこ山の熊」のなかで描いたように、猟師は最期には熊に殺され、喰われるかもしれない(むろん、賢治はその情景を描くことを拒んだが……)。あるいは、海で死んだ漁師のからだは、魚や蛸によってむさぼり喰われるのかもしれない。山野河海を舞台として暮らす人々は、大きないのちの循環のなかに人もまた生かされてあることを自覚している。ともあれ、こうして、いわば人が永遠の勝ち組ではないことが、饗宴論の文脈からは欠落していることが、むきだしになる。

むろん、「死と食事は見事に共存する」といった言葉も見えはするが、労働の果てに獲得される饗宴の場は、いつだって勝利を言寿ぐためにこそ用意されるものだ。死の影は排除されねばならない。バフチーンはいう、世界に飲みこまれてしまうのではなく、世界をむさぼり喰らう勝ち組としての人間は、飲み食いの行為のなかで「世界と陽気な、勝ち誇った出会いをする」と。そうして、「打ち負かされた世界の味覚そのもの」を味わうことができたのだ。あるいは、「笑い、飲み食いは死に打ち勝つ」といった言葉もあった。饗宴の飽食のなかで、人はつかの間、飢餓とそれがもたらす死の不安を忘れることができたのかもしれない。フランソワ・ラブレーが描いた、カーニヴァルの饗宴のなかで浮かれ騒ぐ民衆のかたわらには、飢餓に怯えて生きる「ヘンゼルとグレーテル」の民衆世界が転がっていたことを、いずれであれ、忘却するわけにはいかない。

食わず女房、または拒食の根っこに

さて、「端午と七夕」という昔話が、ほとんど唐突に、五月五日の端午の節句の薄餅の起源、さらに七月七日の素麺の起源をもって語り納められていたことを想い起こさねばならない。この五月節句の起源譚に結びつくことの多い昔話としてよく知られたものに、「食わず女房」がある。そこでもいささか唐突に、端午の節句のとき、門(かど)に菖蒲や蓬を挿す魔除けの習俗の起源譚として、話の全体が語り納められることは、けっして偶然ではあるまい。なんらかの背景があるはずだが、あえて問うことはしない。ここでは、「食わず女房」という昔話が抱えこんでいる、食をめぐるテーマに関心を絞りこむことにしたい。

五月節句の由来に結びつけられるタイプの「食わず女房」は、主に東日本に分布が多く見られる。柳田国男の『日本の昔話』に収められた「飯食わぬ女房」は、岩手県胆沢(いさわ)郡で採集されたものであるが、以下のようなあらすじをもつ。

〈前段〉

むかし、ある村に、一人の桶屋が住んでいた。ある晩、飯を食わぬ女房を欲しがる男のところに、見たこともない女が訪ねてきて、自分は飯を食わずによく働くから女房にしてくれという。仕方なく女房にする。女房は食事をしないが、米が知らぬ間に減る。男は不審に思い、家を出た振りをして、天井に隠れて覗いていた。すると、女房は大きな釜で飯を炊き、大きなむすびにして戸板のうえに並べ、大鍋にいっぱいの味噌汁を作った。

「そうしておいてから、今度は髪をばらばらにときますと、頭のまんなかに別に大きな口が一つありました。その口の中へむすびを一つずつほうりこみ、柄杓で一杯ずつ味噌汁を流しこんで、見ているうちに汁も飯も、残らず食べてしまいました。そうした後で頭の髪をちゃんと結びなおすと、もとのとおりのよさそうな女房になりました」。

〈後段〉

この女は山母であった。男は知らぬ顔をして、夕方に帰った。男は女房に、「いくら飯は食わなくとも、家の女房には向かない」と伝える。山母の女房は大きな桶をこしらえてくれ、という。その大桶のなかに男を突き落とし、頭のうえに乗せて山奥へと帰ってゆく。大木の蔭で休んだとき、男は枝につかまり、大桶から抜けだす。男が一生懸命に走って逃げると、心づいた山母が追いかけてくる。谷川の川原に菖蒲と蓬が茂っており、そのふた色の草のあいだにもぐる。山母も飛びこんでくるが、菖蒲と蓬が眼を突いて、山母は盲になり、谷川に落ちて、流されて死んだ。その日は五月五日であった。それからは、この日を節句といい、菖蒲と蓬の草を屋根に葺き、その葉を湯に入れて湯浴みするようになった。

昔話研究においては、「食わず女房」は鬼や山姥などによる難を逃れ、ついに退治する、いわゆる厄難克服譚または逃竄譚のひとつに数えられている。そこに、柳田国男のように英雄神の物語の残影を認めたり、成年式における試練とその克服の投影を見て取ることができるかもしれないが、ここでは措く(『日本昔話事典』)。わたしの関心はもっぱら前段に向かう。

その女房が食べる場面は、そのままに引用しておいた。たくさんの「食わず女房」の類話のなかから、この箇所をふたつほど並べて引いてみる。

・それから立膝をして、髪の毛をばらばらほどいた。どうするか見ていると、頭のまん中の大きな口の中ににぎり飯やら、あぶった鯖やらどんどん投げこんで、食ってしまいました。(広島県安芸郡、関敬吾編『こぶとり爺さん・かちかち山』)

・それから、たぶさを解いてよ、頭の上の神楽獅子ぐらいな口によ、そのおにぎり、ポイポイポイポイみんな放りこんでしまった。それからちゃんとまたもとの頭に直して、りっぱな奥さんになっておるってよ。(宮城県丸森町、稲田浩二編『日本の昔話』上)

髪の毛をほどくと、あの大いなる口が現われる。お神楽の獅子頭のような、大きな口だ。そこに、にぎり飯やらなにやらが次々と投げこまれ、呑みこまれてゆく場面が漂わせる、なんともいえず清々しい痛快な気分はどうだ。それはわたしだけのものか。飯を食わぬ女が、途方もない大食いの女に変化(へんげ)して、「人にもらうことが好きで、人には何もくれたくない欲たがりの男」(『日本の昔話』上)の度肝を抜いてみせるのだ。飯を食わずに生きられるはずがない。生きることは食べること、食べることが生きること。だとしたら、食わず女房はいずれ正体を顕わさずにはいない。恐ろしい異類の女だ。山姥か、鬼か。

これについては、河合隼雄が『昔話と日本人の心』の第二章「飯くわぬ女」のなかで、興味深い読み解きをおこなっている。河合は次のように述べている。

食物というものは、人間にとってまことに不思議な意味をもつものである。食物を食べる前は、それは人間にとってまったくの他者として存在している。しかし、それを取りあげて食べると、それは自分の一部となる。食物摂取の元型的な様相には、一体化、あるいは、同化などのはたらきがこめられてくる。

食物という不思議。食べることは他者を摂りこむことだ、という峻厳な現実。食べることの原風景には、外なる世界のかけらを噛み砕き、飲みこむこと、それゆえに他者との一体化または同化というテーマが絡みついている。「山姥の仲人」という昔話の類話のなかには、孫を可愛さのあまりに舐めているうちに食べてしまって、鬼婆になった老女が見えるが、これなど、そうした「一体化の願望を如実に示している」と、河合はいう。そして、この一体化＝同化というテーマのほかに、摂りこまれた食物が血や肉に変化することから、そこには変容というテーマも含まれることになる。『日本昔話大成』第一〇巻によって確認しておく。そこには「山姥の仲人」の類話として、「弥三郎家の婆が孫かわいさになめるうちに食べてしまう。以来、鬼婆になって国上山に棲みつき、夜になると里におりて子をさらうようになる」(十日町市)とか、「弥三郎の家の婆は孫の頭をそって出た血をなめて人を食いたくなり孫を食って高窓から逃げ山に入る」(上越市)といった昔話が拾われている。死人や幼児を喰らう弥三郎婆の伝説の前段として、そうした孫を可愛さのあまり食べたという過去が語られているのである。

ここで、ブリア＝サヴァランの『美味礼讃』に収められたアフォリスムのひとつを想起するのもいい。たとえば、そこには、「どんなものを食べているか言ってみたまえ。君がどんな人であるかを言いあててみせよう」とある。摂りこまれた食物は血や肉に変化する。それはたぶん、われわれの身体がまさに食べたものによって作られている、という生理学的な現実を意味している。そして、同時に、社会的なアイデンティティもまた、その人が食べているものによって推し量ることができるといったことを示唆しているにちがいない。

サルトルは『存在と無Ⅲ』の第四部の終わりに近く、以下のように述べていた。

食べるとは、破壊によって我がものにすることであり、それと同時に、或る種の存在で自分の口をふさぐことである。しかも、この存在は、温度と密度といわゆる風味との一つの綜合として与えられる。要するに、この綜合は、或る種の存在を意味している。われわれが食べるとき、われわれは、味わいによって、この存在の若干の性質を認識するだけにとどまるものではない。それらの性質を味わうことによって、われわれはそれらを我がものにするのである。味わいは同化作用である。歯は、嚙みくだくという行為そのものによって、物体の密度を顕示し、これを食塊へと変ぜしめる。それゆえ、食物についての綜合的な直観は、それ自身において、同化作用的な破壊である。この直観は、私がいかなる存在を以て私の肉体を作ろうとしているかを、私に顕示してくれる。〔略〕食物の全体は、私が受けいれる存在、もしくは私が拒否する存在の、或る種のありかたを、私に提示する。

食べることとは、破壊によって外界のなにものかを摂りこむことである、という。それはまた、歯で嚙み砕きながら、「同化作用的な破壊」をもたらすはずだ。食べることの原風景には、外なる世界のかけらを嚙み砕き、飲みこむことを通じての、他者との一体化または同化というテーマが絡みついているが、そこに射しかかる暴力の影ゆえに、それは「同化作用的な破壊」とならざるをえない。この破壊は避けがたく、われわれ自身の変容をもたらすはずだ。

それでは、あらためて、飯を食わぬことにはいかなる意味があるのか、と問いかけてみたい。それは端的には、「変容の拒否」であると、河合は指摘する。もし、これを徹底しておこなえば、「人間は生命力を失い死ぬより仕方がない」。心理臨床家としての河合が思い浮かべるのは、思春期拒食症の女性たちの「皮膚をまとった骸骨」のような姿であったか。大人になること、女になること。そうした成熟という名の変容それ自体を拒むことが、拒食の根っこに絡みついている。しかも、拒食／過食はしばしば背中合わせに見いだされる。だから、河合は「食わず女房」に引き寄せて、以下のように述べるのである。すなわち、「何も食べない女性が、あるときににぎり飯を三三個食べるという話は、非現実的でも笑話でもなく、極めて現実的な悲劇に直結している話であり、広い普遍性をもつ話なのである」と。刺激的な読み解きではなかったか。

いや、そればかりではない。おそらく、拒食症には外なる世界とそこに生きる他者との、たとえば母親との、また身近な女たちとの一体化＝同化の拒否といったテーマもまた、ひそかに抱えこまれているにちがいない。むしろ、他者を摂りこんで、それと同化することは、すでに変容への予感に裏打ちされているのではないか。同化／変容はやはり、表裏なすテーマなのである。

ところで、馬場あき子が『鬼の研究』のなかで、山姥について、「おそらくは人との交わりを求めて飯を食わぬという苛酷な条件に堪えて嫁いで来たのではなかろうか」と述べていたことに、河合が注意を促していた。たしかに、この山姥の嫁入りはいったいなにを意味するのか。異類婚姻譚の一種と見なせば、そこには前史としての、なんらかの差し伸べられた援助とそれにたいする報恩、あるいは約束の履行といったテーマがなければならない。しかし、それは語られていない。むしろ、たとえば「鶴女房」のパロディのようにも感じられる。だからこそ、「飯を食わぬという苛酷な条件」を受け入れながら、あえて異類である人間の男へと嫁いできた山姥にとって、嫁入りにはどんな見返りや効用があったのかと、問いかけずにはいられない。

馬場あき子は先の言葉に続けて、「頭頂に口があったという荒唐無稽な発想は、民話的ニュアンスのなかで、山母が常人との交わりの叶わぬ世界の人であることをにおわせたものであろう。むしろ山母が常人との交わりを求めるためにはたした努力のあとが語られていて哀れである」と述べていたのだった。山姥は人との交わりを、あの「葛の葉」の狐のように切なくももとめていたのか。山姥はどうやら、最初から男を喰らうことを狙っていたようには見えない。男が盗み見によって自分の正体に気づいたとき、はじめて山姥は男を食べる対象に変換させている。あるヴァージョンでは、まず友人を頭からがしがし喰らったあとで、男を捕らえると、「子猫のようにぶらさげて頭の上にのせて」山のほうへと逃げてゆくのである(『こぶとり爺さん・かちかち山』)。

結婚とは、当然ではあるが、食べること／交わることに相跨(また)がる契約関係であった。身勝手な男は女にたいして、食べることを許さず、交わることだけを要求したのである。結婚の破綻はそもそも避けがたい。山姥の側ははたして、この結婚になにをもとめていたのか。山姥の視点を共有することはむずかしい。山姥には絶対的な他者としての面影が射している。ともあれ、馬場あき子の応答は意表を突いて、なかなかに関心をそそられるものであったかと思う。

ふたつの口が妖しい出会いを果たすとき

ところで、「食わず女房」には「口無し女房」という異称がある。臼田甚五郎などは『食はず女房その他』のなかで、この「口無し女房」のほうが「食わず女房」よりも、「あたりまへでない女房のあやしいイメージがはるかに具体的に浮び上つて来る」という。そして、「口無しと語り始めてこそ、中段の場面――つまり、口無し女房が髪を分けると、ぱつと出て来る頭上の大口が鮮烈な印象となつて、話がもり上るのである」と指摘している。そのあとに引かれている、岩手県陸前高田市で採集された昔話には、比喩的にではなく、実際にも、鼻や眼などはあるが口のない女が登場してくる(國學院大學民俗文學研究會編「岩手県南昔話集」)。顔に口をもたぬ女とは、いかにも妖しい。それがじつは、頭のなかに大きな口を隠しもっていたという意表を突いた転換こそが、たしかにこの話の肝であった。

あるいは、「二口女」という別称もあった。つまり、顔のなかの口と頭のなかの口という、ふたつの口をもつ女の意である。こうして、にわかにふたつの口というテーマが浮上してくる。臼田甚五郎が『食はず女房その他』の一節で触れている。文野白駒『加無波良夜譚』に収められている新潟県南蒲原郡森町村の伝承では、女房が頭のなかの口に焼飯を入れるときの言葉は、「上の口も食へ下の口も食へ」であった。これについて、臼田は「上の口は頭上の口で、下の口は普通の鼻下の口であらうか。下の口はもつと下の方であらうか。とにかく上下の対照が愉快である」と述べていた。上の口/下の口という対比が、しだいに妖しげな輝きを帯びはじめる。

星野五彦の『近代文学とその源流――民話・民俗学との接点』には、「食わず女房の「上の口」小論」と題されたエッセイが収められている。頭のなかに口があるとは、いったいなにを意味しているのか。星野はそこに、それは女陰ではなかったか、と書きつけたうえで、さまざまな文献から傍証らしきものを引いてゆく。

たとえば、古代中国で編まれた怪奇小説集である『捜神記』には、「異様な女」と題して、次のような伝承が書き記されている。

> 太興年間のはじめ、陰部が下腹、臍（へそ）のすぐ下のあたりについている女が、国の中央部から江東にやって来た。性質は淫乱だが、石女（うまずめ）であった。また、陰部が首にある女も揚州（江蘇省）におり、これも淫乱であった。『京房易妖』に言う。
> 「人が子を生み、陰部が首にあれば、天下はおおいに乱れる。腹にあれば、天下に大事が起こる。背なかにあれば、国にあと継ぎが無くなる」

太興は東晋の元帝の年号（三一八～三二一年）である。陰部（セックス）が下腹の臍の下あたりにある女がいて、「淫乱だが、石女」であったと語られている。こうしたセックスが首・腹・背中など、本来とは異なる場所にある女が出現すると、天下が乱れ異変が起こる兆しと見なされたのである。「淫乱だが、石女」とは、過剰な性的魅力ゆえに、不特定多数の男たちにたいして開かれ誘惑的でありながら、しかも子を産むことのない女といったところか。それがもし絶世の美女であれば、天下の乱れの元になる。

なにか既視感がある。そう、中世の九相図の周辺に見え隠れしていた小野小町伝承である。なぜ、絶世の美女であった小町が年老いて、容色衰え、乞食となって放浪生活を送ったと語られていたのか。これについて、円地文子の『小町変相』には、次のような一文があったことを思いだす。すなわち、「小町の晩年の悲惨な放浪生活を語る者は常に男性であって、彼らの中には家を持たぬ美女、夫や子を持たぬ美女に対する恐怖心の入り交ったあくどい憎悪が貯えられているように思う」と。くりかえしになるが、たぶん男ばかりではない。家や夫や子をもたない美女、すなわち、小野小町のように定着を望まず、男たちを誘惑する美しき女に向けての恐怖と憎悪は、家に囲われて子をなす女たちのなかにも潜在していたにちがいない。ともあれ、首・腹・背中などに陰部があるとは、多淫でありながら、その女性器（セックス）が妊娠・出産へと繋がる回路を断ち切られていることを示唆している。それはたぶん、遊動性を抱いた「異様な女」が忌みモノとして背負わざるをえない聖痕（スティグマ）であったにちがいない。

あるいは、孫晋泰（ソンジンテ）の『朝鮮の民話』には、「生殖器の由来」と題して、次のような神話の痕跡を感じさせる話が収められている。

最初、人間の生殖器は男女とも額についていた。互にそれを見ることができたので非常に道徳が乱れ、人々は人目さえなければところ構わず、どこででもほしいままに淫行をした。親友の妻にも悪いことをしていた。そこで二人の瞳子神――今は眼の中にいるが、その時は両肩の上にいた――が相談した結果、少し位置を下げて、今の口のところに移した。ところが「臭くて仕ようがない」と鼻が不平をいいだしたので、今度はヘソのところに移した。すると下肢の方から不平を起こした。そんな貴いものを上体の方にばかりおくのは体の下部を虐待するものであるというのである。そこで、公平にこれを体の中央につけておこうと相談して現在の場所に移したものである。ヘソは昔のその痕跡であり、口の周りにヒゲの生えるのは昔生殖器がそこにあったためである。

男女ともに生殖器は額についていたのだ、という。それが社会に性の乱れをもたらしたあたりは、『捜神記』の「異様な女」とも共通する。そこに、瞳子神という神が登場して、生殖器が額から口へ、ヘソから股間のところへと移されていった顛末が語られている。かつて生殖器があった痕跡が、口まわりのヒゲにもとめられているあたりは、たんなる艶笑譚が好む連想として片づけるわけにはいかない。ここでは女性器に限定されていないが、上の口／下の口というテーマにとっては示唆に富むものではなかったか。食べることと交わることがふたつの口に媒介されて、ある隠微な出会いを果たしているのである。

よく似た話が、木村祐章の『肥後昔話集』に拾われている。臼田甚五郎が先の『食はず女房その他』に収められた「昔話と性」のなかに、「女陰は生きて動いて、その形が定まらず奇妙である」と書いたうえで、昔話「尻と臍のけんか」(臼田の原文では「尻と臍んけか」であるが、誤りか)を引用している。刊行された『肥後昔話集』やその増補版である『全国昔話資料集成　六　肥後昔話集』には収録されておらず、臼田が引用したのは『随筆くまもと』に連載されたなかの一編であったようだ。ここでは、木村祐章編の『肥後の笑話』に収められた「尻と臍のけんか」を引いておく。

昔、女子の持物な、眉間についとったてったい。ばってん、あんまり人目に付いて目苦しかけん、場所替えしゅうて思うち、場所ば見つけよったてったい。そけ臍が「自分の領地が広かけん、来てくれ」ちゅうたら、尻は「前に何も無かけん、風当りの強うしていかん。俺のとこに来てくれ」ちゅうたてったい。

そしたら臍が腹掻ゃち、「俺が一番に言うた」「いや、そぎゃんた問題じゃなか」ちうち喧嘩したばってん、結局、自分の意志じ、尻の前に落付いたげな、臍は又、腹掻ゃち、爪で自分の方さん引っ張ろうとして、途中で爪の折れたてったい。だけん、女子んとはあぎゃん恰好になっとる。一方尻は、自分に前に落ちついたけん、安心しとったばってん、時々「皺借せ、皺借せ」て言わるるし、そのあと、涎ばかり垂すけん、腹掻いたげな。そっで、尻ノスは今でん、皺ば隠しとる——冗談ですたいな。

冗談ですたいな、と語り納められているのは、まさしく艶笑譚であるからだが、それゆえに単行本の『肥後昔話集』からは外されてしまったのだ。この昔話では、女陰ははじめ眉間にあったが、臍と尻が領地争いをした挙げ句に尻の前に場所を得て、落ち着いた、と語られている。朝鮮の民話では、はじめ額にあったが、おそらくその位置は眉間と重なっている。そこに身体の中心のひとつが認められていたのである。いずれであれ、女陰が生きていて下方に移動するというイメージが、日本と韓国に共通して見られることに注意したい。

あきらかに、ふたつの口というテーマの変奏であった。星野五彦の「食わず女房の「上の口」小論」には、東日本に多く見られるらしい、こんな昔話が引かれている。

ばあ様がきのこをとりに山に行き、遅くなったので山小屋に泊まり暖をとりながら、もってきた魚を焼いていると、その臭いにひかれて狐が人に化けてやってきた。ばあ様は狐が肩車になっているのを見破る。人に化けた狐の下にいるのが欠伸をしたので気がついたのだった。そこでバア様は何くわぬ顔をして、しゃがみながら前をひらけて下の口はヒゲがあるので、こわいもの(固いもの)でも食えるんだ、といったので狐はびっくりして逃げていってしまった。

（新潟県小千谷市塩谷村）

これもまた笑話のひとつであるが、「下の口はヒゲがあるので、こわいものでも食える」といった箇所には、あきらかに上の口／下の口の交錯が見られる。朝鮮の民話を思いださずにはいられない。女陰という下の口が、ここでは「こわいものでも食える」といい、上の口の機能の代行者としての姿を現わしている。食べること／交わることが倒錯的に重ね合わせにされて、ふたつの口がつかの間ひとつになる。むろん、現代にあっても、俗語のなかでは女性器が下の口と呼ばれることを想起しなければならない。たとえば、上の口がどんなにいやだといっても下の口は正直だから、といった具合いに。ともあれ、女陰が生きていて顔から股間へと移動する昔話は、ふたつの口の親近性を示唆しているにちがいない。

こんな艶笑譚を「民話艶話笑話」というウェブのなかに見つけた。いわゆる愚か聟の笑い話であるが、あきらかな出典は確認していない。――昔、あほな聟がいて、嫁をもらったが、男女の交わりを知らなかった。仲人が聟に、女には口がふたつあって、上の口ばかり養ってもだめで、下の口も養ってやらなくてはいけない、と教える。晩方に、嫁が前を大きく広げて、寝た振りをしていると、聟はそのあたりを眺めて、女も下の口にはヒゲが生えているといいながら、指を出し入れする。それから、大きなにぎり飯を三つも四つもこしらえて、上の口より下の口のほうが大きいので、よう食うだろうと、下の口に大きなにぎり飯を押し込んだ……、とか。

注釈の必要はあるまい。ただ、ここにもふたつの口の親近性は露わであり、上の口／下の口、それゆえに食べること／交わることとの交換可能性が暗示されていたことを、とりあえず確認しておけば足りる。この愚か聟は結婚という契約のなかには、嫁にたいして食べさせるという養いのほかに、下の口で交わるという養いが含まれていることを知らなかったのである。「食わず女房」の欲張り男の陰画のようにも感じられる。

星野によれば、女陰はいうまでもなく生産と直結する。中世の御伽草子の「鉢かづき」においては、鉢は女陰であり、それは「食わず女房」の上の口にも通じている。鉢かづき姫の頭から落ちた鉢から、金銀などの宝物が顕われることは、女陰における生産性の象徴と見なすことができる、という。星野はそれを、ハイヌウェレ神話を仲立ちにして確認しようとする。そして、以下のような結論を導くのである。すなわち、「食わず女房譚の上の口を考察してくると、朝鮮や中国等の資料をはじめ、我国の民話等からして、これを女陰とみても大過はなかろう」と。論証としてはいくらか弱い。星野はまた、「食わず女房」に南方的な要素が強いことを指摘しているが、その南方起源を語る研究者はすくなくない。

あるいは、臼田甚五郎が取りあげていた、浅井了意の『伽婢子』(寛文六年刊)の巻之九の「人面瘡」という話もまた、なかなか興味深いものだ。

山城の国小椋といふ所の農人久しく心地なやみけり。あるときは悪寒発熱して瘧のごとく、ある時は遍身いたみ疼ぎて通風のごとく、さまぐ〲療治すれ共、しるしなく、半年ばかりの後に、左の股の上に瘡出来て、そのかたち、人の貌のごとく、目口ありて、鼻耳はなし。これより、余のなやみはなくなりて、たゞその瘡のいたむ事いふはかりなし。まづこゝろみに、瘡の口に酒をいるれば、そのまゝ瘡のおもてあかくなれり。餅・飯を口にいるれば、人のくふごとく、口をうごかしのみおさむる。食をあたふれば、そのあひだはいたみとゞまりて心やすく、食せさせざればまたはなはだいたむ。病人此故にやせつかれて、しゝむらきえ力をちて、ほねとかわとになり、死すべき事、ちかきにあり。

原話は中国の五朝小説にある、という。怪異譚である。ひとりの農人が心身の病いに苦しんでいたが、左の股に瘡(できもの)ができて、そのかたちは人の顔のようで眼と口があった、という。寄生獣といったところか。その瘡の口に、酒や餅・飯を入れると、人の口のように飲み食いする。そのときだけは痛みが遠ざかる。瘡の顔はどうやら、他者が憑依したかのように別の人格であり、この病人は骨と皮ばかりになって死んでいった、と語られている。病人自身の口からは、もはや食物の摂取はできなかったのだろうか。瘡の口のごとくに、山姥の頭のなかの口もまた、よく飲み食いする大いなる口であったことを思いだす。

さて、バフチーンを承けて、わたしはすでに、大いなる口のなかで、人は世界と出会い、他者を味わい、その一部をみずからの身体に摂りこむが、そのとき、口のなかは人が世界と交わる小さな劇場となる、といっておいた。思えば、上の口／下の口というふたつの口の周辺では、まさに、さまざまなかたちで人と世界との交換＝交歓のドラマが生起しているのではなかったか。股に生じた瘡の口などは、ときに食べることがもたらす異形の風景を開示していたのかもしれない。人の臓器に寄生するモノたち、虫や獣や細菌などの他者によって、摂りこまれた食物が簒奪されることは、とりたてて珍しいことではない。寄生獣はそのたんなる可視化でしかない。

それにしても、上の口にはもうひとつのたいせつな役割があった。つまり、言葉を繰りだすこと、語ることだ。黒田喜夫という東北の詩人が「死にいたる飢餓」(『燃えるキリン』所収)というエッセイのなかに、こんな呟きを残している。すなわち、「言葉を吐くとき、ひとびとの口は深い穴だ。深く暗い穴。ひとびとが言葉を吐くのではなく、まるで穴そのものが吐くようだ」と。そして、この深くて暗い穴の底には、はるかな昔むかしからの飢餓の記憶がうごめいており、間歇泉のように噴出してくる。ここではただ、こんなバフチーンの言葉を、斜めからの注釈として書きつけておくことができるだけだ。すなわち、「食べることと、語ることの間にあるこのつながりの起源を、人類の言葉の揺籃の中に求めるというテーマは誘惑的である」と。語るという役割において、口唇と口腔とはもうひとつの、人と世界とが出会い、人と他者とが交わるための劇場であることを、その劇場は遠い時間に繋がっていることを、記憶に留めておくことにしよう。

いや、さらにもうひとつ、言い添えておきたいことがある。辺見庸の『もの食う人びと』の「麗しのコーヒー・ロード」の章の冒頭には、こんな一節があった。上の口にまつわる異相の情景である。

そもそものはじまりは、ナイロビで見た一枚の女性の写真だった。女は下口に(より正確には、下唇に)、顔ぐらい大きな皿をグワッとはめこんでいた。皿入りの口を巨大な円形の舌のごとく突きだして、あなた方の常識のほうがおかしいのよ、とでも言いたげに不敵な目をして立っていた。

エチオピア南西部の秘境に住むアフリカ先住民族スーリ族の女性の、不思議な習慣である。「反世界」的なその貌(かたち)に私は打たれた。なにがなんでも会いたくなった。口とは、食い、話し、接吻するためのだいじな器官ではないか。それを、なぜに皿でふさがなければならないのであろうか。

たしかに、口の役割には、食べること、話すこと、そして、接吻することが含まれている。その口を皿でふさぐことには、いかなる機能的、または象徴的な意味合いがあるのか。デズモンド・モリスのいささか奇怪なディープ・キス起源譚には触れてきたが、口唇が接吻のためのたいせつな器官であることを忘れるわけにはいかない。わたしはふと、斎藤茂吉の「接吻」(『斎藤茂吉随筆集』所収)と題された不思議にみちたエッセイを思いだす。茂吉はとても気になる人だ。

そこで、茂吉はあくまで生真面目に、接吻について語っているのである。若き日の茂吉は、留学先のウィーンの歩道上で接吻する男女に遭遇したことがあった。夕闇のなかで、「一種異様なものに逢著（ほうちゃく）した」と思った。行き過ぎて、一度、二度と振り返り、「やや不安になって来た」が、「これは気を落付けなければならぬ」と思い、すこし後戻りして、木蔭に身を寄せて立って見ていることにした。一時間あまりが経ったころ、茂吉はふと木蔭から身を離して、急ぎ足に立ち去る。そして、居酒屋に入り、ビールの大杯を飲み干し、両手で頭をかかえて、「どうも長かったなあ。実にながいなあ」と独語した。そして、仮寓（かぐう）に帰って、床にもぐりこみ、気が鎮まると、「今日はいいものを見た。あれはどうもいい」と思った、と書いたのである。この無邪気な野生の人が、わたしは好きだ。それにしても、ウィーンの恋人たちはきっと、太古からの舌探りの記憶に導かれながら、長いながいディープ・キスをしていたわけではあるまい。接吻とはなにかという問いは、思いも寄らず深く、不思議にみちている。

ところで、辺見の紀行エッセイには後半にいたって、スーリ族の女たちとの出会いが綴られていた。女たちはみな、唇から皿をはずして飲み食いをしていたが、辺見を見ると、あわててそれを装着してみせる。「唇になぜ皿をはめるのか」と問いかけると、女たちは悲しい眼をして、「皿を入れた口をモグモグ動かした」。かれらは「異形の者」としてしか見てもらえない。エッセイの終わりに、四行ほどの注が置かれている。アフリカ先住民族の研究で知られる福井勝義・京大教授によると、唇に皿をはめる風習の起源はたいへん古く、スーリ族の牛信仰と関係があるかもしれないが、まだ解明はされていない、という。皿にばかりこだわる辺見にたいして、福井教授は「スーリ族の豊かな創造性と詩、歌の素晴らしさ」を強調した。口とは「食だけでなく心の門でもある」ことを知らされた、そう、辺見は書いた。

ともあれ、ここにもまた、口唇と口腔とが「心の門」であり、われわれが他者や世界と出会い、交換＝交歓するための小さな劇場であることが、みごとに語られていたのではなかったか。辺見の『もの食う人びと』には、食べること／交わることの辺縁部に沈められている情景が豊かに掘り起こされている。

第八章　生け贄譚

桜の樹の下は魂鎮めの現場である

花について考えてみたい。たとえば、梶井基次郎の「桜の樹の下には」という短編小説は、どうか。

かつて、ひとりの少女が唐突に、この作品を名指しして、なにかを語ろうとしたことがあった。しかし、ついになにひとつ語らず、口を閉ざした。それきりだった。それなのに、「俺(わたし)には惨劇が必要なんだ」と囁く少女の声が、たしかに聴こえた。そんな気がしたのだ。なす術もなかった。わたしはただ、わけもなく怯えるしかなかった。そう、「桜の樹の下には屍体が埋まっている」のだから。そして、そこには安全剃刀(かみそり)の刃と、真っ盛りの桜の花と、薄羽かげろうの屍体とが渾然一体となって転がっているのだから。

お前、この爛漫と咲き乱れている桜の樹の下へ、一つ一つ屍体が埋まっていると想像して見るがいい。何が俺をそんなに不安にしていたかがお前には納得が行くだろう。

馬のような屍体、犬猫のような屍体、そして人間のような屍体、屍体はみな腐爛して蛆が湧き、堪らなく臭い。それでいて水晶のような液をたらたらとたらしている。桜の樹は貪婪な蛸のように、それを抱きかかえ、いそぎんちゃくの食糸のような毛根を聚めて、その液体を吸っている。

何があんな花弁を作り、何があんな蕊を作っているのか、俺は毛根の吸いあげる水晶のような液が、静かな行列を作って、維管束のなかを夢のようにあがってゆくのが見えるようだ。

ボードレールの影がある、という(山之内朗子『梶井基次郎の世界』)。わたしには、どこかバタイユの『エロティシズム』のかぎりなく詩的な変奏のように感じられる。むろん、影響関係はない。伊藤整が『若い詩人の肖像』のなかで、梶井自身にこの「奇妙な幻想」について語らせている。すなわち、桜の花の根や幹が透明になり、地面の下まで透いて見える、幹のなかの数かぎりない細い管を、樹液が根のほうから登ってゆく、根元の地下には、鹿や犬や猫や猿や鼠などいろいろな動物の死骸が埋まっている、それらの腐敗したからだのほうに、桜の根が生きもののように伸びていって、毛細管がからまり、その腐った死骸から養分を吸い取っては幹から枝へ、枝から花へと送っている……と。そこに、「腐敗は、新たな存在をたえず産み出すために必要な養分を循環させる」といった、バタイユの言葉を重ねてみるのもいい。あらためて、梶井の文章がいのちの根源に生々しく触手を届かせていることに驚かされる。

これはおそらく、美しいものの蔭には汚いものや恐ろしいものがあるといった観想とは、似て非なるものである。桜の花々がいま、そのいのちが、人間の、動物たちの腐敗した死骸から吸い取られた「水晶のような液」を養分として、そのように爛漫と咲き乱れている。それは、美と醜の対比であるよりも、生と死とが性＝生殖に仲立ちされて産み落とした、いのちの根源にからみつく原風景ではなかったか。だから、それはこのあとに続く、薄羽かげろうの一節へと変奏されてゆくのである。

二三日前、俺は、ここの渓へ下りて、石の上を伝い歩きしていた。水のしぶきのなかからは、あちらからもこちらからも、薄羽かげろうがアフロディットのように生れて来て、渓の空をめがけて舞い上ってゆくのが見えた。お前も知っているとおり、彼等はそこで美しい結婚をするのだ。しばらく歩いていると、俺は変なものに出喰わした。それは渓の水が乾いた磧へ、小さい水溜を残している、その水のなかだった。思いがけない石油を流したような光彩が、一面に浮いているのだ。お前はそれを何だったと思う。それは何万匹とも数の知れない、薄羽かげろうの屍体だったのだ。隙間なく水の面を被っている、彼等のかさなりあった翅が、光にちぢれて油のような光彩を流しているのだ。そこが、産卵を終った彼等の墓場だったのだ。

アフロディットという、ギリシャ神話の美と愛と豊穣の女神になぞらえられた薄羽かげろうは、群れをなし、舞いあがった渓谷の空高くで「美しい結婚」をする。それから、産卵を終えて、そのまま儚いいのちの抜け殻を磧の水たまりに浮かべるのだ。そこが谷あいの墓場だ。満開の桜の樹の下もまた、雄しべと雌しべが出会う「美しい結婚」の舞台ではなかったか。やがて、そこは花びらが散り敷かれる墓場となるだろう。ここでもまた、生殖と死はひとつであった。生と性と死とは切り分けることがむずかしい、あくまで渾然一体として、ひとつなのである。梶井のまなざしはここでも、いのちの実相にみごとに届いていたといっていい。

ところで、桜の樹の下から掘り起こされた縄文土器に、幾本かの手折った桜の枝を生けたことがあると、ひとりの華道家が語るのを聴いたことがある。その土器には、幼くして亡くなった子どもの遺体が納められていたらしい。華道家はそのことを知らずに、倉庫にしまわれていた縄文土器を花器として選んだ、という。埋甕と呼ばれている。土器は底が抜かれて、穴があり、幼な児のからだや胞衣が埋納されたのではないか、と想像されている。丸い石が置かれていることが多い。華道家の名前は片桐功敦、『Sacrifice』と題された写真集がある。

いけばな、という。花を生ける、という。人はなぜ、死者に花を手向けるのか。はるかな昔のこと、ネアンデルタール人と呼ばれた旧人類も、死者に花を手向けたといわれている。枕辺から、たくさんの花粉が検出された。その血は性の交わりによって、われわれのなかにもわずかに流れこんでいるらしい。東日本大震災のあとに、津波に流された村や町を、たくさんの花のある光景にゆき逢いながらたどった。家の跡に花を見かけると、車を降りて、ただ膝を折り、手を合わせた。花を供える、花を生けることの意味を問わずにはいられなかった。

『Sacrifice』は、たとえば花を生けるという行為の根源に降り立った、稀有なる一篇の記録である。片桐はある時期、福島県の南相馬市に暮らしながら、警戒区域に囲いこまれた被災地のそこかしこを訪ね、野の花を生けてあるいた、という。そして、花のある情景を写真に収めることをくり返したのである。そんな写真の一枚に出会ったときの、鈍い衝撃を忘れることはない。どこか、浪江町の請戸（うけど）漁港であったか。津波に呑まれた建物の、窓ガラスのない窓枠に縁取られながら、褐色の荒れ野と白い海が広がっている。窓には、楕円の大きめの石が置かれ、かけられた水が血の痕のように幾筋か垂れている。窓の下には、外で摘んだものだろう菊の花が生けられた、かかとの低い婦人靴が見える。そのかたわらに、やかんがあり、枯れた花束が立てかけられてある。あきらかに、それは華道家によって演出された、鎮魂と供養の現場であった。そのような死者への鎮魂の作法がありえることに、衝撃を受けた。わたしはただ、手を合わせて、心をすこしでも白くすることしか知らない。

片桐は花を生ける。浜辺に、壊れた車に、ピアノに、壁に、階段に、瓦礫置き場に、いくつもの窓に、磨崖仏に、野の祠に、花々を生けてあるく。たくさんの魂を鎮めるために。かすかな声に耳を澄ましながら。それから、被災地で見かけたモノたちに野の花を生ける。人形や、木の器や、竹の籠や、縄文土器、厄流しの舟など、それぞれに遠く、近い時間を宿したモノたちを器として、花々を生ける。

いけばなという。花をいける、とはいかなる行為なのか、いかなる心のいとなみなのか。いける、という。それが、生ける、活ける、埋ける、逝けるといった一群の言葉たちを身にまとっていることは、きっと偶然ではない。いけるとは、生と死が交わるあわいにくり広げられる、なにか、名づけがたき不敬な振る舞いなのである。

だから、それはなぜ、サクリファイスなのか。むろん、生け贄、供物、捧げ物といった意を含む言葉だ。とりわけ、生け贄とはなにか。『広辞苑』(第二版)には、生け贄について、「生物を生きたまま、贄として神に供えること。また、その生物」と見える。これにたいして、西郷信綱が「生きたままのニヘならイキニヘというはずで、イケニヘになるはずがない」といい、以下のように指摘していたことを思いだす。

イケニヘというからには、生きたままのニヘではなく活かしておいたニヘであろうと思われる。イケス(生簀)、イケバナ(生花)、イケビ(埋火)等、みな同じ語構成をもつ。

(「イケニヘについて」『神話と国家』所収)

ここに、生け簀や埋け火と並んで、ほかならぬ生け花が姿を見せていたことに、驚きを覚える。生け花の起源には、生け贄、それゆえにサクリファイスの影が射している。なにひとつ語られてはいないが、西郷はあきらかに気づいていたのである。念のために『広辞苑』によれば、生け簀とは捕った魚を生かしておくところであり、埋け火とは埋(うず)み火ともいい、灰に埋めた炭火である。灰にいだかれて、炭火は生かされたまま翌朝を迎える。生け花については、「草木の枝・葉・花などを切り取って、水を入れた花器に挿し、席上の飾りとすること。または、挿したもの。挿花」と見える。そこには水があり、それゆえ、それは生かしておく花の意であったはずだ。

折口信夫が「信太妻の話」のなかで、イケは活け飼いする意であり、イケニヘとはいつでも神の贄に供えられるように飼っている動物を、植物性の贄と区別していう言葉だと述べていたことに、西郷は注意を促していた。あるいは、折口は、イケニヘは犠牲の意ではない、とも書いていた。しかし、最古の辞書である『和名抄』では、「犠牲　イケニヘ」と訓んでおり、西郷は折口の説に留保をつけることを忘れなかった。

生けるとは、やはり『広辞苑』によれば、「生かす。生かしておく。死なないようにする」ことだ。西郷はいう、「活かしておいたニヘを殺して神に捧げるのがイケニヘの本義であった」と。このとき、殺すということが核心をなす。神々はまだあたたかい、血まみれの生け贄の肉を喰らうのである。

くりかえすが、生け贄とは、贄となる人や動物を活け飼いにしておいて、祭りのときに神々に捧げることである。とうに死んだ命には、生け贄としての資格がない。それはきっと、生と死とを分かつ境界を越えたばかりの、いま死につつあり、生きていた記憶を生々しく宿しているいのちにだけ許された、あやうい役割なのではなかったか。

それにしても、折口の言葉が気にかかる。生け贄は活け飼いされていた動物であり、植物性の贄とは一線を画されていた、という。贄はたしかに、神や宮廷に献ずる食べものをいい、天皇の即位儀礼の大嘗祭には、その贄として神聖なる悠紀・主基の稲田で作られた初穂が捧げられたのである。それは植物性の贄であり、動物の生け贄ではなかった。

ようやく、生け花のかたわらに回帰してゆくことができる。生け花とは、花を生けるとは、いったいいかなる行為なのか。もしかすると、花は植物の一部分であって、同時に、どこか植物ならざる、たとえば動物的な、ときにエロティックな表情をたたえた生きものの部位ではなかったか。それはあまりに、雌の獣たちの、また人の女たちの生殖器に似ている。人身御供譚の、猿神に捧げられる美しい娘と、死者への捧げ物としての美しい花とが、こうして思いがけぬ共振れを果たす。

そもそもハナは、花であるのみならず、いや、おそらくはその以前に、端であり、ものの先端部や物事のはじまりを意味していた。鼻もまた、顔のとがった部位でありつつ、岬や丘の突端などをさす地名にも使われる。ハナはなにかが兆すことであったか。そうして、花は境界を越える。植物と動物とを繋ぎ、架けわたす。植物性の贄が生け贄の側へと越境する。花はどこか奇蹟のように、もうひとつの生け贄へと成りあがるのだ。萎れた花を供えるわけにはいかない。手折られたばかりの、いまだ瑞々しいいのちを宿している花だけが、器に盛られ、生けられるのである。そして、しばしの時間を生かされる。

片桐功敦の『Sacrifice』という写真集は、まさしくサクリファイスの血にまみれた現場への招待状であった。白く泡立つ汀に散り敷かれた赤い、黄色い花々の、なんと禍々しい表情をしていることか。はるかな海のかなたへと、そこに棲まうものたちへと、野の花々を届けねばならない。それから、ページを繰るごとに、生と生殖と死のあわいに生けられた、可憐な、また艶やかな花々の姿に、ひとつ、ふたつと立ち会うことになる。そこは、それぞれに魂鎮めの現場である。

まな板と箸と庖丁、痛みの記憶とともに

いくつかの意味合いで、『古事記』に見えるヤマタノヲロチ退治神話は、日本における生け贄譚の原風景を示すものといえるかもしれない。そのあらすじを、以下に示しておく。

高天が原を追放されたスサノヲは、出雲の肥の河の上流である鳥髪の地へと降ってくる。箸が流れ下ってきたので、川上へと訪ねてゆく。アシナヅチ・テナヅチという老夫婦の国つ神が、娘のクシナダヒメをあいだに置いて泣いている。アシナヅチは「わたしの娘はもともと八人いたが、高志(越)のヤマタノヲロチが毎年やって来て食べてしまった。いま、そのヲロチがやって来ようとしている」という。ヤマタノヲロチは眼がほおずきのようで、身ひとつに八頭・八尾があり、巨大なからだで、腹からつねに血を流している。そこで、スサノヲは「この娘をわたしに献上するか」といい、受け入れられると、まずクシナダヒメの身を神聖な櫛に変えて、髪に刺した。そして、老夫婦に強い酒を醸造させ、垣を作りめぐらし、八つの入り口ごとに八つのサズキを結い、そのサズキごとに酒船を置き、酒を満たして待つように、と伝える。ヤマタノヲロチは老夫婦の言ったとおりにやって来て、すべての酒を飲み尽くし、酔って寝てしまった。スサノヲが十拳の剣を抜き、その蛇を斬り散らしたところ、肥の河は血の川となって流れた。このとき、ヤマタノヲロチの尾からは剣(草薙の剣)が見つかり、アマテラスに献上した。

スサノヲは出雲の須賀の地に宮を建てて、クシナダヒメと寝所で交わりを始めて、神を生んだ。

あらかじめ断わっておくが、ここでは生け贄譚をトータルに解読しようという志向はもたない。あくまで、ある限定された視座からの考察である。むろん、食べること／交わること／殺すことをめぐる思索を深めるために、生け贄譚をどのように読むか、ということに尽きる。

たとえば、西郷信綱が『古事記注釈』第一巻のなかで、「年毎に来て喫へり」(ヲロチが毎年やって来て食べてしまった)という箇所について、「年毎に」という語句は、「一年一度の、おそらくは新しい春を迎える季節祭りを暗示する」と注釈を施している。この春祭りにさいして、生け贄つまり人身御供が立てられ、八人の娘たちが次々に喰われた、ということだ。人身御供をテーマとする神事が季節祭りのなかに組みこまれている、という伝承の基層をなす枠組みは動かない。念のために、酒造りは神迎えの祭りのプロセスの一環であり、その酒はヲロチの神に捧げられるお神酒である。ここにも料理というテーマが沈められている。それにしても、日本の生け贄譚の多くが、こうした「年毎に」という語句をある定型として抱えこんでいることは、偶然ではなさそうだ。

ヤマタノヲロチに喰われる運命を免れて、クシナダヒメはスサノヲとの結婚へと逃げ場もなく誘導されてゆく。ヒメは当然ながら、親のアシナヅチ・テナヅチにだって、そもそも拒むこと、また選ぶことが許されてはいない。これについて、三浦佑之がこんなふうに指摘していたことを思いだす。

スサノヲは、ヲロチを倒すかわりに娘をくれという条件を出すわけで、老夫婦にとって、娘クシナダヒメをヲロチに差し出すのとスサノヲに差し出すのとでは相手に違いがあるだけで、関係性は同じである。それでもヲロチを棄ててスサノヲを選ぶのは、スサノヲのほうが条件がよかったからである。

（『口語訳古事記』）

なんとも、乾いた物言いである。たしかに、高志からやって来るヤマタノヲロチと、高天が原から降ってきたスサノヲとはどちらも、得体の知れない異界からの訪れ人であって、じつは大差がない。すくなくとも、構造論的には違いはきわめて小さい。いや、生け贄として食べられることと、妻として結婚することとのあいだには、クシナダヒメの側からすれば断絶にひとしい違いがある、といったもっともな反論がなされるにちがいない。しかし、食べる／交わるがひそかに、さまざまなかたちで奇妙な置き換え可能の関係をとり結んでいることを思えば、ここで思考を止めるわけにはいかない。ただちに「関係性は同じ」という三浦の指摘にしたがうことはできないが、ヤマタノヲロチとスサノヲにたいして、未開の土地である高志／神々の棲まう高天が原という地政学的な分割に根ざして、悪役／正義や、怪物／救済者といった演劇的な役割を振り分けることには、留保がもとめられるはずだ。

だから、はたしてスサノヲは救済者なのか、という問いが生きてくる。ただ、条件の提示において勝（まさ）っていただけのことではないのか。喰われるか、犯されるか。植民地の影、とだけ呟くように書きつけておく。

ここで、すでに予告しておいたとはいえ、やはり唐突なかたちで、『ゼラルダと人喰い鬼』という絵本を呼び返さねばならない。食べること／交わること／殺すことをめぐって紡がれた、あきらかに異形の物語である。人喰い鬼はゼラルダという料理上手の少女に出会って、おいしい料理に夢中になり、子どもを食べることなどすっかり忘れてしまう。そうして何年かして、美しい女性になったゼラルダと、この人喰い鬼のあいだには恋がめばえ、結婚し、子どもがたくさん生まれた、という。奇想天外な展開ではなかったか。

あえて強調しておくが、人喰い鬼は塩胡椒をまぶして生で食べようとしていた女の子と、わざわざ美しく成熟するのを待って結婚するのである。食べるから交わるへの劇的な転換が起こっている。いや、レヴィ＝ストロース的に、生のもの／火にかけたものの対比の構図として読みなおすのもいい。生のものは危険だし、味わいだって単調だ。火にかければヴァリエーションが爆発的に増える。いや、もっと冷ややかに、人喰い鬼は人を喰らうことを封印するかわりに、料理の上手な美しい妻を手に入れたのだ、といってみるのもいい。そのほうが条件がよかったのだ、食欲と性欲をともに満たしてくれるのだから、と。

『古事記』のヤマタノヲロチ退治譚と重ね合わせにしてみようか。『ゼラルダと人喰い鬼』という絵本を起点としたとき、クシナダヒメを生け贄として食べるヤマタノヲロチと、それを退治してヒメと結婚するスサノヲとが変換可能な、連続する存在であることが浮き彫りになる。人喰い鬼という存在そのものが、食べること／交わることが象徴のレヴェルにおいては、ひとつの表裏なすできごとであることを示唆していたのだ。

ここで、もうひとつ、予告しておいたことに触れてみたい。初夜権について。初夜権がおぞましい権力の行使となる以前には、それは生娘のまとうケガレを祓い清める宗教的な役割であったかもしれない、と第六章で書いた。バタイユは『エロティシズム』のなかで、結婚の本質にかかわるはじめてのセックスについて、君主や司祭が身に帯びている「神聖なものに大した危険もなく接触し得る力」に頼らずには、引き受けることがむずかしい、危険で禁じられたものと考えられていた、と指摘していた。この共同体によって認められた聖性の侵犯は、ときに「外部から来た他国者(よそもの)」に託された、ともいう。あるいは、ヤマタノヲロチやスサノヲが生け贄の庭に招(お)ぎ寄せられる背景には、この問題が透けて見えるのかもしれない。言葉を換えれば、近親相姦のタブーから共同の家の構築をめざすプロセスに生起する、「死、殺害と、最初の生殖」(イェンゼン『殺された女神』)という事件(できごと)の記憶の結晶として、ヤマタノヲロチ退治神話は読み解かれるべきかもしれない、ということだ。

たとえば、料理と結婚とは、生のものを火にかけたものに変換する、それゆえ、自然や野生を文化の側へと移行させ、危険やケガレを制御し管理するための社会文化的な仕掛けであった。それは構造的には、瓜ふたつなのである。生肉や生娘といった生のものは、危険な、禁じられた領域に属している。だから、それは周到な変換の手続きを経て、火にかけられたものとして、身体に、家族に、共同体に摂りこまれねばならないのである。

さらに、生け贄譚の読み解きを進めることにしよう。『今昔物語集』巻第二六には、ふたつの猿神退治譚が収められている。そのひとつは、「美作の国の神、猟師の謀に依りて生け贄を止めた語第七」である。以下に、ごく簡略なあらすじを示す。

いまは昔、美作の国に中参(猿)、高野(蛇)という二神が鎮座し、年に一度の祭りには、未婚の娘を生け贄に供える風習であった。指名された生け贄は、その日から一年間よく肥え太らせて、次の年の祭りに捧げられる。ある年、娘を生け贄に指名されて悲しみに暮れる父母の前に、ひとりの旅人が現われる。東国出身の心がきわめて勇猛な猟師で、多くの犬を飼い、その犬に猪や鹿を喰い殺させて捕る「犬山」という狩猟を生業としていた。男は生け贄の話を聞くと、その清らかで可愛らしい娘を哀れに、いとおしく思った。そこで、娘をくれるならば、自分が身代わりになって死んでもいいと申し出る。娘はこの男と夫婦になり、月日が過ぎる。やがて、祭りの日、男は長櫃に入れられ、生け贄の御社に運ばれてゆく。あらかじめ飼い馴らしておいた二匹の犬に猿たちを喰い殺させるとともに、男は氷のような刀を抜いて、首領の猿を生け捕りにする。そうして、今日よりのちは生け贄を取ることはしないと約束させて、山へ逃げることを許した。こうして生け贄の風習はやみ、男と娘は末長く夫婦として暮らした。国は平和になった。

この猿神退治譚については、西郷信綱が『古事記注釈』のなかで、以下のように言及していた。原文には、「毎年ニ一度祭ケルニ、生贄ヲゾ備ヘケル」とあり、それはまさしく、『古事記』の「年毎に来て喫へり」に呼応するものだろう。ここでは、より鮮やかに、年に一度の季節祭りのなかで人身御供が立てられている事情が語られている。生け贄には、国人のなかから未婚の娘が、祭りの日に指名される。そうして生け贄に選ばれると、その日からは一年間にわたり、「養ヒ肥シテゾ、次ノ年ノ祭ニハ立ケリ」という。猿神に生け贄として喰わせるために、娘をたいせつに養育し太らせるのである。その撫でいつくしむ様子は、『古事記』ではアシナヅチ・テナヅチの名に含まれるナヅ（撫）に凝縮されている。まさに西郷が指摘するように、「生かしておいて神に捧げるニヘ」そのものであった。

もはや、中参・高野の猿神はヤマタノヲロチほどには、巨大な怪物的表象ではありえない。世界の創造にかかわる神話的な怪物であるどころか、神の名を裏切るような、たんなる年を経た大猿にすぎない。また、ここに娘の救済者として現われるのは、旅する勇猛な猟師であり、東国出身の、犬に獣を喰い殺させて猟をする男であった。野生の匂いを漲らせている。それればかりではなく、猟師はまさに殺生をなりわいとするケガレ満つる存在でもあった。美作はいまの岡山県北部、東国ははるかな異界である。思えば、スサノヲは高天が原でいくつもの罪を犯し、そのケガレをハラへツモノ（祓具）によって贖い、天上界から追放されている。過剰なまでに荒ぶる野蛮な神であった。神と人との違いはあれ、スサノヲと猟師は同類ともいえそうな存在であった。もはや、単純に救済者といって済ますことはむずかしい。

そして、どうやら、この猟師は猿神に喰われる生け贄の役割を肩代わりすることと引き換えに、娘との結婚を認めさせている。つかの間の交わる快楽をあたえられる代わりに、猿神に喰われる運命を受け入れているのだ。身代わりのテーマが反復されている。「其君、我に得させ給ひてよ。我、其替に死侍なむ」とか、「我は其御代に死侍なんとす」とか、あきらかに猟師は死の運命を受容しているのである。犬にたいする、「汝よ、我に代れ」といった文句もまた、なにかを示唆している気がする。まるで、ほんの短いあいだだけ、王としての権力と快楽をむさぼった果てに、死ぬべき王の代わりに殺害された、モックキング(偽王)のようではないか。この偽王には、王の妻妾と寝ることすら許された、という。

ここでも、食べることと/交わることは微妙な関係をとり結んでいる。料理というテーマがむきだしに転がっている。猟師は親に向かって、ひとり娘を「目の前にて膾すに造せて見給はんも、糸心踈し」と語りかける。娘が眼の前で膾に料理されるのを見ているのは、たいへん辛かろう、といったところか。この「膾す」については、「魚肉を細かく刻んだ料理。古代は生のまま、中世には酢にあえた」と注が附されている。「造る」とは料理すること。鯛のお造りといえば、刺身の意だ。あるいは、生け贄の御社では、大猿の前に、「俎に大なる刀置たり。酢塩・酒塩など皆居へたり。人の鹿などを下して食んずる様也」と見える。俎と庖丁代わりの刀、味付けに使う酢塩・酒塩などは、いかにも臨場感たっぷりだ。人が鹿を下ろして食べるように、いま、猿が人の娘を下ろして喰らおうとしているわけだ。これを、たんなる読み手の関心をそそるための演出として読み過ごしてはいけない。より根源的な問いが隠されているはずだ。

いささか唐突ではあるが、『万葉集』の「乞食者の詠二首」が思い浮かぶ。そのひとつは、鹿のために痛みを述べて作られた歌である。そこに、鹿の語る言葉として、「わが肉は　御膾はやし

わが肝は　御膾はやし」と見える。膾の切り刻むイメージが痛みをともなうのかもしれない。しかも、それは火にかけられていない、いまだ生のものだ。これに続く「わが肱は　御塩のはやし」については、折口信夫が「私の反吐は塩辛を賑やかす材料となります」と口語訳している(『口訳万葉集』下)。ミゲは『広辞苑』によれば、牛・鹿・羊などの胃袋、あるいは、その糞である。折口がそれを知らぬはずはなく、あえて反吐と解釈したところが気にかかる。人によって殺され、庖丁で切り刻まれる鹿の側に身を寄せて、その痛みと反吐を重ねていたのではなかったか。オホゲツヒメ神話の周辺に、この反吐(タマヒ)が姿を見せていたことを想起しておくのもいい。食材は口から吐きだされていた、それがケガレと見なされたのだ。反吐とはなにものか。

さて、いまひとつ、『今昔物語集』巻第二六には、「飛弾の国の猿神、生贄を止めたる語　第八」と題された猿神退治譚が収められている。主人公は仏道修行にいそしむ旅の僧である。この国には霊験あらたかな猿神がいて、人を生け贄として喰らうらしい。年ごとにひとりの人を、輪番制で出すことになっているが、生け贄が手に入らないときにはかわいい子どもを差し出さねばならない。身代わりがすでに制度化されているようだ。旅の僧はそれとは知らずに、ある男の家に招き入れられ、この生け贄に仕立てられてゆくのである。

そのために、ふたつの破戒が無理強いされる。おいしく調理された魚や鳥を食べること、そして、男のひとり娘と結婚することである。僧は二〇歳すぎの美しい娘を妻として暮らしながら、「宍付き肥たるこそ吉し」(肉付きのいいのがよろしい)といわれて、あらゆる珍味を日に幾度ともなく食べさせられるので、すっかり肥満が進んでゆく。痩せこけた生け贄を出すと、神が荒れて、作物は不作で人は病み、郷は騒がしくなると信じられているのだ。僧だけがそれを知らなかった。

食べること／交わることが真っすぐに交錯する。食欲と性欲とは分かちがたい。この猿神退治譚には、食べることをめぐる、とりわけ料理にかかわる喩が過剰なまでにあふれている。家に着くや、まず食い物を勧められる。「魚鳥を艶ず調へたり」という。「調える」とは用意すること、また調理することか。幼くして法師となったから、そんな物は食べたことがない。強要された挙げ句に、僧はあるじの男と、「二人指向て食てけり」と共食に及んでしまう。共同体への加入儀礼である。もはや逃げかえることはできない。魚や鳥の肉を喰らった夜には、美しく着飾った娘といやおうもなく契りを結ぶことになる。

ついに、妻となった娘が泣きながら、生け贄の秘密をあきらかにする。すでに僧ではない男が妻に、「生贄をば人造て神には備ふるか」と問いかける。つまり、生け贄には人を料理したうえで神に供えるのか、と尋ねたのである。妻はこう答える、そうではない、「生贄をば裸に成て、俎の上に直く臥て、瑞籬の内に掻入て、人は皆去ぬれば、神の造て食となん聞」と。すなわち、生け贄は裸にして、俎のうえにきちんと寝かせて、御社の瑞籬のなかに担ぎ入れる、人がみな去ったあとに、おもむろに神が人を料理して喰らう、ということだ。

祭りの日、山のなかには大きな神殿があった。その前で、にぎやかな宴会がおこなわれたあとに、男は呼び立てられ、裸にされる。四隅に榊を立て、注連や木綿を懸けた俎のうえにうつ伏せに寝かせられ、瑞籬のうちへと担ぎ入れられる。この俎は戸板ほどもありそうだが、きわめて神聖視されていたことはあきらかだろう。猿神が男のほうに歩み寄り、「置たる莫箸・刀を取て、生贄に向て切ん」とした瞬間、男は隠しもった刀を手にして、猿に襲いかかるのである。

莫箸は真魚箸であり、魚を調理するときに用いる長箸である。そういえば、俎(まな板)もまた、真魚を庖丁で下ろすための板であった。まな板・まな箸・庖丁という、魚や鳥・獣の肉をさばき料理するときに欠かすことができぬ調理用具が揃ったことになる。それから男は、人々が宴会のために「食物共したる火」(調理をした火)が残っていたのを取って、神殿に火をかけて燃やしている。この火は祭りのための清らかな別火であったはずで、道具立てとしても絶妙である。

仏教説話集に収められた一篇であった。だから、ここでは、肉食の禁忌が生け贄譚という語りのステージにおいて、ある極限的なかたちで問われていたのかもしれない。すでに生け贄は、視覚的に若く美しい女であることはもとめられていない。うまい物をたらふく喰って、実質的に肥え太った脂肪と肉のかたまりとしての人が必要とされたのだ。人間が鳥獣や魚を料理して食べることと、猿が人間を料理して食べることとが、対比的に描かれるとき、なにか根源的なものが揺さぶられている気配が漂う。俎や箸や刀をもって調理にいそしむ猿は、ただの獣の猿ではない。やはり、神としての残影はある。神が人を喰らう姿は、人が獣を喰らう姿の照り返しのようなものではなかったか。

わたしはいま、宮沢賢治の「注文の多い料理店」を思いださずにはいられない。賢治は『今昔物語集』の「飛弾の国の猿神、生贄を止めたる語」から、なんらかの着想を得ていたのではなかったか。人間を獣に喰われる側に追いやることで、ある根源的な動物をめぐる問題系が浮かびあがってくる。賢治はおそらく、喰われる獣や魚の痛みに憑依することを、思考実験のようにみずからに課していたのだ、と根拠もなく考えている。

贖罪の供犠と儀礼化、その終焉へ

それにしても、身代わりのテーマは、ヤマタノヲロチ退治神話には見いだされなかったものだ。これは次に取りあげる、『神道集』に収められた「那波(なわ)八郎大明神の事」には、より鮮明に姿を現わす。と同時に、この那波八郎大明神の本地譚としての物語は、神仏習合思想を背景としながら、生け贄譚の中世的なあり方を真っすぐに提示していることにおいて注目される。わたしはこれを、ルネ・ジラールが『暴力と聖なるもの』のなかで示した供犠の構造分析を参照枠として、読み解きの作業を重ねてきた。

わたし自身がジラールの供犠論から受けとってきたものは、おそらくとても偏ったものである。ジラールを援用しての、わたし自身の供犠論であるといっておいたほうがいい。ともあれ、ここではとりあえず、原初の供犠とその反復から、供犠の儀礼化への移行のプロセスをたどっておけば足りる。

はじまりの風景としての、秩序の崩壊。父は不在である。そこでは、いっさいの差異が消滅し、相互暴力が蔓延するカオス的な状況が生まれている。ジラールはいう、「父を失った原始群の子供たちは、すべて、敵対する兄弟たちである。彼らは、もはやほんの少しの同一性もないほどに互いに酷似している。彼らを他から区別することは不可能である。もはやそこには、みな同じ名前の、同じ服装をした一群の人々しかいない」と。そうして対立しあう人々は、恐るべき差異によって分断されているように感じているが、じつは、あらゆる差異は失われており、差異は幻想でしかない。分身のテーマが遍在している。かれらはみな、たがいの分身なのである。敵対しあう兄弟たち。そうして、原初の供犠がはじまる。それは選びだされた贖罪の生け贄に向けての、全員一致の暴力として姿を現わすのである。変身のテーマへの転換が起こる。

分身の普及、憎悪を激化させながら、しかも憎悪を完全に相互交換し得るものにする一切の差異の完璧な消失、それが、暴力の満場一致の必要かつ十分な条件である。〔略〕ほんの少し前に、個別的な無数の葛藤、互いに孤立した敵対する兄弟の無数のカップルがあったところに、再び一つの共同体があらわれる。それは、単に構成員の一人がその共同体に吹き込んだ憎悪の中で、完全に一つになったものである。異なった無数の個人の上に分散された一切の悪意、てんでんばらばらに散っていた一切の憎悪は、爾来、ただ一人の個人、贖罪の牡山羊の方に収斂してゆく。

この贖罪の生け贄は、変身のテーマを強いられ、いっさいの分散していた憎悪を一身に背負わされる異形の存在となる。共同体の内なる「緊張、怨恨（えんこん）、敵対関係といった一切の、相互間の攻撃的傾向」を吸収して、たったひとり、全員一致の暴力を差し向けられるのである。軋轢（あつれき）のたねは解消されて、ひとつの共同体が現われる。つかの間の平和が訪れる。

こうした贖罪の生け贄がもたらした平和は、しかし、長続きはしない。ふたたび、相互暴力のなかに転落しないために、あらたな生け贄が用意されねばならない。ささやかな差異が絶対的な他者の徴候と見なされ、その差異ゆえに、贖罪の生け贄へと祀りあげられる。全員一致の暴力がこの生け贄を破壊することによって、またしても、つかの間の平和が訪れる。ひとつの共同体があたかも自明に存在したかのように、そこに姿を現わす。そうした供犠のたえまない反復によって、集団や社会は疲弊してゆく。そのとき、供犠の儀礼化というテーマが浮上してくる。

供犠の儀礼化とは、なにか。供犠の暴力を差し向けるべき対象を、近い人間から遠い人間に移行させ、あるいは共同体の外部にもとめるのである。たとえば、人間の生け贄を動物の生け贄に、大きな動物を小さな動物に、さらには動物を植物に置き換えることだ。共同体へのダメージがよりすくない身代わりを調達し、供犠の儀礼化を進めることは、全員一致の暴力がもつ毒を稀釈することである。暴力が内側に跳ねかえることを食い止めることでもある。そうして、共同体はみずからの平和を維持することができるだろう。

さて、こうしたジラールの供犠論を範型として、「那波八郎大明神の事」を読み解いてみることにしよう。

伝承の前段は、大蛇に生け贄を捧げる由来譚になっている。はじめに、群馬郡の地頭にして父である満行(みつゆき)の死がある(↓秩序の崩壊)。八人の男の子が、郡を八つに分割して支配する(↓差異の消滅、相互暴力=カオス)。兄たちが共謀して、容貌美麗、才智・芸能・弓馬にすぐれた末子の八郎を殺害する(↓原初の供犠)。八郎は大蛇と化し、七人の兄と一族を生け贄として次々に殺害する(↓原初の供犠の反復)。国中の人がみな取り殺されると、嘆き悲しむ。天皇の命令によって、一年に一度の生け贄を供える風習となる。毎年九月九日、領地を支配する人々のあいだで、輪番制を守り、高井の岩屋の大蛇に生け贄を捧げる(→供犠の儀礼化)。

伝承の後段では、供犠の儀礼が終焉へと向かうプロセスが、那波八郎大明神の本地譚として語られている。その年の生け贄は、海津姫(ワタツヒメ)という一六歳の娘であった。そこに、都からの旅の貴人である宗光(むねみつ)が現われ、姫と夫婦の契りを結ぶ。やがて、生け贄として大蛇に捧げられる日が近づいてくる。宗光は姫の身代わりとなり、網代(あじろ)造りの輿(こし)で高井の岩屋に運ばれてゆく。贄棚(にえだな)に登ると、法華経を高らかに読みはじめる。恐ろしい相貌の大蛇は、この法華経の功徳によって、八郎大明神となることができた。八郎を大蛇に変化(へんげ)させた恨みや苦しみは、そうしてほどけたのである。宗光は海津姫を妻として、子どもたちに恵まれ、大いに出世した、と語られている。

供犠の身代わりのテーマが顕在化している。儀礼化された供犠に終焉をもたらすために、この身代わりは必要とされた。ヤマタノヲロチ退治神話のスサノヲには、身代わりのテーマは見られない。ヲロチに敗北することも、死ぬこともありえないからだ。それにたいして、猿神退治譚の猟師は、娘の身代わりとなることで結婚を認められている。那波八郎大明神の本地譚では、都からやって来たマレビトの宗光が、姫と夫婦になってのちに生け贄のことを知り、みずから姫の身代わりとなることを申し出る。ただ、宗光の場合には、武力をもって大蛇を退治するわけではない。ひたすら法華経の功徳によって、蛇体への呪縛の元であった心の葛藤からの解放がもたらされたのである。血が流れることを回避しようとする姿勢があらわであった。

そういえば、『今昔物語集』の猿神退治譚では、いささか結末の章が異なっていた。いまだ、そこは古代であったか。血と暴力が充満している。猿神退治は、法華経の功徳といった宗教的な威力によって果たされるわけではない。勇猛なる東国の猟師や剛胆なる破戒の僧が、よく鍛えた氷のごとき刀(短刀か)を手にして、きわめて暴力的に猿神を制圧するのである。二匹の獰猛な犬に喰い殺される猿たちの、阿鼻叫喚。あるいは、葛の縄で縛った猿たちを引きずり回し、刑罰のように杖で打ちすえ、御社を焼き払い、山奥へと追放する。その終幕の叙述はこうだ。すなわち、「猿をば四乍ら祓負せて追放けり。片躄ぎつゝ山深く逃入て、其後敢て不見けり」と。四つ足の動物ではあるが、罪の償いのためにケガレの祓いを負わせたうえで、むち打ちと追放刑に処した、ということか。古代の罪と罰の情景であった。ほとんど、高天が原を逐われたスサノヲの姿と瓜ふたつであったことに、関心をそそられる。

あるいは、やはり中世的な生け贄譚として、説経節の「まつら長者」(『説経集』所収)を取りあげてみたい。

全体は六段から成る。六段目になって、法華経の功徳によって「大蛇の苦」を逃れることができた大蛇が、さよ姫にみずからの過去を物語りする場面がある。ここに、千年の昔に起こった原初の供犠の記憶が呼びかえされ、いわば生け贄譚の前史があきらかにされる。伊勢二見が浦の女が、継母に憎まれ家を迷い出て、人商人にだまされ、かなたこなたと売られてゆく。ついに橋の人柱として、買い取られた女は川に沈められる。女は大蛇に身を変じて、川の主となり、在所の者どもを「取っては服し、取っては悩ま」して、川に面した七浦の里を荒らした。年に一度の人身御供を捧げられて、九百九十九年に及んだ、と語られている。

そうして供犠の儀礼化は果たされたわけだが、在地の人々の悩みと苦しみは絶えることがない。相互暴力のカオスは脱しているが、全員一致の暴力は依然として内に向かい、輪番制で回ってくる「餌（え）の番」に脅かされている。かろうじて人買いを通じて生け贄の身代わりを調達することで、暴力をかわしているのである。供犠の儀礼の終焉は、さよ姫の登場によって果たされる。さよ姫は亡き父の供養のために、ごんがの太夫に買い取られ、都から奥州の安達郡へと下ってゆく。長く苦しい道行き語りが、はるかな距離を聴き手に突きつける。そこは道の奥の辺境である。さよ姫は観音からの授かり子であり、一六歳の「夫の膚を触れぬ見目よき姫」（江戸版）であった。

四段目にいたって、さよ姫はついに、みずからが「人み御供（ごく）に供へん」がために買い取られたことを、あきらかに知らされる。ごんがの太夫は、人身御供の用意ができると、八郷八村を触れてまわる。

「今度ごんがの太夫こそ、生け贄の当番に当りて候が、都へ上り、姫を一人買ひ取りて下るなり。すなはちみ御供に供へ申すなり。皆々御出でましまし、見物なされ候へ」と、一々に触れければ、所の人々承り、かの池のほとりに、桟敷（さんじき）を作り、小屋を掛け、上下万民ざざめきける。

中世社会に広く見いだされる身代わりの習俗を知らずには、この一節は理解しがたいかもしれない。ここで言及するだけの余裕はないが、たとえば藤木久志の「身代わりの作法・わびごとの作法」(『戦国の作法』所収)などは、示唆に富む論考である。たとえば、村に飼われていた「物くさ太郎」など、この身代わりの象徴のような存在であった。ともあれ、はじめは「餌の番」に当たれば、自身の娘を差し出していたかもしれないが、しだいにこの役割は共同体の外部へと託されるようになったのである。供犠の身代わりのテーマは、すでに深く定着しており、隠されてもいない。未婚の美しい娘であれば、とりあえず用は足りたということか。

さて、湯殿で垢離を取って、身を清めたさよ姫は、網代の輿に乗せられて、山奥の池のほとりへと向かう。この網代の輿はハレのときに使われるもので、「那波八郎大明神の事」にも姿を見せていた。池のなかに浮かぶ築島に着くと、飾り立てられ注連を張られた「三段のたな」の上段に、さよ姫が供えられる。神主や太夫が仰々しく唱えごとをして去ると、ただひとり、さよ姫が取り残される。「無残や、姫の最期は今ぞ」と、上下万民は騒ぎ立てるが、なにも起こらない。大蛇の出現もない。大蛇の機嫌を損ねたかと、人々は怖れをなして、家に帰り門や木戸を閉じて、嘆き悲しんでいる。やがて、さよ姫の前に、激しい雨風、雷鳴とともに、大蛇が現われる。さよ姫は高らかに法華経を読んで、「なんぢも蛇身の苦患を逃れよ」と、父の形見の経巻を大蛇の頭に投げつける。大蛇は角やウロコが落ちて、蛇身の苦患を脱して、壺阪の観音として祀られるにいたる。

物語の構造としては、「まつら長者」と「那波八郎大明神の事」は相似的である。原初の供犠にかかわる前史が、あとで明かされるか、前に語られているかの違いはあるが、ともに原初の供犠から供犠の儀礼化へ、そして供犠の終焉へと物語は展開してゆく。供犠論の視座から語るべきことは、あまりに多い。逸脱する。ここでは、これ以上の物語分析は控えざるをえない。機会をあらためたいと思う。

桟敷には根源的な暴力が埋もれている

それにしても、ここで問われるべきは、食べることと交わることのはざまに生起する、根源的な暴力の問題である。たとえば、それを真っすぐに探究している、現代アートの人・鴻池朋子の、その名も『根源的暴力』にはそそられてきた。縫いあわされる毛皮と、獣たちの群れと、いのちの祭り。あるいは、ルネ・ジラールの『暴力と聖なるもの』は、まさに供犠の現場にくり広げられる全員一致の暴力と聖なるものとの関係に光を射しかけた、供犠論の大著である。そこでは、じつに多様な側面から、食べること／交わること／殺すこと、をめぐる社会文化的な問いにたいするアプローチが試みられている。

たとえば、ここまでに取りあげてきた生け贄譚のいくつかには、桟敷(サズキ・サジキ)や棚がとても印象的なかたちで登場していた。この桟敷や棚を仲立ちとして、生け贄譚のうえにあらたな視座からの光が当てられる可能性があるかもしれない、と感じている。それはあるいは、折口とジラールとが邂逅を果たすための、ささやかな起点となりうるのではないか。桟敷とは根源的な暴力の現場である、といっておく。

すでに取りあげてきた『古事記』のヤマタノヲロチ退治神話では、ヲロチを迎える垣(瑞籬)をめぐらした祭場の八つの門ごとにサズキを結い、酒船を置き、酒を満たして待つようにと、スサノヲによって指示されている。このサズキについて、西郷信綱が『古事記注釈』のなかで、「食物などを置く棚だが、ここには「サズキを結ひ」とあるとおり、仮の棚である」と注を施しながら、「後にはサジキと訛り、桟敷の字をあて、もっぱら物見の席をさすに至った」と述べていた。仮りに設けられた棚であることは、『日本書紀』の神代上の「仮庋」という、あてられた漢字からしてあきらかだ。それがやがて芸能の庭における桟敷へと展開してゆく道筋には、いたく関心をそそられる。

それにしても、そこが神迎えの祭場である以上、より厳密には、「神への供え物を載せる棚」(『口語訳古事記』)と解されるべきだろう。ヤマタノヲロチはどれほど異形の怪物であっても、やはり年ごとの祭りの庭にやって来る荒ぶる神なのである。サズキは神事が執りおこなわれる、浄められた祭場であった。そのことはじつは、『日本書紀』の「仮庋」を含むふたつの伝承からも、はっきりと確認できる。

ひとつは、神功皇后摂政前紀の一節、仲哀天皇の死後に謀反をくわだてた麛坂王・忍熊王が野に出て、祈狩をおこなう場面である。ウケヒガリとは、狩りで賭けをして、いくさの勝敗を占う古代の習俗である。

「若し事を成すこと有らば、必ず良き獣を獲む」といふ。二の王各仮庋に居します。赤き猪忽に出でて仮庋に登りて、麛坂王を咋ひて殺しつ。

もし謀反の企てが成功するならば、よい獣が獲物として捕れるだろう、と祈誓をしたのである。

そうして、ふたりの王がそれぞれのサズキに登ったところ、赤い猪がたちまちにして現われ、サズキのうえの麛坂王を喰らい殺した、という。神意を問いかけた占いの結果は、無残なものだった。残された忍熊王は撤退の道を選ばざるをえない。サズキとはまさに、ウケヒガリの神聖なる祭場であった。むろん、そこは狩猟のヤグラ(矢倉)を兼ねていたはずだ。

いまひとつは、雄略天皇二年の条に見える、以下の伝承である。

二年の秋七月に、百済の池津媛、天皇の将に幸さむとするに違ひて、石川楯に婬けぬ。天皇、大きに怒りたまひて、大伴室屋大連に詔して、来目部をして夫婦の四支を木に張りて、仮庪の上に置かしめて、火を以て焼き死しつ。

天皇に召しだされようとしていた池津媛が、やはり百済系らしい石川楯という男と姦淫を犯したのである。それに怒った天皇の所業は、いかにも残酷なものであった。二人の手足を木に、まるでなめし皮のように張りつけ、サズキのうえに置かせて、焼き殺したのである。「四支」という言葉には、どこか獣に落とされたような感触がある。ともあれ、天皇が命じて、みずからの意に反した者たちを火刑に処したわけだが、それが刑罰の執行であったのか、政治的なスケープゴート儀礼であったのか、ほかのなにかであったのか、判断はむずかしい。ここでは、ほかならぬサズキがその舞台とされたことに注目しなければならない。そして、状況から推して、そこには見物の群衆が集まっていた可能性がある。処刑の庭から、芸能の庭へと、桟敷がよじれつつ展開してゆく道筋を思わずにはいられない。

『今昔物語集』のふたつの猿神退治譚には、棚も桟敷も登場しなかった。生け贄は祭場をかぎる瑞籬のなかに、長櫃に入れて運びこまれたり、榊や注連で飾り立てられた大きなまな板に裸で寝かせられて、そのまま担ぎこまれている。その祭場のなかには、猿神が人間を料理して喰らうためのまな板・箸・庖丁が用意されていた。この瑞籬のうちには、生け贄の男のほかには、だれひとりいない。目撃する者、または観客が存在しない。そして、棚も桟敷も見られなかった。

それにたいして、『神道集』の那波八郎大明神の本地譚には、贄棚と呼ばれる棚が姿を見せていた。神に捧げるために生かしておいた贄人を、その棚に置いて、大蛇の神に供えるのだ。「大蛇の餌」という言葉が見えるが、さだめし生き餌であったか。生け贄とされる都の人・宗光は、岩屋のなかに設けられた贄棚に登ると、北に向かって坐り、法華経を高い声で読む。そうして大蛇は救われる。どうやら、この贄棚のまわりで展開したできごとを目撃した人々がいたらしい。かれらがそれを、国中の人々に伝え広めたのである。

さらに、説経節の「まつら長者」では、この贄棚は「三段のたな」(三階のたな)と呼ばれている。池のなかの築島に設けられた「三段のたな」は飾り立てられ、棚の四方には注連が張られている。上の棚にはさよ姫が供えられる。中の棚には神主、下の棚には太夫が上がって、礼拝し、唱えごとをしてから、立ち去る。ついに現われた大蛇は三層なす棚の中段に頭を持たせかけて、さよ姫を呑みこもうとする。ここでも法華経の功徳によって、大蛇は救われる。観音となるのである。そして、「まつら長者」には、「かの池のほとりに桟敷を作り、小屋をかけ、上下万民ざざめきける」という、忘れがたい一文があった。ここには、生け贄を供える棚とは別に、あきらかに生け贄のショーを見物するために集まってきたのであろう、上下万民、つまり群衆に提供される桟敷や小屋が姿を見せているのだ。観客が登場している。そもそも、池のなかに人工的に築かれた島そのものが、劇場ではなかったか。

古代から中世にかけての、いつの時代にか、サズキは贄棚／桟敷に分化していったのかもしれない。折口信夫が「櫓(やぐら)と花道と」のなかで、以下のような興味深い、まさに折口らしいサズキの解釈を語っていた。

> つまり天の神の降りてくるようなところをこしらえて、そこへ捧げものを捧げる。捧げる物は、天の神の指定したもの、すなわち、先天的に身体に特徴のあるもの、条件つきの病気にかかったもの、あるいは結婚法を誤ったもの(親子婚が代表になる)などである。誤って結婚をしたら、それはけがれであって、その蔭には神の使うている女を犯した者を同類とする考えがある。けがれとは、神の物として指定されたもので、そういう者を神に捧げる。それがしだいに刑罰の意味を生じてくる。〔略〕屋根のない櫓を立てて、そこへ捧げ物を供えて神を迎える。これが桟敷の古い形である。

桟敷をめぐる原風景は、天の神が降りてくるところに屋根のないヤグラを立て、神への捧げ物を供えて、神迎えをする、といったあたりであったか。そこでの捧げ物とは、天の神によって生け贄と指定されたものである。身体の逸脱性、条件付きの病気、近親相姦の違犯などが、ケガレと見なされており、そこに刑罰の影が射しかかるのである。

折口には、「栈敷の古い形」と題した短い文章もあった。池津媛伝承を受けて、すくなくとも奈良時代の以前には、「磔殺(ハタモノ)の極刑」のあったことが示唆されている。折口はさらに、この伝承は「罪人を神の前に火殺する、一種の神事と仮庭との関係を示す」と述べていた。罪人のケガレを火によって浄化する神事が、サズキを舞台としておこなわれた、ということか。あるいは、同じ池津媛伝承に触れて、古代の信仰における「磔刑(タクケイ)の形式」と共通して、サズキのうえで罪人をハタモノにすることがおこなわれていた、ともいう(「偶人信仰の民俗化並びに伝説化せる道」)。行きつ戻りつの議論のなかで、折口はなんとか、サズキにおいて神事と刑罰とが交錯する古さびた情景を像として結ばせようと苦心していたのである。

あるいは、前述の「栈敷の古い形」という小稿には、山・塚・旗・桙(ほこ)などのほかに、「神招(ヲ)ぎの場(ニハ)」としてサズキを作ったことがあった、と見える。それは、「水の女」や「七夕祭りの話」のなかでは、七夕の習俗との関連で、以下のような、はるかな遠い原風景として語られていた。すなわち、神の嫁となる処女が水辺のタナにいて、機を織りながら、神が訪れてくるのを待っていた、と。タナバタツメ(棚機つ女)の原像である。そのタナは物見やぐら造りであれば、サズキまたはサジキと呼ばれたらしい。そうした「水の女」の神迎えの生活は、後世には伝説化して、「水神の生け贄」のようなタイプの物語を産んだ、と折口はいう。

栈敷を舞台とした、生け贄やハタモノのいる情景に眼を凝らしてきた。木に四肢を縛られ磔(ハリツケ)にされ、サズキに寝かせられて、火で焼き殺された百済の姫と男がいた。ウケヒ狩のために登ったサズキのうえで、怒り狂う赤い猪に喰い殺された王がいた。それが古代のサズキだ。中世になると、異形の猿や蛇の神によって、贄棚に供えられた生け贄が喰い殺される情景を、さざめきながら見物する群衆が姿を現わす。観客の登場である。そのかたわらには、すでに贄棚からは分離された桟敷が転がっている。

あらためて、桟敷や棚は根源的な暴力の現場である、といってみる。そこでは、食べること／交わること／殺すこと、が複雑怪奇に交錯する。折口信夫からルネ・ジラールへと見えない橋が架けわたされる。

『暴力と聖なるもの』のなかで、ジラールはくりかえし書いていた。たとえば、文化秩序の起源には、つねにだれか人間の死があり、その決定的な死は、その共同体に帰属するひとりの成員の死である、と。あるいは、共同体の構造には、すべてがそこから放射している中心点があり、いつだって集団的な統合の象徴的な場所となっているが、それはあの贖罪の生け贄が非業の死を遂げた場所を示している、と。桟敷において、贄棚において、生け贄に加えられた根源的な暴力の記憶はやがて、その場所への繫留をほどかれて、語り物や説経節や能や歌舞伎といった芸能のなかに受け継がれてゆくのかもしれない。

原初の集団的暴力に代えて、いけにえを現実に殺す神殿と祭壇を設けるのではなくて、人々はいまや劇場と舞台を置き、その上で一人の俳優が模倣するそのカタルマの運命が、観客たちを彼らの情念から浄化し、これまた集団にとって救済的な、個人的および集団的な新しいカタルシスをひきおこすであろう。（傍点は原典による）

ジラールはこのカタルシスについて、「人間のカタルマの殺害から都市が引き出す神秘的な恩恵を意味する」と書いていた。カタルマという名の生け贄は、「あらゆる悪しき芽を一身に引き寄せて、自分自身を排除させることによってそれらを排泄しなければならない」、そうした役割を背負わされた存在である。生け贄が惨たらしく殺される祭壇から、劇場とその舞台へと、場面は大きく転換してゆく。俳優（わざおぎ）たちがカタルマに憑依し、生け贄の祭りをはなやかに演じてくれる。観客たちにカタルシスがもたらされる。桟敷はきっと、古代から中世へ、そして近代から現代へと、そのすべてを目撃していたのではなかったか。

終章　愛の倒錯

『古事記』のイザナキ・イザナミの聖婚神話のなかには、ミトノマグハヒという言葉があった。ミトは婚姻をおこなう御処、つまり寝所を指している。西郷信綱はこのトを陰部と解するが、根拠はあきらかではない（『古事記注釈』）。マグハヒは交叉や交接の意であり、三浦佑之によれば「性交をあらわすもっとも美しい言葉」（『口語訳古事記』）である。マグハヒは語源的には「目交（まぐはい）」であり、男と女が目と目を見合わせて愛情を交わすという意から転じたものだろう。

性愛をまぐわいという。交わりともいう。むろん、交わりを性に限定するべきではない。人間は性においてのみならず、食においても交わる動物であるからだ。その交わる作法はしかし、大きく異なっている。人間の場合にかぎっては、個体の生存のために必要な食がしばしば公的な開かれたものであるのにたいして、一族の存続のために必要な性が私的なものとして閉じられている。宴会など、共同性を確認するために、それぞれの社会文化に固有のかたちで共同飲食の場がさまざまに用意されているが、たとえば乱婚と呼ばれるような集団的なセックスを日常化された制度として抱えこんでいる社会は、想定するのがむずかしい。ただ、念のために言い添えておくが、食べることに恥じらいがともなう場面はすくなからずある。食べるという行為によって、自分が動物であることをいやおうなしに突きつけられるからか、あるいは、それが避けがたく排泄というプロセスを招き寄せることに気づかされるからか。食もまた、性ほどではないにせよ、ひと筋縄では捕捉しがたいものであることを記憶に留めておこう。

ところで、そんなことを思い巡らしていたとき、ヘレン・マクロイの「ところかわれば」(『歌うダイアモンド』所収)という、なかなか示唆に富んだSF小説に出会った。この短編小説では、性と食の交わりの風景に独特の光が射しかけられている。いや、よりていねいに説明しておけば、ここではSF的な想像力に導かれながら、性と食とが奇怪な邂逅を果たすのである。隠されているものがむき出しになる。それはしかも、わたしが大きな示唆を得てきた生命誌的な知見を踏まえており、もうひとつの「生命の歴史物語」のデッサンが示されている、といっていい。

物語は火星人の一人称で書かれている。「私」(ロリスという)とアモリス(「私」と愛情関係にあり、片時も肉体的に離れられない存在だ……)は、火星から地球に向かう惑星探査隊のメンバーに選ばれ、地球の合衆国と呼ばれる国に降り立つことになる。そこから、外見はほとんど瓜ふたつの地球人とのすれ違いにみちた交流がはじまり、しだいに途方もない隔絶がむき出しになってゆく。

火星人はそれぞれカップルごとに、政府高官からフロリダの海辺の別荘に招待される。アモリスは地球人のジムから食べ物についての話題を振られて、顔を真っ赤にして困惑する。火星人のアモリスにとっては、公の場で食べ物の話をするのはきわめて下品なことであるからだ。恥じらいを見せずに、そうした話題を持ちだすことはありえない。ジムの相方のガーダは、唇がぎとぎとした赤い物質で汚れており、その歯はジムと同じくらい大きく、入れ歯でもしているように見える。これはいわば、火星人の眼に映じた地球人の女性の姿なのである。先取りしておけば、「私」には歯があるが、アモリスには歯がない。その非の打ちどころのない弓形を描いた唇が、「私」の心をときめかせる。歯のない口こそが魅惑的なのである。

ついに、火星人のカップルは地球人から、夕食前のカクテルタイムに誘われたとき、はっきりと拒絶の意志を表わす。みんなで、ひとつの部屋のなかで、いっしょに飲んだり食べたりすることなどありえない、と。なぜか。ここでも先取りしておくが、感情が摂食行為を中心にまわっている火星人と、性行為を中心にまわっている地球人とは、似ても似つかぬ存在なのである。アモリスが威厳を保ちながら、はっきりした声で言い放つ。

火星人は極めて高い道徳観念を持っています。そして、自分たちの品性と礼儀正しさを誇りに思っています。もしここが火星なら、まず全員一緒に床に横たわり、子作りを始めます。それが終わると、失礼にならないように、遠慮がちに各カップルが退出して、ごくごく内輪で、各々の部屋で夕食を摂るのです。火星では、パートナー以外の前で食事をするなんてことは考えられません。

亀裂がむき出しになったようだ。むろん、地球人は人前で、ときには大勢の人々と交わりながら食事をするが、子作りは人のいないところでおこなう。「火星人が食事は私的なことで、生殖活動は公のものとしている理由は何ですか」とジムが問いかけると、真っ赤になって震えているアモリスの代わりに、「私」が以下のように答える。

当然ですよ、ジム。食べ物を咀嚼(そしゃく)して消化するには二人の人間を要するんですから。子供は一人でも作れますけどね。生殖活動を公の場で行うのは、それが完全に一人でなされる作業なので、タブーとされている生理的衝動に関係するような、他人の道徳観や官能的情動に影響を与えることはないと考えられているからなんです。でも、食事は、必然的に二人の人間によって行われる、種や個体の存続にとって最も重要な、密接かつ肉体的な行為なのです。よって非常に厳しい道徳的規律下におかれるべきものなんです。だからこそ食事は、普通の人間にとっては、人前で行うにはあまりにも感情的で、個人的で、かつ神聖な行為なんです。

地球人からすれば、まったくの逆しまの世界である。倒錯的な、といってもいい。火星人はロリスのような咀嚼する人間である〈咀嚼者〉と、アモリスのような消化する人間である〈消化者〉とに分かれている。まず〈咀嚼者〉が食物をみずからの歯で嚙んで咀嚼し、次いで、〈消化者〉の歯のない口に自分の口を押し当てて、嚙み砕いた食物を口移しであたえる。そうすると、〈消化者〉は食物を呑みこんで、数時間かけて消化する。そうして、直接に栄養として血流に摂りこめる状態まで消化された食物を口から吐きだすので、〈咀嚼者〉はいつでも好きなときに、それを摂取することができる。残った食物は、〈消化者〉自身が栄養として血流のなかに摂りこむ。消化を経た残りかすを排泄するのは〈消化者〉の役割であり、〈咀嚼者〉にとっては、「この好ましからざる仕事をせずに済むのは、嬉しい限り」なのだ、という。

食物を摂取する行為は、咀嚼－消化－排泄という三つのプロセスを含んでいる。地球人はそれをひとつの身体において、時間的に継起するプロセスとして体験している。それにたいして、火星人は咀嚼を歯のある〈咀嚼者〉が担当し、消化から排泄へと連なるプロセスを歯のない〈消化者〉が担当する。地球人からすれば、いかにも奇妙な分業が成立している。それゆえ、〈咀嚼者〉は排泄という「好ましからざる仕事」から猶予されており、おそらく肛門をもたない。肛門の不在というテーマがふたたび登場したことになる。排泄とは無縁な〈咀嚼者〉は、いわば対をなす特定の〈消化者〉を抱えこむことによってはじめて、そのまま栄養分だけを消化者から摂りこむことができる。この関係性を、どうやら火星では愛情関係と呼んでいるらしい。それはたしかに、秘めやかにして、しかも片時も肉体的には離れられない関係ではあった。

それにしても、ここには思いがけぬかたちで、反吐という問題が再登場していたのではなかったか。注釈的にいっておけば、オホゲツヒメ神話に見える、鼻・口・尻より取りだされた味物(タメツモノ)について、西郷信綱が「タマヒ(反吐)と関係があるかも知れぬ」と書いていた。この反吐を食材にして料理をして奉ったところ、スサノヲは「穢汚(けが)して奉進(たてまつ)る」と思って、オホゲツヒメの殺害に及んだのである。あるいは、折口信夫が『万葉集』の「乞食者(ほかひびと)の詠(うた)二首」の鹿の歌について、その一節を「私の反吐は塩辛を賑やかす材料となります」と口語訳していたことを思いだす。火星の〈咀嚼者〉は〈消化者〉の歯のない口にみずからの口を押し当て、いわば反吐を摂取していたことになる。

さて、地球人のジムは、こうした地球とは隔絶した火星の現実に遭遇して、いわば生命誌的な知見をもって応答を試みている。すなわち、地球における生殖の進化の過程を思えば、火星人の生理はそれほど不思議なものではない。生命はひとつの細胞が分裂しておこなう無性生殖からはじまった。やがて、徐々に、それが二種類の細胞、つまり分解するもの(アダム)／合成するもの(イヴ)に分かれた、という。さらに、以下のようにジムの推論は展開してゆく。

分解専門の細胞は、合成専門の細胞と手を結ぶのが、生き残るための一番の得策だと考えたんだ。これが性行為の起こりかもしれないな。あるいは、最初の肉食行為なのかもしれない。〔略〕有性生殖にしても、肉食行為にしても、この原初の細胞同士の融合から進化していったものだろう。それぞれの細胞が分化していくにつれ、セックスは二種類の生物の共同作業を要するようになったが、咀嚼と消化は単独で行うものになった。ところが別の惑星では進化が正反対の方向に進んだ、というのははたして思いもよらないことだろうか。そこでは、咀嚼と消化が二種類の生物を要する作業で、生殖は、原初の単細胞生物と同じで、単体で行うものなのだ。地球では生殖活動において両性が共生関係にあるのだが、火星では、栄養獲得の面で共生関係を築いているのだろう。

そして、ふたりの地球人は、火星には片方の性つまり雌しか存在せず、直系の子孫しか残さない、という結論に辿り着く。だから、火星人たちは男と女とか、セックスといった概念をもたないのである。これにたいして、火星人の「私」は次のように反論する。火星では、下等で未発達の昆虫や芋虫などの生物では、繁殖にふたつの個体を必要として、この生殖様式はグログクッチル（つまり火星語にいうセックスだ……）と呼ばれている、と。すると地球人のジムは、地球では線虫やミジンコのような下等で進化の遅れた生物が、ひとつの個体のみで生殖をおこなっており、それは単為生殖と呼ばれている、と応じるのである。

ジムによれば、こうした単為生殖の唯一の欠点は、それぞれの個体が当てにできる遺伝子のストックが限定されて、子孫の性質はどうしても一定かつ単調になりがちで、適応に必要とされる生物学的な多様性に欠けたものになってしまうことだ、という。それには、「私」はただちに、火星ではグログクッチルはあまりに多様で不安定な子孫を生みだすことから、その生物が十分な進化を遂げられなかったのではないかと考えられている、と応じている。

性の誕生によって多様性戦略を選んだ地球にたいして、火星では多様性がもたらす混沌を拒んで、穏やかな進化をもとめた、といったところか。それから、おたがいの情動行動はまったく違っている、まったく異なる生理に根差しているのだからと、「私」が言い添えると、ジムはそうは思えないと応答する。なかなか関心をそそられるやり取りではなかったか。ジムはいう。

私たちは「女に飢える」とか、「性欲の渇き」という表現を用います。古代エジプト語では、キスを表す言葉が、食べることを表現するのにも使われていました。「甘咬み」という行為もまだ存在していますし、キスもおそらくこれが由来でしょう。のぼせあがった恋人たちは「君のこと食べちゃいたいよ」と囁きあうし、牡蠣料理を堪能している時だったら、「私は牡蠣が大好きです」という言い回しを用いることもあります。「好き」という言葉が通常性的な関係でよく用いられる言葉であるにもかかわらず、です。雌の蜘蛛みたいに生殖行動のあとに雄を食べてしまう生き物にとっては、性欲も食欲も似たようなものなのでしょう。

キスとは甘噛みに由来するのか。デズモンド・モリスの仮説よりも説得力がありそうだ。舐めるから噛むへ、そして、食べるへ。ともあれ、ここには性と食とがきわめて近接した関係をもつことが示唆されている。性欲と食欲とは似たもの同士なのである。むろん、わたしには異論がない。そもそも、わたし自身が「食べちゃいたいほど、可愛い」という囁きの言葉を起点にして、あちこち脱線をくりかえしながら思索を深めてきたのだから。しかし、そうして性と食のある種の近縁性をもって火星と地球とを架橋しようとするジムの試みは、「私」によって拒絶される。

火星における、〈咀嚼者〉と〈消化者〉の関係について、「私」は以下のように説明している。その関係は不変である。〈消化者〉は経済的にも、法的にも、宗教的にも、ありとあらゆる社会的な束縛を受けることで、一生のあいだ〈咀嚼者〉の支配下に置かれる。〈咀嚼者〉がたまにほかの〈消化者〉(たとえば、売春婦のような……)と関係をもったとしても、許される範囲の行動だが、もし〈消化者〉がよその〈咀嚼者〉と関係をもったとすれば、それはきわめて重い罪を犯したことになる。〈消化者〉が生きるも死ぬも、まったく相手の〈咀嚼者〉次第であり、〈消化者〉は〈咀嚼者〉に心から貞節を誓わねばならない。「生命の真実」がひとつあるとしたら、それは〈消化者〉が本質的に〈咀嚼者〉に劣るという事実である、と。

どうぞ誤解なさらないでください。消化者は可愛くていとおしい存在で、私たちは彼らなしでは生きていけません。もちろん消化者だって、栄養獲得のプロセスにおいて、消化と排泄という、それなりに重要な役割を果たしていますが、咀嚼こそがこのプロセスの最初のステップであり、だからこそ最も重要な作業なのです。咀嚼は随意運動で、積極的かつ創造的な行為です。消化は不随意で、隷属的な、咀嚼者によって始まるプロセスを補いつつ、次の段階へ進めていく作業なのです。

笑ってはいけない。ここでの〈咀嚼者〉を男に、〈消化者〉を女に置き換えて、たっぷりと味わうべきだ。男はあくまで情熱をこめて語りかけるのだ。女は経済的にも、法的にも、宗教的にも、あらゆる社会的な束縛を受けて、一生のあいだ男の支配下に置かれる。男がほかの女と関係をもったとしても、許される範囲の行動だが、もし女がよその男と関係をもったとすれば、それはきわめて重い罪を犯したことになる。女は男に心から貞節を誓わねばならない。女は本質的に男に劣るのである。たしかに、女は可愛くていとおしく、われわれは女なしでは生きていけない。もちろん女だって、子孫獲得のプロセスにおいて、妊娠と出産という、それなりに重要な役割を果たしているが、射精こそがこのプロセスの最初のステップであり、もっとも重要な作業なのだ。射精は随意運動で、積極的かつ創造的な行為であるのにたいして、妊娠と出産は……。

火星人の男の、いや〈咀嚼者〉の確信に満ちたスピーチは、さらに続く。まさしく、咀嚼こそが能動的な行動原理を象徴している。それゆえ、「勇気や力、冒険心や改革性といった種類の人間性」はみな、咀嚼機能（つまり射精機能）から生じてくる。〈咀嚼者〉の歯（つまり、男のペニス）こそが、やる気や活力・闘志・野望・向上心などをもたらす。〈消化者〉（つまり女）のあいだに見られる神経症やヒステリーのほとんどは、火星の心理学者が「歯牙羨望」（つまり男根願望）と呼んでいる心理に由来するものだ。咀嚼（つまり射精）が精神的に崇高なものであるのにたいして、消化や排泄（つまり妊娠や出産）はあまり気高いものではない。消化や排泄（つまり妊娠や出産）をする人間からは、ほんとうに偉大な芸術家や科学者が生まれてこない。獣とどっこいどっこいの生き物でしかない。歯のない神の顔など想像することができるか。そう、「私」は問いかけるのである。

「私」は憑かれたように雄弁であった。そして、どうやら、地球の女と火星の〈消化者〉はなにかに気づきかけている。ふたりの対話がしだいに真実に近づいてゆく。女のガーダはいう、〈咀嚼者〉のほうが、よっぽど〈消化者〉に依存しているように見える、だって歯がなかったら、スープかピューレを食べればいいだけだから、と。〈消化者〉のアモリスはいう、〈消化者〉は〈咀嚼者〉の束縛から逃れられない存在なの、かれらがわたしたちに反感をもっているせいではなくて、わたしたちを必要としているから、わたしたちはひとりでもやっていけるけど、かれらには無理なの、だからわたしたちはかれらに尽くすのよ、と。そうして、女のガーダはついに、かれら〈咀嚼者〉が肉体的にあなたたち〈消化者〉に依存しているという事実こそが、かれらの敵意を生みだしているのではないか、という推測に帰着してゆく。

まさしく、歯のある〈咀嚼者〉の優位性が崩されてゆく現場である。そして、それは同時に、ペニスをもつ男の優位性が、あくまで論理的に宙吊りにされてゆく現場でもあった。火星人を笑うことはできない。地球人も同じ穴の狢（むじな）だ。女のガーダの最後のセリフに耳を傾けなければならない。こんな呟きの言葉である。

人類の始まりと同じくらい昔からある話だわ。同じ人間同士なのに、ある片方に属する人たちによって行われた、もう片方の人たちに対する虐待と搾取についてのお話よ。

それにしても、このSF小説はかぎりなく冷笑的（シニカル）に、しかもシンプルな仕掛けをもって、性と食におけるケガレ観念や差別の構造に揺さぶりをかけようとしている。こんな構図が沈められていたか、と思う。たとえば、地球人は性において特化した進化を遂げてきた。そこでの交わりとは、子宮をもたない男がペニスをもって、女のヴァギナを刺しふさぐ行為を意味している。女には「産む性」として、妊娠と出産という役割が託される。そこにケガレの観念が付与され、男は女にたいしていわれなき優位性を獲得する。むろん、その優位性にはまぼろしの根拠があると信じられてきたのである。

それにたいして、火星人は食において特化した進化を遂げてきた。そこには、ふたつの対をなす人間がいる。歯をもつが肛門はもたない〈咀嚼者〉と、歯がなく消化と排泄にしたがう〈消化者〉である。食べるというプロセスは、口を仲立ちとする一体化＝交接なしには完結することがない。そうして〈咀嚼者〉が〈消化者〉という他者に絶対的に依存しながら、なおかつ優位性を保つ戦略が選ばれている。〈咀嚼者〉はみずからの身体からはケガレを遠ざけつつ、〈消化者〉に背負わせるとともに、それを根拠として〈消化者〉を差別する。〈消化者〉はいわば排泄するモノとして、〈咀嚼者〉から貶められるのである。

ともあれ、性と食とは、ときに相似的であり、ときに置き換え可能な関係にあることが、火星という逆しまの世界からの照射によって浮き彫りにされたのかもしれない。不思議な余韻が消えやらず残る。人間は性において、また食において、交わる動物であることを記憶しておこう。いくつもの交わりの風景が、性と食とがせめぎ合う現場に秘めやかに転がっていた。そのいくつかを、手探りに確認してきた。わたしはくりかえし、食べることが、交わることや殺すことと交叉する場面に、あくまで非対称の権力関係や構造がむきだしに姿を現わすのを目撃してきた気がする。

いつしか、食べちゃいたいほど、可愛い、という愛の囁きが、どこか苦いものに感じられるようになった。それはやはり、非対称の権力関係から逃れることができない。食べちゃうぞ、と幼い子どものからだのどこかを甘嚙みしていたとき、ふと気がつくと、子どもの顔から無邪気な笑いが消えていたことがあった。その、一瞬の表情を、ふと思いだすことがある。わたしはきっと、そう自覚しているよりははるかに、動物なのだと思う。そんなことに、ようやく気づいた。

あとがき

表紙の絵をみずから選んだ。いつも、装丁者にまかせきりで、口を挟んだことがない。それが、この本にかぎって、自分で選ぶことになった。鴻池朋子さんと、ほとんど偶然のように、はじめてお会いしたのがほんの数か月前のことだ。それから間もなく、会津にお招きする機会をいただいた。いくつかの著書をつうじて、同時代を生きる表現者として畏敬と親愛を覚えてきた。その鴻池さんから、表紙の絵をお借りする許可をいただき、心が躍った。どの作品からでもいいですよ、というお言葉が嬉しくもあり、重いものにも感じられた。しかし、編集者の渡部朝香さんと喫茶店で画集を広げて、検討を始めて数分もせずに、この絵のここがいいな、とあっけなく決まった。そうして、青の本が生まれることになった。嬉しい。鴻池さんに、心からの御礼を申し上げねばならない。

じつは、この絵を眺めていたとき、わたしのなかに浮かんだのは、宮沢賢治の「狼森（オイノもり）と笊森（ざるもり）、盗森（ぬすともり）」のある場面だった。神隠しに遭ったように、四人の小さな子どもたちが姿を消した。子どもらをもとめて、百姓たちは狼森の奥へと入ってゆく。すると、透きとおったバラ色の焚き火のまわりで、九匹の狼がみんなで歌い、夏のまわり燈籠（どうろう）のようにくるくる踊って、駈けていたのだった。子どもらは焚き火に向かって、焼いた栗や初茸を食べていた。百姓たちが声をかけると、狼はびっくりして、歌をやめて、振りかえる。火が消えて、にわかに青くしいんとなる。火のそばの子どもらが、わあと泣きだした。大好きな場面のひとつだ。もし、もうすこしだけ百姓たちが来るのが遅れたら、子どもらはきっと、こんなふうに半分だけ狼の毛皮を身にまとい、狼になかば姿を変えて、青い森の底をくるくる踊りながら、浮遊しながら、遊んでいたにちがいない。ここは奥山か、里山か。子どもたちの歌う声が聞こえてくる、狼森のまんなかで、火はどろどろぱちぱち、栗はころころぱちぱち……。

思えば、この本のはじまりは東日本大震災の以前に属している。カニバリズムに関心があった。それがいつの頃に、どのように芽生えたのか、まるで覚えていない。そもそも、いかなる質と方位をもった関心であったのかすら、いまとなっては藪のなかだ。あきらかに記憶しているのは、その関心の終焉である。震災が起こってから、ほんの間もない時期ではなかったか。書棚の一角を占領していたカニバリズムや、広く食にまつわる著書の群れがなにか遠く、途方もなく場違いなものに感じられて、呆然とした瞬間があった。なぜ、そんなテーマで本を書こうと考えていたのか、とんとわからなかった。

岩波書店のウェブに、「歴史と民俗のあいだ」と題した連載を始めたのはいつであったか。連載の構成メモはとりあえず作ってはいたが、例によって、始まってしまえばなんの意味もない。ただ、いつだって関心の赴くがままに漂流する。気がつくと、食べること／交わること／殺すこと、といったテーマの周辺で行きつ戻りつ執筆を重ねていた。はるかに遠ざかっていたはずの、あのカニバリズムの影が、そこにあった。連載はいくらか尻切れとんぼに幕を閉じた。食べること／交わること／殺すこと、というテーマで真っすぐに単行本をまとめることに決めた。それから、また試行錯誤の、それなりに長い日々があって、いま、ようやく手放すときがやって来た。

未知の世界だった。『性食考』などと題する本を書くことになるなど、まるで予期していなかった。このタイトルは難産の末に、やはり自分で決めた。「性食」などと造語せざるをえなかったのは、こうした問いそのものがたしかな輪郭をあたえられずに、曖昧に、いたるところに断片ばかりが浮遊しており、あきらかに名指すべき言葉がなかったからだ。思いがけず、食べること／交わること／殺すことをめぐって本格的に論じた先行研究がわずかしかないことに、驚きを覚えた。むろん、だれもがぼんやりと感じていることでありながら、真っすぐに論究している仕事はすくない。むろん、わたしの知見などまったく狭くて、関心の及ばぬところには、いくらでも先行する研究は存在するのかもしれない。いや、ほんとうは、いくらかなりと触れている著書や論考ならば、むしろ数も知れず存在している。どこかで期限を切らなければ、執筆そのものに終わりがないことを思い知らされたほどだ。その意味では、わたし自身が書くか否かは別として、この本はいくらでも続編が可能である。

それにしても、震災後に勤めることになった学習院大学では、所属が日本語日本文学科であるという事情もあって、忘れかけていた文学との付き合いが復活している。どこか古巣にもどってきたかのような、奇妙な感覚がある。大学院生たちからは、ゼミやその周辺でたくさんの刺激をもらっている。なかでも、芥川龍之介の手紙について教えてくれた狩野萌さん、ヘレン・マクロイの「ところかわれば」(『歌うダイアモンド』所収)を読むように勧めてくれた飛田伊佐さんには、「ありがとう」という言葉を伝えねばならない。この本のはじまりと終わりは、彼女たちの応援なしには書くことができなかった。

さて、難産というわけではないが、それなりに長い漂流のはてに、このかたちに到り着いた。きっと行き先の見えない蛇行をくりかえす執筆に、編集の渡部さんは戸惑いと緊張を強いられたにちがいない。このたびも同行二人、心からの感謝を捧げたいと思う。渡部朝香さんという女性の編集者を同伴者とすることなしには、この本がこのようなかたちを成すことはなかった。〈男を宙吊りにすること〉へと、わたしの関心がいつしか傾斜していったのは、たぶんそこに女性たちのまなざしが貼り付いていたからである。

未知なる読者との出会いを楽しみにしながら。

二〇一七年六月一四日の午後に

赤坂憲雄

主な参考文献

『古事記』『新編日本古典文学全集』一、山口佳紀ほか校注・訳、小学館、一九九七年。

『古事記』『日本古典文学大系』第一、倉野憲司ほか校注、岩波書店、一九五八年。

『新訂古事記』武田祐吉訳注、角川文庫、一九七七年。

三浦佑之『口語訳古事記　完全版』文藝春秋、二〇〇二年。

本居宣長撰『古事記伝』全四冊、倉野憲司校訂、岩波文庫、一九四〇―四四年。

西郷信綱『古事記注釈』第一巻、平凡社、一九七五年。

『日本書紀』『日本古典文学大系』上・下、第六七・六八、坂本太郎ほか校注、岩波書店、一九六七・六五年。

＊

浅井了意『伽婢子』『新日本古典文学大系』七五、松田修ほか校注、岩波書店、二〇〇一年。

安居院『神道集』貴志正造訳、東洋文庫、平凡社、一九六七年。

池上洵一編『今昔物語集』全四冊、岩波文庫、二〇〇一年。

干宝『捜神記』竹田晃訳、東洋文庫、平凡社、一九六四年。

佐瀬与次右衛門『会津農書』『日本農書全集』第一九巻、農山漁村文化協会、一九八二年。

菅江真澄「外が浜風」『菅江真澄遊覧記』一、内田武志・宮本常一編訳、東洋文庫、平凡社、一九六五年。

出口ナオ『大本神諭　天の巻』村上重良校注、東洋文庫、平凡社、一九七九年。

中山みき『みかぐらうた・おふでさき』村上重良校注、東洋文庫、平凡社、一九七七年。

「まつら長者」『説経集』室木弥太郎校注、新潮社、一九七七年。

『万葉集』『日本古典文学大系』第四、高木市之助ほか校注、岩波書店、一九六二年。

＊

折口信夫『折口信夫全集』二、中央公論社、一九九五年。（「信太妻の話」「水の女」）

折口信夫『折口信夫全集』三、中央公論社、一九九五年。（「桟敷の古い形」「偶人信仰の民俗化並びに伝説化せる道」）
折口信夫『折口信夫全集』一〇、中央公論社、一九九五年。（『口訳万葉集』下）
折口信夫『折口信夫全集』一七、中央公論社、一九九六年。（「七夕祭りの話」）
折口信夫『折口信夫全集　ノート編』第五巻、中央公論社、一九七一年。（「櫓と花道と」）
柳田国男『柳田国男全集』第一巻、筑摩書房、一九九九年。（『後狩詞記』）
柳田国男『柳田国男全集』第二巻、筑摩書房、一九九七年。（『遠野物語』）
柳田国男「遠野物語拾遺」『新版遠野物語――付・遠野物語拾遺』角川ソフィア文庫、二〇〇四年。
柳田国男『日本の昔話』角川ソフィア文庫、二〇一三年。

＊

稲田浩二『日本昔話通観　第二八巻　昔話タイプ・インデックス』、同朋舎出版、一九八八年。

稲田浩二編『日本の昔話』上、ちくま学芸文庫、一九九九年。

稲田浩二ほか編『日本昔話事典』弘文堂、一九七七年。

臼田甚五郎『昔話叙説Ｉ　食はず女房その他』桜楓社、一九七二年。

鵜野祐介『昔話の人間学――いのちとたましいの伝え方』ナカニシヤ出版、二〇一五年。

小澤俊夫『昔話のコスモロジー――ひとと動物との婚姻譚』講談社学術文庫、一九九四年。

大林太良・伊藤清司・吉田敦彦・松村一男編『世界神話事典』角川選書、二〇〇五年。

大林太良・吉田敦彦監修、青木周平ほか編『日本神話事典』大和書房、一九九七年。

河合隼雄『昔話と日本人の心』岩波現代文庫、二〇〇二年。

『完訳グリム童話集』一、金田鬼一訳、岩波文庫、一九七九年。

木村祐章『肥後の笑話――熊本の昔話』桜楓社、一九七二年。

木村祐章『肥後昔話集』熊本年鑑社、一九五五年。

木村祐章編『全国昔話資料集成　六　肥後昔話集』岩崎美術社、一九七四年。

國學院大學民俗文學研究會編「岩手県南昔話集」『伝承文芸』第六号、國學院大學、一九六八年。

佐々木喜善『聴耳草紙』ちくま学芸文庫、二〇一〇年。

志津川町誌編さん室編『志津川町誌　二　生活の歓』志津川町、一九八九年。

関敬吾『日本昔話大成　第一〇巻　笑話　三』角川書店、一九八〇年。

関敬吾編『日本のむかしばなしI　こぶとり爺さん・かちかち山』岩波文庫、一九五六年。

孫晋泰『民俗民芸双書　七　朝鮮の民話』岩崎美術社、一九六六年。

高橋宣勝「昔話の比較」北海道大学放送教育委員会編『口承文芸の世界――日本とヨーロッパの昔話を中心に』北海道大学図書刊行会、一九八九年。

文野白駒『加無波良夜譚』玄久社、一九三二年。

星野五彦「食わず女房の「上の口」小論」『近代文学とその源流――民話・民俗学との接点』教育出版センター、一九八二年。

＊

宮沢賢治『宮沢賢治全集』一、ちくま文庫、一九八六年。（「原体剣舞連」）

宮沢賢治『宮沢賢治全集』五、ちくま文庫、一九八六年。（「蜘蛛となめくぢと狸」「よだかの星」）

宮沢賢治『宮沢賢治全集』七、ちくま文庫、一九八五年。（「月夜のけだもの」「なめとこ山の熊」）

宮沢賢治『宮沢賢治全集』八、ちくま文庫、一九八六年。（「注文の多い料理店」「狼森と笊森、盗森」「鹿踊りのはじまり」「グスコーブドリの伝記」）

＊

ウンゲラー、トミー『ゼラルダと人喰い鬼』たむらりゅういち・あそうくみ訳、評論社、一九七七年。

片山健『おなかのすくさんぽ』福音館書店、一九八一年。

センダック、モーリス『かいじゅうたちのいるところ』じんぐうてるお訳、冨山房、一九七五年。

中川李枝子作・大村百合子絵『ぐりとぐら』福音館書店、一九六三年。

バナーマン、ヘレン作・絵『ちびくろさんぼのおはなし』なだもとまさひさ訳、径書房、一九九九年。

やなせたかし作・絵『あんぱんまん』フレーベル館、一九七六年。

やなせたかし『アンパンマンの遺書』岩波現代文庫、二〇一三年。

＊

芥川龍之介「書簡（大正六年一一月一七日　塚本文宛）」『芥川龍之介全集』第一八巻、岩波書店、一九九七年。

芥川龍之介「遺書」『芥川龍之介全集』第二三巻、岩波書店、一九九八年。

伊藤整『若い詩人の肖像』講談社文芸文庫、一九九八年。

円地文子『小町変相』『円地文子全集』第一三巻、新潮社、一九七八年。

開高健『食の王様』角川春樹事務所、二〇〇六年。

梶井基次郎『梶井基次郎全集　全一巻』ちくま文庫、一九八六年。

金子みすゞ『金子みすゞ童謡集』ハルキ文庫、角川春樹事務所、一九九八年。

黒田喜夫「死にいたる飢餓」『燃えるキリン――黒田喜夫詩文撰』共和国、二〇一六年。

斎藤茂吉「念珠集」「接吻」北杜夫ほか編『斎藤茂吉随筆集』岩波文庫、一九八六年。

馬場あき子『鬼の研究』角川文庫、一九七六年。

日和聡子『おのごろじま』幻戯書房、二〇〇七年。

辺見庸『もの食う人びと』角川文庫、一九九七年。

マクロイ、ヘレン「ところかわれば」『マクロイ傑作選　歌うダイアモンド』好野理恵ほか訳、創元推理文庫、二〇一五年。

宮崎駿『シュナの旅』アニメージュ文庫、徳間書店、一九八三年。

安岡章太郎「遁走」『新潮日本文学　五二　安岡章太郎集』新潮社、一九七二年。

夢野久作「ドグラ・マグラ」『夢野久作全集』九、ちくま文庫、一九九二年。

＊

イェンゼン、A・E『人類学ゼミナール　二　殺された女神』大林太良・牛島巌・樋口大介訳、弘文堂、一九七七年。

コリャード『懺悔録』大塚光信校注、岩波文庫、一九八六年。

サルトル『存在と無――現象学的存在論の試みⅢ』『サルトル全集』第二〇巻、松浪信三郎訳、人文書院、一九六〇年。

ジラール、ルネ『暴力と聖なるもの』古田幸男訳、叢書・ウニベルシタス、法政大学出版局、一九八二年。

トンプソン、スティス『民間説話――世界の昔話とその分類』荒木博之・石原綏女訳、八坂書房、二〇一三年。

バード、イザベラ『完訳日本奥地紀行』二、金坂清則訳注、東洋文庫、平凡社、二〇一二年。

バタイユ、ジュルジュ『エロティシズム』『ジョルジュ・バタイユ著作集』第七巻、澁澤龍彦訳、二見書房、一九七三年。

バフチーン、ミハイール『フランソワ・ラブレーの作品と中世・ルネッサンスの民衆文化』川端香男里訳、せりか書房、一九七三年。

ブリア＝サヴァラン『美味礼讃』上・下、関根秀雄・戸部松実訳、岩波文庫、一九六七年。

フロイト「戦争と死についての時評」『フロイト全集』一四、田村公江訳、岩波書店、二〇一〇年。

フロイト『トーテムとタブー——未開人の心の生活と神経症者の心の生活における若干の一致点』『フロイト全集』一二、門脇健訳、岩波書店、二〇〇九年。

プロップ、ウラジーミル『魔法昔話の研究——口承文芸学とは何か』齋藤君子訳、講談社学術文庫、二〇〇九年。

モリス、デズモンド『ウーマンウォッチング』常盤新平訳、小学館、二〇〇七年。

モリス、デズモンド『マンウォッチング』藤田統訳、小学館文庫、二〇〇七年。

リーチ、エドマンド「言語の人類学的側面——動物のカテゴリと侮蔑語について」諏訪部仁訳、『現代思想』青土社、一九七六年三月号。

リューティ、マックス『昔話の本質——むかしむかしあるところに』野村泫訳、福音館書店、一九七四年。

レヴィ＝ストロース、クロード「狂牛病の教訓——人類が抱える肉食という病理」川田順造訳、『中央公論』中央公論社、二〇〇一年四月。

レヴィ＝ストロース、クロード『親族の基本構造』上・下、馬渕東一・田島節夫監訳、花崎皋平ほか訳、番町書房、一九七七・七八年。

レヴィ＝ストロース、クロード『神話論理Ⅲ　食卓作法の起源』渡辺公三ほか訳、みすず書房、二〇〇七年。

ロダーリ、ジャンニ『ファンタジーの文法——物語創作法入門』窪田富男訳、ちくま文庫、一九九〇年。

＊

いいだもも『猪・鉄砲・安藤昌益——「百姓極楽」江戸時代再考』農山漁村文化協会、一九九六年。

大平健『食の精神病理』光文社新書、二〇〇三年。

河合雅雄『人間の由来』上・下、小学館、一九九二年。

川端有子・西村醇子編『子どもの本と〈食〉——物語の新しい食べ方』玉川大学出版部、二〇〇七年。

西郷信綱「イケニヘについて——神話と象徴」『神話と国家——古代論集』平凡社選書、一九七七年。

鶴見和子「われらのうちなる原始人——柳田国男を軸にして近代化論を考え直す」『鶴見和子曼荼羅Ⅳ　土の巻——柳田国男論』藤原書店、一九九八年。

中路正恒「「ひとつのいのち」考——宮沢賢治の「原体剣舞連」をめぐって」『ニーチェから宮沢賢治へ——永遠回帰・肯定・リズム』創言社、一九九七年。

中西進「王妃と馬の交接――おしら様をめぐって」中西進ほか編『人類の創造へ――梅原猛との交点から　梅原猛古稀記念論文集』中央公論社、一九九五年。

長沼毅「深海――もうひとつの地球生物圏」『生命誌』通巻一六号、JT生命誌研究館、一九九七年。

中村生雄『日本人の宗教と動物観――殺生と肉食』吉川弘文館、二〇一〇年。

中村桂子『生命誌とは何か』講談社学術文庫、二〇一四年。

野村敬子『語りの廻廊――「聴き耳」の五十年』瑞木書房、二〇〇八年。

花立都世司「性の多様性教育」橋本秀雄ほか編著『性を再考する――性の多様性概論』青弓社、二〇〇三年。

藤木久志「身代わりの作法・わびごとの作法」『戦国の作法――村の紛争解決』講談社学術文庫、二〇〇八年。

細川涼一「小野小町説話の展開」『女の中世――小野小町・巴・その他』日本エディタースクール出版部、一九八九年。

山内昶「食タブーの暗号解読」豊川裕之編『講座食の文化　第六巻　食の思想と行動』農山漁村文化協会、一九九九年。

山内昶『タブーの謎を解く――食と性の文化学』ちくま新書、一九九六年。

山内昶『ヒトはなぜペットを食べないか』文春新書、二〇〇五年。

山之内朗子『梶井基次郎の世界』日本書籍、一九七九年。

山本聡美『九相図をよむ――朽ちてゆく死体の美術史』角川選書、二〇一五年。

山本聡美・西山美香編『九相図資料集成――死体の美術と文学』岩田書院、二〇〇九年。

吉田敦彦『縄文宗教の謎』大和書房、一九九三年。

*

片桐功敦『Sacrifice――未来に捧ぐ、再生のいけばな』青幻舎、二〇一五年。

鴻池朋子『根源的暴力＝Primordial violence』羽鳥書店、二〇一五年。

田附勝『おわり。――二〇一四年四月一日』SUPER BOOKS、二〇一四年。

*

赤坂憲雄『婆のいざない――地域学へ』柏書房、二〇一〇年。

赤坂憲雄・会津学研究会編著『会津物語』朝日新聞出版、二〇一五年。

赤坂憲雄
民俗学・日本文化論．学習院大学教授．東京大学文学部卒業．『異人論序説』『王と天皇』(ちくま学芸文庫)，『境界の発生』『結社と王権』(講談社学術文庫)，『排除の現象学』『象徴天皇という物語』『東北学／忘れられた東北』『岡本太郎の見た日本』(岩波現代文庫)，『東西／南北考』『武蔵野をよむ』(岩波新書)，『ナウシカ考』(岩波書店)，『遠野／物語考』(荒蝦夷)，『震災考』(藤原書店)，『民俗知は可能か』(春秋社)，『災間に生かされて』(亜紀書房)，『奴隷と家畜』(青土社)など，著書多数．

性食考

2017年7月25日　第1刷発行
2024年2月5日　第10刷発行

著　者　赤坂憲雄（あかさかのりお）

発行者　坂本政謙

発行所　株式会社 岩波書店
〒101-8002 東京都千代田区一ツ橋2-5-5
電話案内 03-5210-4000
https://www.iwanami.co.jp/

印刷・三秀舎　カバー・半七印刷　製本・牧製本

ISBN 978-4-00-061207-4　　Printed in Japan